REVENDO CAMINHOS

ELIZABETH PIMENTEL

REVENDO CAMINHOS

COMO SE LIBERTAR DAS DORES DO PASSADO E ALCANÇAR UM **PRESENTE** E UM FUTURO MAIS PLENOS

Thomas Nelson
BRASIL

Copyright ©2023, de Elizabeth Pimentel.
Todos os direitos desta publicação são reservados por Vida Melhor Editora LTDA.

Todas as citações bíblicas foram extraídas da *Nova Versão Internacional* (NVI), da Bíblia Inc.,
salvo indicação em contrário.

Os pontos de vista desta obra são de responsabilidade de seus autores e colaboradores
diretos, não refletindo necessariamente a posição da Thomas Nelson Brasil, da HarperCollins
Christian Publishing ou de sua equipe editorial.

Publisher	*Samuel Coto*
Editora	*Brunna Prado*
Assistente editorial	*Camila Reis*
Estagiária editorial	*Renata Litz*
Preparação	*Francine Torres*
Revisão	*Wladimir Oliveira* e *Renata Litz*
Diagramação	*Sonia Peticov*
Capa	*Rafael Brum*

Dados Internacionais de Catalogação na Publicação (CIP)
(BENITEZ Catalogação Ass. Editorial, MS, Brasil)

P698r   Pimentel, Elizabeth

1.ed.   Revendo caminhos: como se libertar das dores do passado e alcançar um presente
e um futuro mais plenos / Elizabeth Pimentel. – 1. ed. – Rio de Janeiro: Thomas
Nelson Brasil, 2023.
288 p.; 13,5 × 20,8 cm.

Bibliografia
ISBN 978-65-5689-767-7

1. Autoestima. 2. Autoconfiança. 3. Crescimento espiritual. 4. Transformação
pessoal. 5. Vida cristã. I. Título.

11-2023/31   CDD: 230

Índice para catálogo sistemático

1. Famílias: Aspectos religiosos: Cristianismo   261.83585

Bibliotecária responsável: Aline Graziele Benitez CRB-1/3129

Thomas Nelson Brasil é uma marca licenciada à Vida Melhor Editora LTDA.
Todos os direitos reservados à Vida Melhor Editora LTDA.
Rua da Quitanda, 86, sala 601A — Centro
Rio de Janeiro — RJ — CEP 20091-005
Tel.: (21) 3175-1030
thomasnelson.com.br

SUMÁRIO

Agradecimentos	9
Prefácio	13
Introdução	15

PRIMEIRA PARTE

1. Autoestima — **19**

Vivemos de acordo com o que cremos	23
Amor-próprio é propósito de Deus	25
Para ser valorizado é preciso valorizar-se	33

2. Construção da autoestima — **36**

Espera por aprovação	36
Superproteção	42
Outras influências	44
Além do eu, da genética e das experiências	47
Interpretação equivocada	52

3. Características de uma baixa autoestima — **54**

Dificuldade de dizer "não"	55
Dificuldade de ouvir "não"	65
Dificuldade de dizer "sim"	68
Medo de mudanças	71
Medo do que conhecemos	77
Medo do fracasso	85

Medo do sucesso	95
Culpa pelo sucesso	98
Medo da crítica	105
Não saber receber elogios	108
Dificuldade em delegar poderes	109
Medo da competência do outro	115
Competição na família	120

SEGUNDA PARTE

4. Ressignificar o passado — 129

O passado está presente	129
O medo de olhar para o passado nos leva a repetir os erros	139
Aceitar a criança interior	141
As muralhas do passado impedem os caminhos de hoje	151
Experiências do passado e escolhas do presente	152
As mesmas estratégias do passado	160
Casados com o passado	165
Mente presa ao passado não percebe bênçãos no futuro	179
Máscaras que encobrem a dor do passado	180
A máscara do poder e do sucesso	187
O poder e a conquista pela aceitação e pelo amor	191
A arrogância é enganosa	192
As dificuldades do outro mascaram as nossas	199
Quanto mais negamos sentimentos, mais atiramos pedras	201
Aprendemos a esconder emoções	206

5. Reconstrução da autoestima — 210

Assuma a responsabilidade	214
Não somos onipotentes	220
Não se culpe	223
Não culpe Deus	225

Recuperando a identidade	232
Referência perfeita	236
Como Deus nos vê	241
Como enfrentamos as tempestades	246
Deus revela nossas capacidades sem ocultar nossos	
defeitos	253

TERCEIRA PARTE

6. Olhando o futuro   **261**
   Nem sempre conseguimos olhar para o passado   261
   Reescrevendo o futuro   265
   Não há vida se não houver um sentido   270
   Quando se perde o sentido da vida   276
   Fé e expectativa: o poder do diagnóstico e do
   prognóstico   278

7. Final   **282**
   Onde está a chave: no passado ou no futuro?   282

Referências bibliográficas   286

AGRADECIMENTOS

É muito bom quando um escritor pode se isolar para escrever seu livro ou, temporariamente, se afastar de seu trabalho para se dedicar exclusivamente à sua obra. Penso que deve ser algo maravilhoso estar em uma montanha ou em qualquer outro lugar, longe dos problemas, das preocupações ou das obrigações diárias, focado apenas em captar, ordenar e dar sentido às palavras que borbulham em sua mente de escritor.

Porém, este é mais um livro que escrevo e ainda não tive a oportunidade de viver tal experiência. Os três livros que escrevi nasceram em meio não só ao tumulto e às obrigações da vida diária, mas em meio a grandes batalhas, principalmente espirituais. Apesar de ser um processo mais difícil, posso dizer que há um propósito em ser assim. A luta é intensa, mas a vitória é proporcional.

Desta vez, no período final desta obra, ocasião em que enfrentei grandes e graves tempestades, Deus fez algo novo: enviou-me um pequeno exército, a quem eu quero agradecer. São pessoas de oração, levantadas por Deus para guerrear comigo em minhas causas. Essas pessoas começaram a surgir na minha vida, e eu não sabia de que forma poderia contar com elas, pois estava acostumada a dar conta do recado sozinha.

Um dia, entrei em meu quarto e orei ao Senhor sobre o fato de estar sozinha nessa empreitada. Pedi a ele que me dissesse algo por meio de sua palavra. Assentei-me na cama e peguei a Bíblia que estava na cabeceira. No momento em que a puxei para mim, um folheto azul caiu de dentro dela. Era o anúncio de um seminário que aconteceria em uma igreja. O azul do folheto prendeu minha atenção. Fiquei parada, olhando fixamente para ele, sem saber se o pegava ou se abria a Bíblia. Porque havia prendido minha atenção de tal forma, aquele folheto poderia ter a resposta que eu precisava naquele momento. Cheia de expectativas, abri-o. A chamada para o seminário, em letras bem grandes e coloridas, dizia: "O TEMPO DE ANDAR SOZINHA TERMINOU". Uau! Fiquei impactada. Deus é surpreendente.

Deus nos ama e nos acolhe sempre. E uma das formas de nos mostrar isto é por intermédio de pessoas.

Quero agradecer, pelas orações, ao Pr. Rosemberg da Silva, à Lea Blackman, à Sônia Lomba, à Maria Cristina Pureza, à Maria Barros, à Creusa das Neves, ao Pr. Renato Oliveira e à sua esposa Cristiane Mendes, à Rosenilda Braga, que, além de uma irmã de oração, é minha assistente e fiel ajudadora. Para a finalização deste livro, contei com a ajuda preciosa da minha filha, Ing Pimentel, e dos meus amigos Pra. Luciene Nascimento, Pr. Marcos Nascimento, Pr. Flávio Motta, Ellena de Castro e Mariza Márcia Cardoso. Sou grata ao Pr. Wesley Blackman e ao Pr. Jorge Linhares pela ajuda

AGRADECIMENTOS

e pelo incentivo, à Renata Zamboni, aos meus pais, Durval Pimentel e Irene Cunha, aos meus filhos Yan Pimentel e Ing, já citada, pelo apoio incondicional.

Sou grata a Deus por tudo que ele tem feito até aqui e por tudo que ainda fará. O Espírito Santo foi um parceiro fiel no processo de escrita deste livro. Ele escreveu o livro mais importante e mais lido de toda a história, a Bíblia, e foi meu conselheiro neste, nos que já escrevi e certamente nos outros que ainda escreverei, em nome de Jesus.

Não importa que obra fomos chamados a realizar, o Espírito Santo é especialista em todas as áreas e está disponível para ser parceiro de quem o convidar.

PREFÁCIO

Muitos erros cometidos no presente são resultado de uma interpretação equivocada de experiências vividas no passado, de vivências que levaram à falta de amor próprio e, consequentemente, à falta de amor pelo outro, já que a medida do meu amor para com os outros reflete o quanto eu me amo. Uma pessoa depressiva, derrotada e sem perspectivas de vitórias não está em condições de fazer algo de bom para si nem para os outros. Para que possamos ajudar alguém, é necessário que nos sintamos bem.

Em minha caminhada, percebi que muitas pessoas fizeram uma leitura errada do passado e, com isso, não conseguem viver um presente de realizações nem possuem uma visão positiva do futuro. O resultado é a falta de amigos e de bons relacionamentos, a angústia, a tristeza e o isolamento.

Aquele que compreende melhor as experiências vividas e sua influência no agora pode ajudar a virar a página do passado e caminhar em outra direção; em direção a algo lindo e positivo, algo que gera vida. E antes mesmo de você perceber uma mudança positiva, todos que convivem com você perceberão essa mudança, o que fará de você uma pessoa mais amada e útil.

Nessas páginas, você compreenderá que uma nova rota pode ser estabelecida em sua vida, uma rota de vitória, e esse é o alvo e o sentido de você existir, de estar vivo. Você também perceberá que ainda não aconteceu tudo de bom que pode acontecer em você e por meio de você.

PR. JORGE LINHARES

INTRODUÇÃO

O presente é o único tempo que temos. A vida acontece sempre no agora. Quando dizemos que alguém vive preso ao passado, estamos nos referindo ao apego às lembranças de experiências vividas, à necessidade de recordar essas experiências, algo que acontece apenas na imaginação, no pensamento. O momento é sempre o presente. Tudo acontece no hoje, no agora.

Não há como reviver o passado ou trazê-lo de volta. Também não há como negá-lo ou apagá-lo. Por maior que seja nosso esforço para ignorá-lo, o passado jamais poderá ser retirado de nossa história. Podemos virar as costas para ele, na ilusão de deixá-lo distante, mas de alguma forma, ele consegue se manter presente. O tempo ficou definitivamente para trás. No entanto, as marcas deixadas pelas experiências se mantiveram conosco.

Vivemos no hoje, mas influenciados pelo que já experimentamos ontem. Experiências vividas no passado continuam exercendo poder sobre nós no presente. Elas ainda ditam regras, apontam caminhos, influenciam escolhas e decisões. Algumas delas geram em nós força e ousadia; outras agem construindo obstáculos em nosso interior. Em algumas situações, para compreender esses obstáculos, ultrapassá-los e realizar mudanças necessárias, precisamos de um retorno a esse passado por meio da revisão de nossas histórias. O passado não pode ser alterado, e experiências não podem ser reconstruídas, mas o sentimento e a maneira de compreendê--los podem ser modificados.

Quando criança, registramos e interpretamos a realidade de uma forma normalmente limitada por causa dos poucos recursos que temos nessa fase da vida. À medida que crescemos e nos tornamos adultos, amadurecemos e aprendemos, tornamo-nos capazes de reeditar essas memórias com muito mais conhecimento e maturidade. Contudo, em algumas áreas, não atualizamos a visão e os conceitos. Nesse caso, antigos sentimentos e impressões são mantidos vivos e ativos, influenciando negativamente algumas de nossas atitudes atuais. Uma nova consciência e um olhar mais maduro sobre as experiências passadas podem nos trazer uma nova interpretação e uma libertação das limitações infantis.

Não temos o poder de modificar os fatos acontecidos, mas podemos vê-los através de um novo prisma, confrontando, reavaliando e reformulando conceitos. Não temos meios para modificar a história, mas podemos lhe dar um novo significado. Tal atitude não somente mudará o presente, como nos dará um novo caminho em direção ao futuro. Dessa forma, é possível reconstruir o futuro, gerando um novo destino para as nossas vidas.

PRIMEIRA PARTE

1 AUTOESTIMA

Ao olharmos para uma ilha, o que vemos é um monte de terra boiando sobre a água. Ao olharmos para um iceberg, vemos uma montanha de gelo. Em ambos os casos, não consideramos o fato de que o que vemos representa apenas uma pequena parte da ilha ou do iceberg. A maior parte de terra ou de gelo está submersa. Freud faz essa comparação com o consciente e inconsciente:

> Ele compara a mente a um *iceberg*: a parte menor que aparecia acima da superfície da água representava a região da consciência, enquanto a massa muito maior abaixo da água representava a região do inconsciente. Neste vasto domínio do inconsciente, encontramos os impulsos, as paixões, as ideias e os sentimentos reprimidos, um grande mundo subterrâneo de forças vitais, invisíveis, que exercem um controle imperioso sobre os pensamentos e as ações dos indivíduos (Hall, C. S.; Lindzey G. Campbell, 2000, p. 50).

REVENDO CAMINHOS

O que sabemos a nosso respeito é muito pouco em relação ao que desconhecemos. A parte submersa de nós mesmos, sobre a qual não temos consciência, está relacionada com nossa história de vida, nosso passado, com as impressões gravadas no decorrer de nossas experiências e pode revelar muito sobre a parte visível que conhecemos.

O conceito que temos hoje a respeito de nós mesmos foi construído tanto por outras influências, quanto pela forma como outras pessoas agiram em relação a nós, principalmente durante nossa infância. Aprendemos a nos ver através do olhar do outro. As pessoas com quem nos relacionamos foram como espelhos através dos quais nos reconhecemos.

Esse é um processo natural e acontece durante toda a nossa vida. O outro nos ajuda a descobrir quem somos, a nos perceber como indivíduos, a descobrir nossas afinidades, opiniões e preferências, a nos autodefinir.

Porém, nem sempre isso acontece de maneira positiva. Em alguns casos, o outro é um espelho que nos prejudica, revelando uma imagem distorcida de nós mesmos. Em muitos momentos de nossa vida, principalmente na infância, a imagem que refletiram de nós realçou e superdimensionou falhas, diminuindo e negligenciando qualidades. O que vimos fortaleceu limitações e enfraqueceu nosso potencial. Pretendo refletir aqui acerca dos aspectos negativos desses espelhos.

Nossos pais, além de outras pessoas significativas em nossa vida, foram nossos primeiros e mais importantes espelhos. A partir do que falaram, de como agiram, da forma com que se relacionaram conosco, eles nos transmitiram uma imagem por meio da qual entendemos quem somos, bem como o valor e a importância que temos. Essa imagem refletida por

20

AUTOESTIMA

eles contribuiu para a construção de nossa autoestima. O que hoje vemos, pensamos e sentimos a nosso respeito foi gerado a partir desses primeiros reflexos. Enraizou-se o conceito que influencia nossas atitudes e nossa forma de sentir e de ver a realidade.

Desde o início de nossa vida, recebemos mensagens que contribuíram para a compreensão de quem somos. Um bebê começa a perceber desde muito cedo se é amado ou não, pelo toque da mãe, pelo tom de sua voz, pela forma com que suas necessidades são ou não satisfeitas. Essas mensagens, que tanto podem ser de amor e aceitação como de reprovação e rejeição, contribuíram para a nossa percepção de valor próprio.

Quando as informações que recebemos são positivas, elas nos revelam uma imagem que nos ajudará a sermos pessoas mais seguras, contribuindo para que acreditemos mais em nós mesmos e nos tornemos mais autoconfiantes. Contudo, quando essas informações são repetidamente negativas e não existe uma base sólida formada pela demonstração de amor, aceitação e aprovação, o resultado pode ser inverso. A imagem revelada tende a ser interpretada como se houvesse algo errado conosco, produzindo o sentimento de falta de valor pessoal, de desmerecimento e de pouca importância, o que acarreta insegurança e falta de confiança. Recebemos, aceitamos e acreditamos nessa imagem. Nem sempre a questionamos. Passamos, muitas vezes, uma vida toda olhando para esses espelhos e sendo influenciados por esse reflexo, sem avaliar se eles são fidedignos ou não, se poderiam ou não refletir uma imagem real de quem realmente somos.

REVENDO CAMINHOS

Infelizmente, muitas vezes acreditamos em imagens distorcidas, imagens refletidas por espelhos imperfeitos, arranhados e marcados pelas experiências negativas de nossas próprias histórias de vida. Meu desejo com esse trabalho é ajudar você a reavaliar essas imagens, rever esses espelhos que fizeram parte de sua história. Não pretendo, por outro lado, ajudá-lo a encontrar culpados por suas dificuldades, limitações ou pelos equívocos que você viveu. Mesmo porque, todos os que influenciaram você com informações distorcidas agiram dessa forma por influência de suas próprias dificuldades e limitações, pelas deturpações dos espelhos arranhados através dos quais eles também se olharam um dia.

A partir das histórias relatadas neste livro, espero ajudar você a rever sua própria história, a reinterpretar suas experiências e a ver-se sob um novo olhar, não mais apenas através dos olhos dos outros, mas através de seus próprios olhos, agora amadurecidos. E através do olhar de Deus, que sabe, com clareza e perfeição, quem somos, porque ele nos conhece muito melhor do que nós mesmos.

Desejo levá-lo a reavaliar seus limites e possibilidades a partir de uma nova perspectiva. E, quem sabe, até mesmo ajudá-lo a perceber a necessidade de quebrar alguns espelhos. Isso não é o mesmo que abandonar pessoas ou deixar de considerá-las importantes em sua vida; significa continuar respeitando-as, aceitando-as como são, contudo, não mais se ver através de seus olhos. Significa compreender que, muitas vezes, esses espelhos não puderam refletir quem você realmente é, ainda que tais espelhos tenham sido seu pai e sua mãe, afinal, a maternidade e a paternidade não tornam ninguém perfeito ou infalível.

AUTOESTIMA

Esse novo olhar pode lhe trazer uma nova consciência, uma outra forma de pensar, sentir e agir, de perceber a si mesmo, os outros e a realidade à sua volta. Afinal, a ótica através da qual nos vemos é a mesma que usamos para vermos os outros e a vida em torno de nós. Se mudamos nosso olhar, mudamos nossa maneira de viver. Jesus disse: "Os olhos são a candeia do corpo. Se os seus olhos forem bons, todo o seu corpo será cheio de luz" (Mateus 6.22).

VIVEMOS DE ACORDO COM O QUE CREMOS

Agimos conforme o que pensamos. Vivemos conforme o que cremos. As crenças que temos em relação ao mundo estão intimamente ligadas às crenças que temos sobre nós. A ótica através da qual enxergamos a vida é a mesma através da qual nos vemos. Portanto, compreender como nos sentimos em relação a nós mesmos pode nos ajudar a mudar o sentimento equivocado que possamos ter em relação a nós mesmos. Consequentemente, uma nova compreensão muda nossa maneira de agir e de responder à vida.

O conceito, a autoimagem, o valor que uma pessoa acredita ter, o que ela sente a seu próprio respeito, correspondem à autoestima. É algo que está além do sentimento de competência. A autoestima não é determinada pelo potencial de uma pessoa ou pelas habilidades que ela adquiriu. Esse potencial e essas habilidades contribuem para construção da autoestima, mas não a determinam. Muitas vezes, o uso dessas habilidades e potenciais é que serão determinados pela autoestima. Algumas pessoas são capazes e talentosas, porém não acreditam em seu próprio potencial, não acreditam em

23

si mesmas. Nesses casos, as habilidades não são suficientes para gerar bons frutos. A autoestima influencia a nossa qualidade de vida, o resultado de sucesso ou fracasso, a realização ou frustração.

Uma pessoa com uma autoestima positiva tende a ser mais determinada e a agir com mais ousadia. Consequentemente, seus resultados são diferentes dos resultados de alguém que não acredita em si e que age com insegurança. Uma e outra se comportam de maneira a provocar o resultado esperado em seu interior. A primeira, por acreditar, insiste, criando as condições que a levam a vencer. A segunda, por falta de fé em si, recua, antecipando o fracasso.

Uma pessoa com uma boa autoestima é alguém que reconhece seu valor, percebe seus recursos e potencialidades, aceita-se e gosta de si mesma, reconhece-se como parte do mundo, como merecedora de ser amada, respeitada e feliz. Olha a vida de frente, com confiança, através das possibilidades e não das limitações, apesar de reconhecê-las. Não se vê como alguém perfeita, mas aceita o fato de não o ser. Não tem dificuldade de admitir seus erros e falhas porque não se sente desvalorizada ou inferior por causa deles. O insucesso de um projeto a que tenha se lançado não é percebido como fracasso pessoal. Enfrenta os desafios com mais otimismo e ousadia, sem se deter pelo medo do fracasso. Não duvida de si mesma, portanto, não se intimida pela falta de êxito. Analisa as falhas sem sentir-se depreciada por elas.

A autoestima positiva torna uma pessoa mais capaz de se relacionar com o outro de forma sadia e de expressar seus sentimentos com liberdade. Seus relacionamentos não são prejudicados pelo temor de ser rejeitada. O fato de aceitar

AUTOESTIMA

a si mesma permite que ela não viva assombrada pelo fantasma da rejeição. Uma boa autoestima faz parte das bases que sustentam todas as áreas de nossa vida. Influencia em tudo que diz respeito aos nossos relacionamentos, nosso comportamento, nossa maneira de ver, sentir e de agir, influencia os relacionamentos afetivos, as amizades, a realização profissional e até mesmo a forma como nos relacionamos com Deus. Uma pessoa que não se aceita, que não gosta de si mesma e que não acredita no seu valor pode ter dificuldade em acreditar que Deus a valoriza, a ama e se importa com ela.

Uma pessoa com uma boa autoestima não está imune às crises, não tem garantia de estabilidade em todas as situações, mas com certeza estará mais apta a enfrentar os desafios com maior equilíbrio. Não é alguém que acerta sempre ou que jamais experimenta o fracasso, mas que consegue admitir os erros e aprender com eles, sem se depreciar porque falhou. É uma pessoa que também sente medo e inseguranças, no entanto não se deixa paralisar por causa dos sentimentos.

Pode parecer algo muito distante para ser conquistado, mas dentro de cada um de nós já existe o potencial para isso, um potencial que precisa ser acessado e despertado, afinal, fomos feitos à imagem e semelhança de Deus, o Criador de todas as coisas.

AMOR-PRÓPRIO É PROPÓSITO DE DEUS

Em uma das oportunidades que tive de falar sobre esse tema, fui questionada por uma senhora antes de iniciar a palestra. Ela me perguntou se eu achava mesmo que esse era um tema

REVENDO CAMINHOS

apropriado para aquele público. Sua preocupação estava relacionada ao fato de as pessoas estarem excessivamente egoístas, mesmo dentro das igrejas. Segundo a concepção daquela mulher, a maioria das pessoas está olhando apenas para seu próprio umbigo, alheia às dificuldades e necessidades das outras. Ela temia que esse fosse um assunto que incentivasse ainda mais a vaidade e o egoísmo, contrariando os propósitos de Deus.

Eu posso entender a preocupação dela. O fato de ser membro de uma igreja, de considerar-se um cristão, não faz uma pessoa ser melhor nem a torna imune ao egoísmo ou a qualquer outro sentimento negativo. Apesar de Jesus ter enfatizado a importância do amor ao próximo, isso está longe de ser vivido por muitos que escolheram seguir seus caminhos. Contudo, é um equívoco associar autoestima ao egoísmo ou à vaidade. Vaidade está ligada à imagem e ao conceito que os outros fazem de nós; autoestima está relacionada à imagem e ao conceito que uma pessoa tem de si mesma, independentemente do olhar do outro.

Autoestima positiva não é igual a excesso de amor-próprio ou egoísmo. Não é o mesmo que olhar apenas para si e acreditar que o mundo gira ao seu redor. Não significa passar por cima dos outros, acreditando ser superior, nem buscar o que há de melhor apenas para si, desconsiderando ou desmerecendo o valor e as necessidades das outras pessoas. É um equívoco pensar que o egoísta é alguém que tem amor-próprio. Ao contrário, o egoísta pode ser uma pessoa que olha apenas para si mesmo, quer ter o máximo possível para si, exatamente por não se amar nem sentir-se amado. Sua busca insaciável por ganho e por reconhecimento pode ser

AUTOESTIMA

uma tentativa de preencher o vazio causado pelo fato de não se sentir importante, aceito e valorizado, um vazio interior que revela a ausência da consciência de valor pessoal.

A motivação de uma pessoa com uma boa autoestima é muito diferente da motivação de uma pessoa egoísta. O que motiva os relacionamentos do egoísta são as possibilidades de ganhos, não apenas materiais, mas também emocionais, juntamente com a oportunidade de sentir-se superior, mais forte, mais poderoso e de ter o controle sobre o outro. Pessoas com essas características geralmente procuram se aproximar de outras que são inseguras e frágeis, pessoas com dificuldades de dizer "não", que acreditam precisar fazer muito pelo outro para serem amadas. Pessoas facilmente manipuláveis.

É um equívoco associar amor-próprio com egoísmo, arrogância com autoconfiança e humildade com fraqueza. Pessoas arrogantes e prepotentes podem parecer fortes e destemidas, porém, muitas vezes, utilizam-se desse comportamento como defesa, exatamente por não terem autoconfiança. A aparente superioridade, força e atitude exuberantes, em muitos casos, não passam de blefe, de pura encenação. Essas pessoas adotam uma postura que amedronta, que inibe a reação do outro, a fim de evitarem o confronto. Quem se sente seguro não precisa amedrontar ninguém. Quem tem certeza de sua importância não precisa convencer ou provar aos outros o que é. Pessoas seguras e confiantes podem ser simples e humildes.

Jesus é um exemplo perfeito dessa verdade. Ele disse: "[...] aprendam de mim, pois sou manso e humilde de coração [...]" (Mateus 11.29). Ele não teve medo de ser questionado, não fugiu do confronto nem causou terror para inibir seus opositores. Ele exerceu sua autoridade com humildade,

27

REVENDO CAMINHOS

simplicidade e mansidão, sem gritos ou imposições, porque não tinha dúvidas sobre si mesmo, sobre quem era e sobre o poder que possuía. Jesus levou uma vida simples. Não precisou de nenhuma estratégia sofisticada para ter credibilidade. Ele falava com mansidão, e as pessoas reconheciam sua autoridade.

O fim do Sermão do Monte, relatado no livro de Mateus, diz:

> Quando Jesus acabou de dizer essas coisas, as multidões estavam maravilhadas com o seu ensino, porque ele as ensinava como quem tem autoridade, e não como os mestres da lei (**MATEUS 7.28,29**).

Era uma autoridade natural, reconhecida, sem farsa ou imposição.

Por meio de sua vida, Jesus estabeleceu um novo conceito sobre o que é ser importante, ensinando uma ordem de valor diferente da que norteava o povo daquela época e que ainda norteia a vida de muitos nos dias de hoje. Com seu estilo de vida, demonstrou que nossa verdadeira importância não está no perfil autoritário que inventamos ou nas altas posições que conquistamos. Lavando os pés dos discípulos, antes de se despedir, Jesus demonstrou o contrário do que as autoridades buscavam: que aquele que deseja ser importante precisa aprender a servir.

Ter amor-próprio não significa caminhar na contramão dos planos de Deus. É propósito de Deus que amemos a nós mesmos e que amemos os outros de igual forma. Perguntaram para Jesus:

28

AUTOESTIMA

"Mestre, qual é o maior mandamento da Lei?" Respondeu Jesus: "'Ame o Senhor, o seu Deus de todo o seu coração, de toda a sua alma e de todo o seu entendimento'. Este é o primeiro e maior mandamento. E o segundo é semelhante a ele: 'Ame o seu próximo como a si mesmo'. Destes dois mandamentos dependem toda a Lei e os Profetas" (**MATEUS 22.36-40**).

Nesse texto, Jesus declara a importância de se ter amor-próprio. Ele se refere ao amor a Deus, em primeiro lugar e acima de todas as coisas, porque Deus é digno e merecedor de ser amado acima de tudo. É com ele que sempre podemos contar, pois tem toda a sabedoria de que precisamos. Quando amamos o Senhor, compreendemos, reconhecemos e sentimos o amor que ele tem por nós. Como disse João: "Nós amamos porque ele nos amou primeiro" (1João 4.19). Sentindo-nos amados por ele, somos levados a reconhecer nosso valor. Sendo assim, aprendemos a valorizar a nós mesmos e a todos a quem Deus valoriza. Somente ele pode nos ensinar a amar, porque ele é o amor verdadeiro.

Quando Jesus nos ensina a olharmos as necessidades do outro antes das nossas, ele não está negando a necessidade de amor-próprio, mas sim combatendo o egoísmo enraizado em nós. Não está dizendo que o amor ao outro toma o lugar do amor a nós mesmos, está nos ensinado a não alimentar o nosso ego, que é insaciável. O amor ao outro não ameaça ou invalida o amor-próprio.

O amor primário (amar a Deus sobre todas as coisas) sustenta e valida o secundário (amar ao próximo como a mim mesmo). Dessa forma, não há perda, esvaziamento ou

29

negligência. Em Deus, somos preenchidos, nutridos e plenos. Uma alma preenchida pelo amor de Deus transborda e jamais se esvazia, porque Deus é fonte inesgotável. Alimentados pelo amor de Deus, não perdemos quando doamos. Ao contrário, a fonte jorra mais abundantemente à medida que cuidamos do outro e amamos o outro. Logo, podemos transmitir o que recebemos. Consolados por Deus, desejamos transmitir o consolo dele ao outro, pois somos transformados em canais para que Deus possa chegar a outros. Não doamos de nós mesmos, mas do que recebemos em abundância da parte de Deus. Portanto, o que doamos jamais nos fará falta.

Deus deseja ser para nós a fonte de tudo o que necessitamos e deseja que sejamos canal de expansão de seu amor aos outros. Dessa forma, o egoísmo é combatido e a glória de Deus é manifestada.

Quando amamos a Deus, aprendemos a nos ver através de seus olhos e, consequentemente, a ver o outro através do mesmo olhar. Aquele que diz amar a Deus, mas importa-se apenas consigo próprio, precisa rever seus sentimentos. Não há possibilidade de conhecer o amor de Deus e ignorar pessoas. Experimentando verdadeiramente seu amor, não teremos dificuldades em servir nem em olhar as necessidades do outro antes das nossas. E isso não invalidará nosso amor-próprio. O cuidado com o outro será natural, fruto do genuíno amor de Deus em nós. Esse amor, descrito em 1Coríntios, é caracterizado da seguinte forma:

O amor é paciente, o amor é bondoso. Não inveja, não se vangloria, não se orgulha. Não maltrata, não procura seus interesses, não se ira facilmente, não guarda rancor. O amor não se alegra com a injustiça, mas se alegra com

AUTOESTIMA

a verdade. Tudo sofre, tudo crê, tudo espera, tudo suporta
(1Coríntios 13.4-7).

Geralmente entendemos que o amor, em segundo lugar,
pertence ao próximo e, em terceiro, a nós mesmos. Contudo,
"ame ao próximo como a si mesmo" é o segundo mandamento. Não existe terceiro. Jesus deixa isso claro quando diz:
"Destes dois mandamentos depende toda a lei". O amor
ao próximo e a nós mesmos, conjuntamente, fazem parte
do segundo mandamento. Portanto, têm o mesmo valor,
a mesma medida e o mesmo peso. Porém, é preciso aten-
tar para a ordem: primeiro devemos amar a nós mesmos e
depois amar o próximo.

Jesus apresenta o amor-próprio como referência para
o amor ao próximo. "Ame o próximo como a si mesmo."
É preciso ter amor por si mesmo para saber amar o outro.
Se alguém não se ama, não saberá amar ninguém. Aquele
que não reconhece o que é bom para si terá dificuldade de
reconhecer o que é bom para os demais.

A analgesia congênita é uma doença que faz com que o
indivíduo seja incapaz de sentir dor física1.[1] Crianças com essa
patologia sofrem muitos danos físicos e se machucam com frequência. Elas não se preservam porque não conhecem a dor.
Se elas não são capazes de se defenderem e de sentirem a própria dor, não é possível esperar que defendam e saibam como
é o sofrimento do outro. Assim também acontece com que não
tem amor-próprio. Não é coerente pedir a alguém que não tem

---

[1] "Insensibilidade congênita à dor" ou "analgesia congênita" é uma condição rara na qual uma pessoa é incapaz de sentir a dor física (Wikipédia,
a enciclopédia livre).

31

REVENDO CAMINHOS

amor-próprio, que não sabe cuidar de si mesmo e não se valoriza, que ame o próximo como a ele1esmo. Nesse caso, tratar o outro da mesma forma seria um caos, pois não podemos oferecer o que não temos ou ensinar o que não sabemos.

Reconhecendo e considerando o que é importante para nós, podemos reconhecer e considerar o que é importante para o outro. A Bíblia diz: "Assim, em tudo, façam aos outros o que vocês querem que eles façam a vocês; pois esta é a Lei e os Profetas" (Mateus 7.12). Isso não significa dar aquilo que queremos ganhar — o presente de aniversário que gostaríamos de receber, por exemplo, pode não ser o que o outro gostaria —, significa dar ao outro o valor que é dado a si mesmo, compreender as necessidades do outro como compreende as suas; valorizar a realização do outro como valoriza a sua própria; desejar o crescimento do outro como deseja o seu.

Algumas pessoas acreditam que amam a outra pessoa mais do que a si mesmas, porque fazem pelo outro mais do que fazem por si, contudo, não percebem quais necessidades podem estar motivando suas atitudes. Elas podem estar, oferecendo o que gostariam de receber, cuidando para que o outro perceba que ela deseja ser cuidada, agradando para ser reconhecida e valorizada. No íntimo, o motivo real e verdadeiro pode ser a carência própria, o desejo de que as suas próprias necessidades sejam reconhecidas e supridas.

Ter amor-próprio, valorizando-se, não é caminhar na contramão da vontade de Deus. Não é reconhecer-se melhor nem mais digno, mas tão importante e merecedor quanto todas as pessoas. Augusto Cury diz: "Quando discriminamos os outros, nós os diminuímos. Quando os supervalorizamos, diminuímos a nós mesmos" (Cury, 2011, p. 51). Não somos maiores nem menores. Somos iguais diante de Deus.

AUTOESTIMA

Amor-próprio não traz prejuízo a ninguém. Ao contrário, uma pessoa que o possui tem muito mais condições de ser responsável nas suas relações com Deus, consigo e com os demais. Por reconhecer seu valor, pode ser mais capaz de reconhecer o valor dos outros. Por ter autoconfiança, tem mais chances de não se sentir ameaçada pelas conquistas alheias nem incomodada com o sucesso dos outros. Por sentir-se abastecida no seu amor-próprio, pode ser mais capaz de compartilhar o que tem sem sentir-se lesada. Portanto, está muito mais próxima de ter o caráter de Cristo, de viver coerente com os propósitos de Deus.

A ameaça não está no amor-próprio, mas na falta dele. Uma falta que prejudica a própria pessoa e aos que estão à sua volta, gerando necessidade de compensações e trazendo prejuízos para si e para os demais.

PARA SER VALORIZADO
É PRECISO VALORIZAR-SE

O dono de uma galeria decidiu modificar seu estilo, renovando seu estoque de quadros. Planejou uma série de exposições com a finalidade de vender todas as obras que possuía rapidamente para, assim, adquirir novos quadros. De modo a facilitar a venda de um dos quadros que ele acreditava não ter tanto valor, decidiu fazer uma promoção: colocou nele uma placa de 20% de desconto. Sua expectativa foi frustrada. Não surtiu efeito. Ninguém se aproximou do quadro nem mesmo perguntou seu preço. No segundo dia, ele aumentou o desconto para 50% para causar um grande impacto. No entanto, a reação das pessoas foi a mesma: nenhum interesse. No fim daquela noite, ele sentou-se diante do quadro

33

REVENDO CAMINHOS

e perguntou para si mesmo o que ele havia feito para ter o resultado que estava tendo. Que erro havia cometido? Que atitude sua fez com que as pessoas não dessem importância à obra? Depois de pensar um pouco, encontrou a resposta. No dia seguinte, ele retirou a placa de desconto e trocou-a por outra de "vendido". A reação foi imediata e totalmente diferente. Apareceram muitos interessados. Um colecionador disse que se não comprasse aquele quadro, não compraria nenhum outro e ofereceu o dobro do que havia sido cobrado. Resultado: o quadro foi vendido por um preço muito maior do que o esperado.

É incrível o efeito de olhar algo que já tenha sido aprovado e valorizado por alguém. Se você passa por uma loja cheia de gente, imediatamente imagina que tem algo de bom ali. Se um produto está acabando, ou está em falta, só isso é o bastante para despertar o interesse. Certa vez, entrei em uma grande loja para comprar uma mesa. Confesso que não tenho talento para decoração, então, sempre fico na dúvida a respeito do que é bonito e sobre como combinar as peças. Nessa loja, tinha todo o tipo de mesa. Eu estava em uma dúvida cruel, até que vi uma mesa com a placa de "vendido" nela. Imediatamente pensei que aquela mesa seria boa para mim. Somos levados a apreciar o que já foi aprovado.

Como podemos esperar sermos valorizados por outras pessoas se não nos valorizarmos primeiro? Pessoas que não se valorizam agem como se tivessem uma plaquinha de liquidação na testa, passam a mensagem de que estão dispostas a fazer qualquer coisa para serem amadas, abrem mão de seus valores, suas crenças, fingem ser o que não são em busca de aprovação. Muitas dedicam-se incansavelmente ao cuidado dos outros à espera de que a valorizem e percebam sua importância. São

34

AUTOESTIMA

extremamente generosas e prestativas, mas, quando não são reconhecidas por isso, sentem-se magoadas e decepcionadas, afinal, seus investimentos foram em vão.

Muitas mulheres estão, há anos, à espera de serem percebidas e respeitadas pelos amigos, pelo marido e pelos filhos. Viveram uma vida de doação, entrega e dedicação, esperando o dia de serem reconhecidas por tudo o que fizeram. Abandonaram a si mesmas em função do cuidado com os outros e hoje estão mergulhadas em ressentimentos e amargura porque nunca foram valorizadas. Com certeza elas nunca fizeram a si mesmas a pergunta: "O que eu fiz para ter esse resultado?". Geralmente, quando algo acontece de errado, quando as coisas saem de uma forma diferente daquela de que gostaríamos, quando sofremos uma decepção, nós procuramos a culpa fora de nós.

A raiva deixada pela sensação de fracasso é direcionada às pessoas envolvidas. A responsabilidade vai para o marido, a esposa, o patrão, os filhos, os pais, o país e, até mesmo, para Deus. No entanto, não avaliamos nossa participação no processo. Não questionamos o que fizemos para permitir que tal coisa acontecesse. Não nos perguntamos com que atitude autorizamos os outros a agirem conosco da forma desrespeitosa ou agressiva como agiram. Nos vemos como vítimas da maldade e da falta de consideração das outras pessoas à nossa volta, sem perceber a nossa responsabilidade nisso.

Não se trata, evidentemente, de nos culparmos, nos condenarmos por tudo que nos acontece de ruim, mas de assumirmos a responsabilidade por nossa felicidade, de nos responsabilizarmos por nós mesmos. Ninguém é suficientemente capaz de nos valorizar e nos fazer feliz se não somos capazes de fazer isso por nós mesmos.

35

2 CONSTRUÇÃO DA AUTOESTIMA

ESPERA POR APROVAÇÃO

Desde muito pequena, a criança olha para os pais esperando aprovação — mesmo um bebê, quando quer pegar algum objeto, olha para mãe à espera de uma confirmação. Deseja que os pais assistam à sua participação em competições ou em qualquer tipo de exibição. O reconhecimento e a aprovação dos pais em momentos como esses são mais importantes do que a avaliação de um técnico. O aplauso deles é uma resposta que alimenta sua segurança e contribui para a construção de sua autoestima positiva. Isso a ajudará a acreditar que é capaz. Porém, quando os pais são ausentes ou a resposta é sempre de crítica e de desaprovação, a criança terá dificuldade de acreditar em suas habilidades, mesmo que suas realizações demonstrem o contrário.

O que uma pessoa acredita ser direciona suas escolhas, indica o rumo a seguir e influencia seus planos. Ela escolhe caminhos que acredita merecer, faz planos de acordo com

36

CONSTRUÇÃO DA AUTOESTIMA

o que acredita poder realizar. O que ela conquistará será influenciado não apenas por sua capacidade real, mas pelo que ela acredita ser capaz.

Felipe passou vários anos à espera da aprovação de seu pai. Para que isso acontecesse, procurava fazer cada atividade, por mais corriqueira que fosse, com muita perfeição. Era exemplar nos estudos, tirava excelentes notas e sempre recebia elogios dos professores por bom comportamento. Ajudou o pai em sua oficina de carpintaria até os dezessete anos sem nunca ouvir uma palavra de reconhecimento e aprovação, apenas críticas. Para seu pai, o resultado apresentado sempre poderia ser melhor.

Felipe se tornou uma pessoa movida pela busca da perfeição. Formou-se em direito aos vinte e dois anos. Em seguida, foi aprovado na prova da ordem. No entanto, não se sentia seguro e confiante para começar a exercer a profissão. Tinha muito medo de falhar. Recebeu um convite para dividir um escritório com outro amigo, mas não aceitou, pois acreditava que precisava continuar estudando. Começou a lecionar para uma turma de segundo grau, em colégio particular, para pagar suas despesas, enquanto fazia uma pós-graduação. E ao terminar, logo em seguida, entrou em outro curso. Ainda não acreditava estar preparado o suficiente.

Felipe levou mais alguns anos para perceber que sua autoimagem era muito negativa. Seu problema não era falta de capacidade profissional, mas falta de fé em si. Ele não precisava de mais conhecimento para exercer a profissão, e sim de autoconfiança. Felipe, por muitos anos, definia a si mesmo a partir da avaliação de seu pai.

É comum os pais construírem uma expectativa sobre o futuro dos filhos e acreditarem que, se exigirem mais e mais,

37

REVENDO CAMINHOS

os farão perfeitos. Por isso, esperam que os filhos tirem a maior nota em todas as áreas. Esquecem-se de que já foram crianças e que, mesmo sendo adultos, não são capazes, eles mesmos, de atingir o padrão que esperam dos filhos. Usam um peso e uma medida para si, e outros para eles. Muitos, hoje, estão vivendo bem aquém do que poderiam, longe do que realmente são; escrevendo uma história bem diferente da que poderiam escrever, porque, desde criança, aprenderam a negar a si mesmos, vivendo sob um pesado jugo para não serem rejeitados, sujeitando-se às exigências mais absurdas para garantirem que continuarão sendo amados. Algumas crianças têm força para lutar contra essa pressão e conseguem se sair bem, porém, não é o que deveria acontecer. O natural seria os pais ajudarem os filhos, e não serem um peso ou obstáculo para eles.

Certa vez, fui convidada por um líder para realizar um trabalho em sua igreja. Ele não queria uma única palestra ou mensagem, mas um tratamento para as pessoas. Ele percebia que as muitas dificuldades emocionais, assim como problemas de relacionamento, estavam impedindo o crescimento espiritual. Havia a necessidade de uma conscientização maior, um despertar de consciência, por parte de cada um. O planejamento seria para um ano inteiro, uma palestra a cada primeira quinta-feira do mês. Pediu que eu trabalhasse vários temas relacionados a autoconhecimento, relacionamento familiar e saúde emocional. O programa foi divulgado no boletim semanal da igreja. Foi um trabalho muito gratificante, uma oportunidade de tratar com mais profundidade assuntos que, se fossem abordados apenas num único momento, só conseguiríamos falar superficialmente. Fiquei muito feliz com

38

CONSTRUÇÃO DA AUTOESTIMA

a chance de trabalhar desta forma. Porém, uma certa situação me incomodou no decorrer de todo aquele ano.

Desde nosso primeiro encontro, atentei-me para uma mãe e seu filho, de mais ou menos nove anos, que se sentavam na primeira fila. Eles ficavam sempre no mesmo lugar, de mãos dadas e ouvindo tudo com muita atenção. Não teria nada de errado nisso se aquela não fosse uma programação proposta somente para adultos. Aquele menino era a única criança presente. As outras haviam ficado em casa ou estavam em outra sala, assistindo a filmes apropriados para sua faixa etária. Esse menino e sua mãe não faltaram a nenhum encontro, o que era, sem dúvida, algo muito positivo. No entanto, a situação causava-me desconforto. Eu confesso que fiz um péssimo julgamento da atitude daquela mãe. Condenei-a silenciosamente durante todos aqueles meses por exigir que seu filho estivesse presente, ouvindo um assunto destinado aos adultos.

No nosso último encontro, depois de finalizar a palestra e me despedir, aquele menino levantou-se e se aproximou de mim. Ele sorriu e me perguntou se poderia me dar um abraço. Eu disse-lhe que era ele quem mais merecia aquele carinho. Desci do púlpito e o abracei carinhosamente. Ele me olhou firme, com uma expressão de alívio e satisfação, e disse:

— Estou realizado, tia! Consegui trazer minha mãe em todas as palestras.

Fiquei alguns segundos impactada, olhando para ele em silêncio e meio atordoada. Só consegui dizer:

— Oi?

Ele estava realmente feliz, e eu, com certeza, chocada. Meu primeiro pensamento foi direcionado a Deus para que

REVENDO CAMINHOS

Ele tivesse misericórdia de mim. As palavras "Não julgueis para que não sejas julgado" ecoavam em minha mente. Infelizmente não me lembrei delas antes. As aparências geralmente enganam, e nos esquecemos disso.

Aquele menino contou-me que, quando havia lido no boletim da igreja os assuntos que iríamos tratar, disse para si mesmo:

— Isto é resposta de Deus às minhas orações.

Ele me explicou que sua mãe precisava ouvir tudo que foi dito para melhorar em relação a várias dificuldades dela. Muitas delas diziam respeito a ele diretamente. Contou-me que não suportava mais viver sob pressão, que a mãe não o deixava respirar livremente. Cobrava que ele fosse um exemplo na igreja, na escola, na rua, em casa e em qualquer lugar que estivesse. Ela vigiava cada movimento dele com intuito de corrigi-lo. Disse-me que sua mãe não queria um filho, ela queria um exemplo e que tinha certeza de que não era pelo bem dele, como afirmava, mas pelo dela mesma. Ele sabia o quanto ela sentia-se orgulhosa de ser a mãe de um menino exemplar, elogiado por todos. O bom comportamento dele fazia com que ela se sentisse valorizada como mãe.

Acrescentou que sua mãe foi mudando bastante durante o ano, a cada reunião. Que valeu a pena todo o esforço para que ela não perdesse um só encontro. Todos os dias de palestra, ela tinha uma desculpa para não ir. Um dia ela tinha que fazer a limpeza da casa. No outro, estava com dor de cabeça. Ele teve de ser muito persistente para conseguir que ela participasse de todo o trabalho. Insistia para que chegassem bem cedo para garantir o lugar da frente, assim sua mãe poderia sentir-se constrangida de levantar e sair antes de terminar.

40

CONSTRUÇÃO DA AUTOESTIMA

E para certificar-se de que isso não iria acontecer, passava toda a palestra de mãos dadas com ela. Imagine!

É comum ouvirmos as queixas do trabalho que os filhos dão para seus pais. Porém, há muitos pais dando trabalho para os filhos. Alguns pais têm expectativas muito elevadas, dificilmente alcançáveis, e metas não realistas para a vida de seus filhos. Exigências que podem levar a criança a sentir-se fracassada por imaginar que jamais conseguirá chegar aonde os pais esperam. E que, por isso, não serão amadas nem aceitas. Algumas desistem de tentar e dão-se por vencidas, guardando consigo o amargo sentimento de incompetência. Outras, por não conseguirem abrir mão da aceitação, continuarão lutando para corresponderem a tais expectativas. Mesmo que isso implique negarem a si mesmas e tornarem--se adultos frustrados, perdem-se de si para ganharem a aprovação dos pais.

As expectativas exageradas de alguns pais, muitas vezes, estão relacionadas mais às suas necessidades do que às necessidades dos filhos. Por sentirem-se frustrados na realização de seus sonhos, impõem aos filhos a tarefa de lhes trazerem uma compensação. Pais que ficaram em dívida consigo mesmos transferem o débito para os filhos. Muitos vão às competições das crianças não para apoiarem ou incentivarem, mas para cobrarem resultado. Não as olham com admiração, mas com crítica, procurando falhas para corrigirem-nas e torná-las, em sua visão, melhores que outras crianças.

É necessário conhecer os filhos para ter expectativas coerentes, para respeitar a idade, a individualidade, a natureza e o temperamento deles. Cada criança é única e tem seu tempo, seu ritmo próprio, seus talentos, suas habilidades e suas preferências. Cada uma é um indivíduo, e não uma extensão dos pais.

SUPERPROTEÇÃO

A construção de uma boa autoimagem pode ser prejudicada tanto pelas expectativas exageradas, quanto pela falta de expectativa; tanto pelo abandono e pela rejeição, como pelo excesso de proteção. Muitos pais, com a ilusão de estarem garantindo a segurança de seus filhos, os transformam em pessoas assustadas, com um forte sentimento de incompetência. Cristiano foi extremamente protegido por seus pais. Até os quatorze anos, não saía de casa sem eles. Não podia andar de bicicleta, ir ao cinema com os colegas ou a uma festinha de aniversário sem que os pais o levassem. Foi um adolescente e, mais tarde, um adulto inseguro e medroso. Com o excesso de zelo, os pais transmitiram a mensagem de que Cristiano era frágil e incapaz de se defender sozinho, de agir por conta própria ou fazer qualquer tipo de escolha.

Erroneamente, podemos pensar que excesso de proteção é o mesmo que excesso de amor. No entanto, o amor verdadeiro não sufoca, não limita, mas permite que o outro cresça e viva. Os filhos precisam do cuidado e da proteção de seus pais, contudo, quem ama deve permitir que o outro tenha as experiências necessárias para seu desenvolvimento, mesmo que sejam experiências de frustrações. Não podemos e nem devemos poupar os filhos de todos os sofrimentos, pois quando os protegemos em excesso retardamos seu crescimento e impedimos que eles se tornem adultos fortes e autossuficientes.

CONSTRUÇÃO DA AUTOESTIMA

Quando uma pessoa é impedida de viver suas experiências, ela não tem chances de adquirir confiança, de acreditar que consegue — experiências essas, evidentemente, proporcionais a sua idade e maturidade. Se os pais não acreditam na capacidade do filho, ele pode ter mais dificuldades de acreditar em si mesmo.

A superproteção gera uma autoimagem de fragilidade que prolonga a dependência por muito mais tempo do que deveria, fato que, para alguns pais, é motivo de satisfação – pois educam os filhos para não terem vida própria e sentirem-se culpados por saírem de casa e deixá-los. Ensinam os filhos a não acreditarem nas outras pessoas ou em qualquer relacionamento que não seja com eles, os pais, justificando que não querem que os filhos sofram decepções. Afirmam que estão poupando-os da dor e evitando o perigo quando, na verdade, estão restringindo suas oportunidades e limitando seus passos. Não preparam seus filhos para seguirem em frente, mas para permanecerem com eles, mantendo-os sob controle absoluto. Buscam o que é bom para si, e não para os filhos. Esse sentimento é mais próximo do egoísmo do que do amor.

Para alguns pais, é difícil lidar com o fato de que não serão necessários para sempre. São pessoas que só conseguem perceber seu valor na função de cuidador. Sentem-se importantes apenas porque são necessárias nesse relacionamento. Quando essa função se torna inútil, a vida perde o sentido. Para evitar que isso aconteça, tentam impedir a independência dos filhos.

Queremos e devemos proteger nossos filhos, mas precisamos cuidar para que nosso cuidado não ultrapasse os limites saudáveis e impeça o crescimento deles. Nosso desejo de

43

REVENDO CAMINHOS

proteção precisa ser avaliado para que não chegue a um nível doentio, capaz de fragilizar mais do que proteger. A presença e o apoio dos pais geram confiança na criança, mas o excesso de proteção tira dela a oportunidade de conhecer a força que tem, de descobrir o que é capaz de fazer por si mesma. Às vezes, é preciso faltar um pouco para que os filhos possam crescer e descobrir quem eles são. Ausência, negligência e falta de proteção prejudicam, deixam marcas profundas, mas a presença sufocante também traz prejuízos.

Salomão diz que há: "[...] há tempo de abraçar e tempo de se conter [...], tempo de amar e tempo de odiar [...]" (Eclesiastes 3.5,8). Não é tão fácil saber o limite quando se trata de proteção e cuidado. É preciso sabedoria para encontrar o equilíbrio entre proteger e deixar ir, entre o que precisamos proporcionar e o que devemos deixá-los construir sozinhos.

OUTRAS INFLUÊNCIAS

Marcados pelo que nos transmitem os outros, seremos mala-baristas em nosso próprio picadeiro. A rede estendida por baixo é tecida de dois fios enlaçados: um nasce dos que nos geraram e criaram; o outro vem da nossa crença ou nossa esperança (Luft, 2003, p. 23).

Os pais são, sem dúvida, os espelhos mais importantes na vida de uma pessoa, mas não são os únicos. Há muitas outras influências, como a escola, os amigos e o momento histórico, social e financeiro em que uma família se encontra. Além destes fatores externos, há aquilo que cada um traz ao nascer: a herança genética, que não apenas define nosso biotipo (como a cor da pele, tipo de cabelo, cor dos olhos, a altura, peso

CONSTRUÇÃO DA AUTOESTIMA

etc.), como também influencia o comportamento e a formação de nossa personalidade. Tal herança interfere na maneira como respondemos aos estímulos estressantes, na nossa sensibilidade para lidar com pessoas, no nosso nível de resistência às dores físicas e emocionais e em nossa maneira própria de registrar, ler e interpretar as experiências.

Somos influenciados por fatores internos e externos e há opiniões diferentes sobre o que exerce maior poder. Nas palavras de Augusto Cury:

[...] o Eu, se for bem construído como gerente da psique, a carga genética não terá prevalência, ainda que os pais tenham transtorno psiquiátrico de fundo genético (Cury, 2011, p. 51).

Os fatores externos, as experiências vividas são, sem dúvida, marcantes na vida de qualquer pessoa. Podemos encontrar nelas a justificativa, a explicação para muitos comportamentos. Por exemplo, muitas pessoas são agressivas porque foram vítimas da agressividade de outras; muitos são abusadores porque um dia sofreram abuso. Encontramos uma relação direta entre a experiência passada e o comportamento atual. No entanto, não podemos nos esquecer de que nem todas as pessoas agredidas tornaram-se agressivas. Nem todas aquelas que sofreram violências e abusos tornaram-se violentas e abusadoras. Enquanto algumas causam nos outros a mesma dor que sofreram, outras escolhem tentar evitar que esse sofrimento se propague. Enquanto uns tornam-se criminosos, outros optam por impedir a violência e a agressão, escolhendo profissões que defendem as vítimas e ajudam os agredidos.

45

REVENDO CAMINHOS

Não podemos negar que, de uma forma ou de outra, todas foram influenciadas pelas experiências que viveram, ainda que os caminhos escolhidos tenham sido diferentes. Essas diferentes escolhas também estão relacionadas aos fatores internos. Contudo, mesmo compreendendo o poder de todas estas influências — tanto externas quanto internas —, precisamos reconhecer que somos mais do que o resultado delas; somos mais do que a soma das informações geneticamente transmitidas e das experiências vividas. Temos a nossa consciência. Somos também autores da nossa história, capazes de gerenciar nossos pensamentos e tomar decisões. Do contrário, seríamos passivos receptores, não seríamos responsáveis nem teríamos a liberdade e a capacidade de realizarmos mudanças.

Não escolhemos nossa herança genética, nem todas as experiências que vivemos, mas temos o poder de decidir, dentro do possível, o que fazer com elas. Somos agentes nesse processo, com a nossa interpretação, capacidade de decisão e forma de responder a cada situação. Somos autores, e não simplesmente reféns da genética ou da nossa história.

Como diz Lya Luft:

> O meu diminuto jardim me ensina diariamente que há plantas que nascem fortes, outras malformadas; algumas são atingidas por doença ou fatalidade em plena juventude; outras na velhice retorcida ainda conseguem dar flor. Essa mesma condição é a nossa, com uma diferença dramática: a gente pode pensar. Pode exercer uma relativa liberdade. Dentro de certos limites, podemos intervir. Por isso, mais uma vez, somos responsáveis, também por nós. Somos no

CONSTRUÇÃO DA AUTOESTIMA

íntimo corresponsáveis pelo que fazemos com a bagagem
que nos deram para esse trajeto entre nascer e morrer.
(2003, p. 27).

ALÉM DO EU, DA GENÉTICA
E DAS EXPERIÊNCIAS

O que somos? Informações transmitidas geneticamente,
somadas às recebidas por meio das experiências e gerencia-
das pelo eu consciente. Tudo isso em processo de construção,
ainda em fase de formação. Trata-se de um processo em constante desenvolvimento que só terá fim quando morrermos,
uma obra inacabada, em construção e sob reforma, com a
possibilidade de ser reavaliada, modificada e aperfeiçoada.
É impossível dimensionar o universo que envolve nossa
existência. E quanto maior nossa consciência dessa amplitude,
mais conscientes nos tornamos do quanto há fora do nosso
saber e do nosso domínio. Quão pequeno é o espaço conhecido e possível de ser controlado por nós! Talvez o entendimento do nosso verdadeiro estado, do quão vulneráveis
somos, possa ser tão angustiante que nos deixamos envolver
pela ilusão de conhecimento, poder, domínio e controle.

Apesar de tudo isso ser a nossa realidade, não significa
que estamos perdidos nem que somos um objeto solto no
espaço e no tempo, sem rumo, direção e certezas. Além de
todas essas influências e acima de todos os mistérios que nos
envolvem, há um Criador, um Arquiteto, um Governador,
um Maestro regendo a história. Há uma vontade soberana
e absoluta acima de nosso eu, de nossa herança e de nossas experiências. Uma mente além do tempo e da história,

47

REVENDO CAMINHOS

conhecedora de todos os mistérios, assegurando-nos de que nossa existência não é um mero acidente ou fruto do acaso. Não precisamos, por meio de um desgaste inútil, inventar a nós mesmos. Há um Criador e Pai que mostra aos que não querem viver perdidos e confundidos na ilusão de poder um caminho definido, seguro e preciso. Ele mostra que fazemos parte de um projeto com um propósito.

"Antes de formá-lo no ventre eu o escolhi; antes de você nascer, eu o separei e o designei profeta às nações" (Jeremias 1.5).

Deus conhece nossa herança genética antes mesmo dela nos ser transmitida, e Ele sabe como usar esses recursos. Os dons e talentos recebidos por herança são reconhecidos por Ele antes mesmo de completar nosso tempo de gestação. A vontade dele é que esses dons sejam destinados para os seus próprios propósitos. Deus nos chama de acordo com os dons que Ele mesmo nos deu. Quando nos escolhe para determinada obra, é porque já nos forneceu a matéria-prima para construção. Por isso, todo chamado dele é coerente. Além do que recebemos geneticamente, Ele providencia os complementos necessários, aprimorando-nos por meio das experiências vividas durante nossa jornada, tal como fez com José, o décimo primeiro filho de Jacó — que, ainda adolescente, foi vendido como escravo pelos irmãos mais velhos, mas, depois de anos de desafios, humilhações e injustiças, tornou-se o governador do Egito. O duro percurso da vida desse jovem e tudo o que ele aprendeu durante sua caminhada foi o que necessitava ser acrescentado à bagagem recebida hereditariamente para que ele pudesse assumir o lugar que lhe foi preparado.

CONSTRUÇÃO DA AUTOESTIMA

O que cada um de nós vivencia de bom ou de ruim é transformado em lições e recursos que nos aperfeiçoam para realizarmos os objetivos de Deus. Por isso, muitos têm seu chamado revelado em um momento de suas vidas, mas realizado somente muito tempo depois. A posição a que José chegaria foi-lhe revelada em sonho quando ele ainda era um adolescente, mas a realização se deu quando ele tinha em torno de 40 anos. Davi, o oitavo filho de Jessé, era um jovem pastor de ovelhas. Quando foi ungido rei pelo profeta Samuel, Saul ainda reinava. Deus o conduziu às experiências que iriam ensiná-lo e aprimorá-lo para que, anos mais tarde, estivesse capacitado para assumir o trono de Israel.

Deus usa a genética e as experiências para nos levar ao que Ele planejou. Contudo, isso não significa que Ele dependa de nossa herança e nossos talentos ou do tempo e das lições aprendidas para realizar seus planos na vida de quem Ele quer. Apesar de estar no controle de tudo e conhecer nossa estrutura, Ele não está limitado a esses recursos. Ele é um Mestre com infinitos e poderosos meios, realiza sua obra mesmo sem o tempo e sem as oportunidades suficientes para que seu escolhido tenha adquirido a sabedoria necessária. Ele usou essa mesma didática com José, Davi e tantos outros, mas não com Jeremias. Com este, Deus entregou os recursos, dando-lhe apenas um toque. Deus tinha um projeto muito grande e importante para esse homem, anunciado da seguinte forma: "[...] o designei profeta às nações." (Jeremias 1.5).

Não era uma missão fácil nem simples para nenhum homem, muito menos para alguém como Jeremias — um jovem humilde e introspectivo, nascido em Anatote, uma

49

REVENDO CAMINHOS

cidade benjamita sem muita projeção, perto de Jerusalém. Quando recebeu a incumbência da parte de Deus para profetizar às nações, Jeremias não se sentia preparado, por isso respondeu: "Ah, Soberano SENHOR! Eu não sei falar, pois ainda sou muito jovem" (Jeremias 1.6).

Deus sabia exatamente o que Jeremias tinha para viver. Sua missão era levar uma mensagem de condenação ao povo que vivia em pecado. Suas profecias seriam duras contra a injustiça, a monarquia e os falsos profetas. Seria uma missão árdua, com muitos opositores, que o tornaria vítima de muita perseguição. Mesmo assim, Deus agiu com esse jovem de forma diferente da que agiu com Davi e José. Jeremias não passou pela mesma escola. Não teve o mesmo tempo e experiência suficiente para crescer e aprender antes de iniciar sua missão. Deus o capacitou de outra maneira. Vemos isso quando Deus responde a Jeremias: "Não diga que é muito jovem. A todos a quem eu o enviar, você irá e dirá tudo o que eu ordenar a você. Não tenha medo deles, pois eu estou com você para protegê-lo" (Jeremias 1.7,8).

Como Jeremias mesmo conta nos versículos seguintes, o método do Senhor foi este: "O SENHOR estendeu a mão, tocou a minha boca e disse-me: 'Agora ponho em sua boca as minhas palavras. Veja! Eu hoje dou a você autoridade sobre nações e reinos, para arrancar, despedaçar, arruinar e destruir; para edificar e plantar'" (Jeremias 1.9,10).

Deus tocou com brasa a boca de Jeremias e o ungiu. Ele profetizou por 40 anos.

A uns, Deus permite aprender com o tempo. A outros, Ele chama e capacita imediatamente. Deus é criativo, ilimitado em seus métodos e tem o controle de todas as coisas. Grande

CONSTRUÇÃO DA AUTOESTIMA

foi o desafio que Deus deu a Jeremias, mesmo sem o tempo para a capacitação. Porque Deus é soberano e detém o saber, o conhecimento e toda a ciência, Ele pode usar o tempo, as situações, as pessoas para nos transmitir suas lições; ou pode nos entregar todo o recurso com apenas um toque.

Poderíamos nos perguntar, então, por que motivo o mundo está tão perdido e há tantas coisas erradas? Por que não vivemos uma vida perfeita, coerente e tranquila? Afinal, não está tudo no controle de Deus, cuja vontade é boa, perfeita e agradável?

Ele nos conhece antes de nascermos, tem planos a nosso respeito, tem domínio sobre o tempo e as experiências da vida, porém, escolheu não dominar nosso "eu". Ele pode, mas não quer controlar nossa vontade, nossa consciência. Ele nos ensina o caminho e nos revela seus planos, porém, nos dá o direito de escolha, de aceitar ou não, de obedecer ou de nos rebelar. O Espírito Santo está sempre ao nosso lado, nos ensinado, trabalhando para que nosso "eu" desperte para ouvi-lo, mas ele não nos impõe nem nos controla.

A vontade de Deus é perfeita; a nossa, não. Os planos e os caminhos de Deus são justos e nos levam a um lugar seguro. No entanto, escolhemos seguir o nosso "eu". E essa é a razão por que vivemos em um mundo em desordem.

Deus, porém, não desistiu. O prazo de validade de suas propostas ainda não expirou. Ainda podemos retomar o caminho. Aquele que conscientemente decidir ouvir o Senhor e andar no caminho proposto por Ele, certamente dará um novo rumo à sua vida. O plano de salvação está à disposição de todos. Jesus nasceu, morreu e ressuscitou para nos conduzir a esse novo caminho. Ainda podemos escolher viver uma nova história, crendo e seguindo seus passos.

INTERPRETAÇÃO EQUIVOCADA

Cada pessoa interpreta suas experiências de maneira própria e faz suas escolhas a partir delas. Infelizmente, algumas escolhas são fruto de uma interpretação equivocada. Uma criança pode entender de maneira destorcida o nascimento de um irmão, por exemplo. Pode sentir-se traída pelos pais, pois ouviu sempre que era a pessoa mais importante da vida deles e, de repente, eles colocam outra em seu lugar. O sentimento de rejeição é real, embora a rejeição propriamente dita não tenha acontecido.

Em muitas famílias, os pais são obrigados a dispensar maior atenção a um filho que está doente ou que necessita de cuidados especiais. O outro filho, que não precisa de tais cuidados, pode sentir-se rejeitado, menos importante. Muitas crianças entenderam que não foram bem-vindas, que não deveriam ter nascido, que foram causadoras de brigas, separação ou dificuldades financeiras da família. A interpretação está equivocada, mas ainda assim gera sentimentos e consequências reais. O sofrimento não depende da veracidade dos fatos. A maneira como entendemos nossas experiências gera nossas crenças, e estas, os sentimentos e o comportamento.

Rômulo sempre foi mais tímido e inseguro do que seu irmão Bruno, três anos mais velho. Enquanto Bruno enfrentava o pai, dizendo o que pensava e fazendo o que queria, Rômulo, por medo, se calava e não se atrevia a confrontá-lo. Apesar de comportado e obediente, ele apanhou muito de seu pai e ouviu muitas críticas. Foi chamado de lerdo, burro, idiota e muitas coisas mais. Na realidade, quando os filhos eram pequenos, o pai era o mesmo para ambos. Ele foi um

CONSTRUÇÃO DA AUTOESTIMA

homem rude, exigente e muito crítico, tanto com um quanto com o outro. No entanto, o filho mais velho não aceitou a tirania e se impôs.

Hoje, os dois são adultos, mas Rômulo ainda sente que seu pai ama e respeita mais seu irmão do que a ele. Ainda esforça-se, da mesma maneira que no passado, para conquistar a admiração do pai. Para ser tão amado quanto seu irmão. Bruno continua dizendo o que pensa e fazendo o que quer — saiu de casa, e hoje em dia dirige sua vida sem pedir opinião ou dar satisfação —, enquanto Rômulo continua morando com o pai, fazendo a vontade dele, aceitando suas imposições e sofrendo com suas críticas. A diferença nunca esteve no amor do pai, mas no temperamento dos dois irmãos. Rômulo ainda é tratado como criança porque se comporta como tal. Ainda escuta críticas porque não consegue se colocar ou tornar-se independente. Ao invés de seguir sua vida, continua esforçando-se para ser tão importante quanto o irmão. Até hoje, suas escolhas são baseadas em uma interpretação equivocada da infância.

Rever nossas interpretações pode gerar novos sentimentos e comportamentos, e nos conduzir a novas possibilidades.

3 CARACTERÍSTICAS DE UMA BAIXA AUTOESTIMA

Para dar uma nova direção à nossa história, é preciso rever as interpretações equivocadas. Há a necessidade de nos conscientizarmos desses equívocos para que seus efeitos possam ser neutralizados e haja possibilidade de que algo novo comece a acontecer. Para tanto, o ponto de partida é a consciência de quem somos hoje. Que atitudes e sentimentos denunciam esses possíveis equívocos? É importante detectar as características que apontam a existência de algo incoerente dentro de nós, algo que nos faz sofrer e não nos permite viver de forma melhor.

Não é tão fácil dar a partida porque geralmente não examinamos a nós mesmos. Olhamos para frente, tentamos seguir adiante, sem nos dar conta de como nos sentimos ou agimos. Os compromissos diários, os desafios da vida, os projetos para o futuro tomam todo o espaço do nosso pensamento e de nossa consciência. Quando algo em nós incomoda, tentamos passar por cima, usamos algumas estratégias para encobrir e não perceber. Deixamo-nos ser engolidos por

CARACTERÍSTICAS DE UMA BAIXA AUTOESTIMA

um ritmo de vida que contribui para abafar e esconder o que deveríamos ver. Enquanto estamos aqui, focados nesta leitura, temos a oportunidade de pensar sobre tudo isso. Talvez os relatos a seguir possam ajudá-lo a perceber melhor quem você é. Quem sabe algumas dessas características possam ser reconhecidas e identificadas como parte de você. Se isso acontecer, pode ser o seu ponto de partida para reconstruir seu passado e ressignificar o seu futuro.

DIFICULDADE DE DIZER "NÃO"

Fabiana estudava à noite e trabalhava durante o dia como a maior parte de sua turma. Quando os professores pediam alguma pesquisa, os colegas rapidamente a procuravam em busca de ajuda, alegando falta de tempo. E ela passava várias noites acordada fazendo sozinha vários trabalhos.

Quase todos os dias, permanecia depois do horário na empresa, sendo obrigada, por isso, a sair correndo direto para faculdade, sem tempo para descansar. Tudo para socorrer algum colega de trabalho que não conseguiu cumprir a tarefa dele ou atender a algum pedido de última hora do patrão. Dizia sentir-se bem por ser solicitada, por poder ser útil, um pensamento que fazia com que ela considerasse as necessidades dos outros e negligenciasse as suas. Se em alguma situação pensava na possibilidade de dizer "não", sentia-se culpada e julgava-se egoísta. Por mais que fizesse para os outros, ela nunca considerava o bastante.

Fabiana definia a si mesma como uma pessoa generosa e amiga, que se importava com os problemas dos outros. Sofria com a sobrecarga, mas acreditava que era isso o que Deus esperava dela e que era exatamente por isso que as pessoas a apreciavam. Tinha pouco tempo para se divertir, fazer algo que lhe despertasse interesse. Aliás, nem sabia muito bem o que a interessava verdadeiramente.

Sua infância não foi nada fácil. Sofreu várias enfermidades que a impossibilitaram de viver como uma criança normal. Cresceu acreditando que não tinha nenhum motivo para sentir orgulho de si mesma. Não pôde ser boa aluna, não praticou esporte, não conquistou amigos, enfim, sua vida foi limitada a dormir, ver televisão e passar dias intermináveis em hospitais.

Sentiu-se culpada por sua mãe ter tido que abrir mão de quase tudo que fazia para ocupar-se exclusivamente aos seus cuidados. Na tentativa de colaborar, procurava suportar o sofrimento com resignação, queixando-se o menos possível do sofrimento causado pelo tratamento.

Na medida em que sua saúde foi sendo reestabelecida, buscou ajudar os pais em tudo que podia para compensar todo o trabalho que havia dado a eles. Esse comportamento estendeu-se a todos à sua volta durante toda a sua vida até então. Ela não via nenhum motivo para ser admirada, a não ser pelos serviços prestados. Portanto, dizer "não" era correr o risco de afastar as pessoas, de deixar de ser aceita.

Mesmo sem um histórico tão sofrido, muitas pessoas vivem essa dificuldade. Sentem-se incapazes de dizer "não", de impor limites em seus relacionamentos. Ignorando a si mesmas, essas pessoas fazem pelos outros o que não podem ou não querem fazer, concordando quando gostariam de discordar, aceitando convites que não gostariam de aceitar, tudo isso movidas por um sentimento de culpa indevido, por medo da rejeição, por baixa autoestima.

CARACTERÍSTICAS DE UMA BAIXA AUTOESTIMA

Muitos acreditam que não dizem "não" por receio de que o outro se sinta rejeitado. No entanto, seu receio revela a sua própria dificuldade de lidar com a rejeição. Uma situação que resulta em esgotamento, vazio, frustração e ressentimento. Ouvi muitos relatos de pessoas esgotadas e decepcionadas com a família e com os amigos por falta de reconhecimento. Por serem lembradas apenas quando alguém precisava de sua ajuda. Essas pessoas contam que, apesar de fazerem parte de uma família numerosa, com vários outros irmãos, elas eram as únicas a socorrerem os pais quando eles adoeciam, as primeiras a serem requisitadas quando algum problema grave surgia e, apesar de seus esforços, nunca eram reconhecidas. Mesmo assim, ressentidas e magoadas, continuavam prontas a ajudar, esperando o dia em que as consciências dos outros seriam despertadas.

Essas pessoas sobrecarregadas sentem-se ignoradas e vítimas de outras, sem perceber que estão no papel que escolheram estar. Elas mesmas passaram a mensagem de que poderiam dar conta de tudo, de que estavam sempre prontas e disponíveis. Nunca disseram que não poderiam atender a um chamado, a um pedido. Por medo de serem rejeitadas, por medo do conceito negativo que os outros poderiam fazer a seu respeito, não consideraram os limites saudáveis e necessários em seus relacionamentos. Com suas próprias atitudes, contribuíram para que as pessoas não as percebessem nem as reconhecessem. O medo da rejeição, o sentimento de culpa e de menos-valia tornaram-nas reféns do abuso e do egoísmo de outras pessoas.

Lembro-me de um comercial que geralmente passava na época da Páscoa. Ele me chamava muito a atenção por mostrar um chocolate do qual gosto muito. A cena acontece em uma

REVENDO CAMINHOS

festa onde um garçom passa servindo uma bandeja com uma pirâmide desses deliciosos bombons. Chique demais. Depois da semana da Páscoa, senti a falta do comercial. Percebi que ele não estava mais sendo exibido. Por várias vezes tentei revê-lo mentalmente, imaginando as cenas. Eu recordava que a situação era uma festa, que havia algumas pessoas passando ao fundo, mas o foco principal eram os chocolates. Eu conseguia me lembrar perfeitamente de alguns detalhes, mas não de outros. Era muito nítida na minha memória a imagem da bandeja, a cor e o brilho do papel que envolvia os bombons. Contudo, por mais que me esforçasse, não conseguia visualizar o garçom que segurava a bandeja.

Quando a oferta é farta, a pessoa que a oferece parece se tornar invisível. Muitas pessoas cometem o engano de acreditar que serão valorizadas por serem muito generosas, por estarem sempre disponíveis e dispostas a atender todos a todo o tempo. O resultado geralmente é o oposto do esperado: quanto mais ela oferece, mais invisível se torna. Quanto mais atrativa a bandeja, mais imperceptível ficará o garçom.

É preciso deixar bem claro que não estou, de forma alguma, negando a importância da generosidade. Esse é um sentimento que precisa, com urgência, ser resgatado. Vivemos hoje o tempo previsto por Jesus e relatado no livro de Mateus: "Devido ao aumento da maldade, o amor de muitos esfriará" (Mateus 24.12).

O egoísmo, o individualismo e a indiferença têm imperado nos dias atuais. Em muitos lugares, a violência e a maldade têm se tornado tão corriqueira e natural que as pessoas passam por um cadáver estendido no chão e seguem em frente sem se chocar com o que viram. Estamos nos tornando

CARACTERÍSTICAS DE UMA BAIXA AUTOESTIMA

cada dia mais frios e insensíveis diante da dor e da necessidade do outro. Certa vez vi uma matéria sobre as festas de casamento mais caras do mundo. Eram milhões de dólares gastos em uma única noite, dinheiro que poderia salvar a vida de centenas e centenas de pessoas. A reportagem tinha um tom glamoroso, mas deveria ter um tom de tristeza e até de vergonha. Não porque as pessoas não possam realizar suas comemorações de acordo com suas possibilidades — cada um tem o direito de usar o que tem, da forma que escolher. Mas se há tantos recursos disponíveis e esbanjados, então qual é o real motivo de existirem tantos necessitados? A resposta não é simples, com certeza. No entanto, não podemos negar que o egoísmo, o individualismo e o ego centrado têm o papel principal nesse cenário.

A má distribuição de renda tem sua responsabilidade por tanta miséria. No entanto, mesmo que a maior parte dos recursos esteja nas mãos da minoria, será que não faria uma grande diferença se o coração do homem não fosse tão corrompido?

O problema é que muitos daqueles que conseguiram conquistar muitos bens não têm a consciência de que fazem parte de algo bem maior que sua realidade particular. Não entendem que, se tiveram a oportunidade de ter muito, se lhes foi confiado uma grande parte de recursos, não foi apenas porque eles trabalharam mais ou porque mereceram mais, e sim porque foi lhes dada a oportunidade de administrar um recurso maior, não apenas em benefício próprio, mas para ajudar a outros. A verdade é que nós somos apenas mordomos daquilo que, equivocadamente, nos sentimos donos.

Se houvesse mais amor e generosidade, entenderíamos que não vivemos apenas em função de nós mesmos e daqueles

59

REVENDO CAMINHOS

que consideramos nossa família. Se houvesse mais amor e generosidade, entenderíamos que, tendo um único Pai, nossa família é toda a humanidade e que nossa responsabilidade vai muito além das portas da nossa casa.

Saber dizer "não" quando necessário não é deixar de ser generoso. É saber deixar claro o limite que nos preserva como indivíduos. É uma questão de respeito e amor-próprio. Aprender a dizer "não" não significa deixar de se importar com o outro ou jamais fazer concessões. De forma alguma. O que mais realiza um ser humano sadio de alma é ajudar outro ser humano a se realizar. Contudo, isso precisa ser feito pelos motivos certos, por nossas convicções e não por medo da rejeição, por insegurança ou por pressão.

Não há nada de doentio em ajudar o outro. O que não é saudável é não saber ser generoso também consigo mesmo. É não se valorizar e não respeitar seus próprios limites. Quem se ama, ajuda o outro sem ignorar a si próprio.

Dos dez mandamentos entregues por Deus a Moisés, oito começam com "não". O "não" é uma pequena palavra que, se não for dita quando necessário, pode causar graves prejuízos. E quando aprendida, pode produzir grandes mudanças.

Lívia foi ao meu encontro em um evento para mulheres em que ministro palestras há quase dez anos. Ela quis me contar o que estava acontecendo em sua vida em decorrência de algo que ouviu na palestra no ano anterior. Eu havia falado sobre autoestima, e um dos pontos ressaltados foi a dificuldade de dizer "não". Lívia disse que essa palavra veio de encontro a ela como uma bomba. Essa era sua grande dificuldade, responsável, sem dúvida, por toda a dor que ela e sua família estavam enfrentando naquele período de sua vida: dificuldades financeiras, crise no casamento e rebeldia dos filhos.

CARACTERÍSTICAS DE UMA BAIXA AUTOESTIMA

Lívia trabalhava como esteticista. Assim que terminou seu curso, construiu uma sala ao lado de sua casa, com uma entrada independente, para atender suas clientes. Acreditava que seria a estratégia perfeita para conciliar sua profissão e sua família. Por estar sempre por perto, poderia trabalhar sem deixar de dar a atenção devida aos filhos e ao marido. Contudo, aconteceu exatamente o contrário. O trabalho tomou a maior parte do espaço porque ela não conseguia organizar seu tempo. Não havia horário delimitado para cada coisa. Seu medo de aborrecer as pessoas imprimiu em sua rotina um ritmo de vida totalmente desequilibrado.

Ela nunca dizia que não podia atender alguém, independentemente da hora que a cliente chegasse. Aprendeu, desde criança, que não se pode rejeitar trabalho. Tinha receio de dizer "não" e aborrecer as pessoas. Foram incontáveis as vezes em que abandonou a refeição pela metade, deixando a família sozinha, só para receber alguém que queria atendimento. Trabalhava até bem tarde da noite, de maneira que, quando chegava no quarto, o marido já estava dormindo. Não tinha hora para dormir ou acordar. A família, que ela tanto queria por perto, da qual desejava cuidar, ficou sem lugar em sua vida, e o resultado disso foi dramático.

Enquanto ouvia a palestra, ela sentiu que Deus foi trabalhando em seu coração. Entendeu que, se quisesse consertar as coisas, precisava começar por uma mudança dentro dela mesma. Era preciso aprender a fazer algo que nunca fez: dizer "não".

Depois de uma semana de oração pedindo direção, ela sentiu que deveria trabalhar três dias por semana, com horário definido, e dedicar os outros à recuperação do que havia perdido. Os primeiros passos para a mudança foram

61

REVENDO CAMINHOS

difíceis. A primeira vez que disse "não" a alguém foi tremendamente doloroso e desafiador. Era como se ninguém mais fosse procurar seus serviços, mas ela estava determinada a pagar o preço pela transformação. Hoje, as clientes já estão adaptadas aos seus horários, e não houve nenhum prejuízo. Ao contrário, ela tem um ganho financeiro muito maior do que quando trabalhava a semana toda, e a família está sendo restaurada.

Evitamos dizer "não" por medo de perder a consideração de algumas pessoas e, em consequência, sofremos perdas bem maiores.

É preciso vencer a batalha interna, travada quando se decide começar a dizer "não", superando o sentimento de culpa e o medo da rejeição, suportando o fato de não ocupar mais o lugar de boazinha na família e entre os amigos e permanecendo firme diante da reação aversiva das pessoas que levavam vantagens com sua dificuldade.

Pessoas que estão sempre disponíveis, que não conseguem dizer "não", quando pensam em mudar essa postura, imaginam que irão perder a amizade de todos, acreditam que ficarão sozinhas, totalmente abandonadas, e que serão criticadas e mal compreendidas.

É possível que isso aconteça por parte de alguns. Afinal, é normal que haja resistência ao novo. Mudanças geralmente são difíceis de serem aceitas. Quando uma pessoa da família começa a mudar seu modo de agir, é de se esperar que haja resistência. É provável que haja tentativa, por parte de algumas pessoas mais próximas, de manter a engrenagem se movimentando como de costume. Quando uma pessoa inicia um processo terapêutico e começa a mudar suas atitudes, é comum escutar pessoas da família ou amigos mais próximos

62

CARACTERÍSTICAS DE UMA BAIXA AUTOESTIMA

dizerem que ela está piorando. Falam que o tratamento está lhe fazendo mal e que não a reconhecem mais. Isso geralmente acontece porque a mudança incomoda. Quando alguém muda, provoca a necessidade de mudança no outro.

Não podemos deixar de considerar que algumas pessoas, acostumadas a tirarem vantagem da fraqueza do outro, reajam, tentando levar o paciente a retornar ao comportamento anterior. Afinal, não desejam modificar uma situação que traz ganhos.

Aquele que conseguir vencer esses obstáculos poderá experimentar a alegria de sentir-se mais livre, de gostar mais de si mesmo. E quem ama a si mesmo não se permite viver um relacionamento abusivo.

Aqueles que têm dificuldade de dizer "não" podem sofrer de mágoas e ressentimentos. Tornam-se pessoas amargas por não serem consideradas como esperavam, tristes porque suas necessidades foram negligenciadas, frustradas por não conseguirem realizar seus planos, já que estão sempre ocupadas em conquistar reconhecimento, aceitação e amor por meio do serviço prestado ao outro.

Não teremos motivos para ressentimentos se tivermos amor-próprio o suficiente para agir de forma coerente, dizendo "não" quando for necessário. Isso traz equilíbrio para a vida, ampliando as possibilidades. Com o tempo melhor administrado, torna-se possível fazer aquela ginástica há tanto prometida; fazer o curso, o passeio, o cuidado com a saúde, com a família, enfim, as muitas coisas que trariam mais satisfação pessoal e, consequentemente, menos ressentimento em relação aos outros. Assim, estaremos tratando a nós mesmos com a consideração que esperávamos receber dos outros.

63

REVENDO CAMINHOS

É um investimento inútil não dizer "não" com a finalidade de conquistar as pessoas. Jamais seremos amados utilizando essa estratégia. O amor verdadeiro é gratuito. Não o compramos com favores. Além disso, mesmo que as pessoas nos amem, não nos sentiremos amados. Quando uma pessoa tem medo de ser rejeitada por dizer "não", é porque ela não crê que possa ser querida simplesmente por ser quem é. Sendo assim, mesmo que receba o que espera, nunca acreditará nesse sentimento, já que não se considera digna desse amor. Todos nós desejamos ser amados. Contudo, nem o amor de uma multidão é capaz de preencher o vazio deixado pela falta de amor-próprio.

Quem não se ama não acredita merecer o amor de quem quer que seja. Portanto, por mais que invista, por mais que receba, jamais se sentirá suprida. Nunca se convencerá de que é realmente amada.

Quem nos ama verdadeiramente pode aceitar nossos "nãos" da mesma forma que aceitamos os "nãos" que recebemos daqueles a quem amamos. É necessário respeitar os limites de quem consideramos sem cobrar concessões, serviços ou favores por nossa consideração. Valorizamos o outro por ele ser quem é. Se entendemos que o outro merece nosso amor dessa forma, por que não nos consideramos merecedores da mesma maneira? O amor verdadeiro não cobra nem deve favores. Além do mais, não vamos conquistar a todos, por mais que façamos algo, por melhor que venhamos a ser. Tentar ser perfeito para ser amado por todos é uma missão impossível. Não conquistaremos a todos e podemos viver com isso.

Jesus foi perfeito como ser humano, contudo, foi rejeitado pela maioria, deixando-nos importantes lições nesse sentido.

CARACTERÍSTICAS DE UMA BAIXA AUTOESTIMA

Ele fez o que tinha de ser feito e disse o que tinha a dizer. Sua conduta e seus ensinamentos foram baseados no compromisso com a verdade e com a vontade de Deus, não com a necessidade de aprovação. Ele ensinou-nos sobre o "sim, sim; não, não", e sobre o "quem tem ouvidos, ouça". Ele não mudou seus planos para evitar a rejeição. Não tentou controlar a opinião, os sentimentos e o comportamento de ninguém. Esvaziou-se de sua glória, sacrificou-se pela nossa salvação. Pregou uma mensagem libertadora e demonstrou os sentimentos mais nobres. Amou, compreendeu e aceitou a todos independentemente dos erros de cada um. No entanto, apesar de tudo isso, foi amado e aceito pela minoria. Jesus nos amou sem depender do nosso amor. Ele tinha o que bastava: o amor do Pai. Ele não precisava, como nós, da aprovação dos homens para se autoafirmar, para sentir-se valorizado.

Jesus demonstrou não somente ter consciência de seu valor, como também mostrou-nos o quanto nos valoriza. Se entendermos isso, nos sentiremos abastecido por esse amor. De maneira que, mesmo valorizando o amor do outro, não seremos carentes dele ao ponto de desvalorizarmos a nós mesmo.

DIFICULDADE DE OUVIR "NÃO"

Muitas pessoas têm dificuldade de ouvir "não" porque não foram acostumadas a terem seus pedidos negados. Foram mimados. Receberam, a tempo e a hora, tudo o que quiseram, portanto, não têm resistência à frustração. Essa é uma situação muito comum. No entanto, gostaria de chamar a atenção para a dificuldade de ouvir "não" relacionada ao sentimento de menos-valia.

65

Jorge fazia parte de um pequeno grupo de três amigos inseparáveis desde a adolescência. Sempre saíam juntos. Na maioria das vezes, a noite terminava da mesma forma: Jorge na companhia de uma garota e os outros dois amigos fazendo companhia um para o outro. Eles ficavam intrigados com a facilidade do amigo em conquistar alguém. Não entendiam por que eles ouviam tantos "nãos", enquanto Jorge não ouvia nenhum.

Na verdade, a situação não era bem assim. Jorge ouvia mais "nãos" que seus amigos. A questão era que ele não tinha medo de ouvi-los. Ele chegava às festas preparado e disposto a ouvir quantos "nãos" fossem necessários até conquistar o "sim" que ele esperava. Os outros, ao aproximarem-se de uma moça, estavam tão inseguros que geralmente ouviam o que tanto temiam. E para evitar uma nova rejeição, não passavam da primeira tentativa.

Para os amigos de Jorge, o "não" era recebido como uma confirmação de que eles não eram pessoas interessantes. Para Jorge, o "não" era apenas o direito das garotas de não quererem ficar com ele. Não representava uma avaliação negativa a seu respeito.

Ninguém gosta de ouvir um "não". Porém, para as pessoas inseguras, que dependem da confirmação e aprovação do outro, o "não" é entendido como rejeição, como negação de seu valor pessoal.

Alguém com a autoestima baixa, que duvida de seu próprio valor, transfere para o outro o poder de avaliá-lo. Espera que o reconhecimento, o sinal de aprovação, venha dos outros. Quando isso não acontece, seu sentimento de inferioridade se confirma ainda mais. Mesmo que o "não" não seja dito, ele é sempre esperado, assim como qualquer sinal de rejeição.

CARACTERÍSTICAS DE UMA BAIXA AUTOESTIMA

Célia conseguia manter somente relacionamentos superficiais. Ela reclamava que conhecia muitas pessoas, mas não podia dizer que tinha amigos de verdade. Ela não tinha amiga de infância, melhor amiga, confidente, como acreditava que todos tinham. Sentia-se estranha por isso. Em várias ocasiões em que ia a um shopping ou a uma festa, encontrava suas conhecidas e ficava sabendo que elas tinham ido juntas. Uma convidava a outra sempre que tinham algum evento ou oportunidade de estarem próximas. Célia nunca recebia um convite desse tipo e não compreendia o motivo de não ser lembrada. Sentia-se profundamente magoada e ressentida, sem perceber que ela mesma é quem dificultava esse envolvimento. Ela é quem não permitia uma aproximação que a fizesse ser incluída.

Quando tinha a oportunidade de estar com pessoas conhecidas, nunca sentia-se à vontade. Não se envolvia o bastante. Ao invés de interagir espontaneamente com os demais, ela dedicava-se a observar os olhares e os mínimos gestos à procura de pistas que confirmassem suas suspeitas de rejeição.

Sentia-se bloqueada. Não conseguia conversar ou levar um assunto adiante. Suas ideias não fluíam devido à sua constante avaliação e ao julgamento a respeito do que deveria ou não dizer, o que gerava ainda mais insegurança.

Qualquer opinião contrária a sua era compreendida como sinal de reprovação e motivo para ela se afastar e evitar novos contatos. O pior é que geralmente ela acreditava estar vendo esses sinais. Por isso, constantemente voltava aborrecida de alguma festa ou evento social. Os dias seguintes a esses acontecimentos eram sempre dolorosos. Ela passava momentos calada e pensativa, revendo as cenas e avaliando-as minuciosamente em busca de falhas que ela pudesse ter cometido e provocado a rejeição. A reação do outro era seu espelho. E seu valor estava condicionado à aprovação alheia, que ela sempre esperava não receber.

É natural não gostarmos de ouvir uma negativa. Porém, quando uma pessoa se sente valorizada, consegue ouvir um "não" sem sentir-se diminuída. Quem está bem consigo mesmo não dependente de que suas opiniões sejam aceitas para sentir-se incluído. Pessoas assim dão a si mesmas e aos outros o direito de expor o que pensam e o direito de concordarem ou não com suas ideias. Entendem que para serem amadas não é preciso serem aprovadas em tudo que fazem ou dizem. Que não precisam ser iguais, ou seja, pensarem e agirem da mesma forma, para serem aceitas.

Mesmo porque não seria nem um pouco motivador viver com pessoas que fossem cópias fiéis de nós mesmos. Nada seria acrescentado em um diálogo se todos pensassem igual. Não veríamos outra pessoa, e sim a nós mesmos refletidos no outro.

DIFICULDADE DE DIZER "SIM"

Para muitas pessoas, o "sim" também é difícil de ser dito, principalmente quando se trata de dizê-lo a si mesmo, à sua vida, considerando os próprios sonhos e necessidades, permitindo-se novas oportunidades.

Liz, desde criança, sempre foi muito prestativa. Como primeira filha, sentia-se na obrigação de ajudar a mãe a criar e educar seus dois irmãos mais novos. Com dezesseis anos, começou a trabalhar e ajudar financeiramente em casa. À medida que seu salário aumentava, assumia mais

CARACTERÍSTICAS DE UMA BAIXA AUTOESTIMA

responsabilidades. Aos vinte anos, casou-se com um homem viúvo que tinha um casal de filhos pequenos — crianças que Liz tomou como suas, encarregando-se de todos os cuidados necessários para educação delas.

Dois anos depois de casada teve seu primeiro filho, e três anos mais tarde teve uma filha. Ela não fazia nada além de trabalhar e cuidar da família. À medida que o tempo passava, sentia-se mais responsável, aumentando sua carga de trabalho para dar o melhor aos filhos. Vivia em intensa atividade. Ocupava-se com os mínimos detalhes da vida de cada um, certa de que a felicidade da família estava em suas mãos.

Aos 48 anos, Liz ficou viúva. O marido, que era totalmente dependente dela, já não estaria mais ali. Os filhos, já adultos e casados, moravam em outras cidades e ninguém mais precisava de sua ajuda. Seria um bom momento para diminuir o ritmo e começar a pensar um pouco mais em si mesma. No entanto, não foi o que aconteceu.

Ela continuava agitada como sempre. Não conseguia mudar a programação interna. Depois de aposentada abriu uma pequena empresa, que percebeu, com o tempo, só lhe traria prejuízo e muito trabalho. Após muita resistência, aceitou seu fechamento. A partir daí, Liz começou a apresentar sinais de depressão, motivo pelo qual procurou ajuda psicológica.

Ela havia passado a maior parte de sua vida cuidando de outras pessoas. Era dessa forma que se sentia útil, importante, e que sua vida parecia ter sentido. Agora, não precisava trabalhar, não havia com que se preocupar e ninguém mais precisava de seus cuidados. Certamente era um estilo de vida que ela não conhecia. Havia se tornado uma especialista

69

REVENDO CAMINHOS

em cuidar dos outros e resolver problemas. Não aprendera a cuidar de si mesma e a buscar a própria felicidade. Vivera a maior parte de sua vida trabalhando pela felicidade daqueles a quem amava e conhecia profundamente, porém, sentiu dificuldade em descobrir o que a faria feliz, porque sabia pouco sobre ela mesma.

A depressão foi o chamado para olhar para dentro de si. O tratamento lhe ajudou a compreender que ela sabia dizer "sim" às necessidades de todas as pessoas à sua volta, menos às suas próprias.

Reconheceu que gostava muito de viajar, mas nunca havia se dado esse direito. Ganhou vários prêmios na empresa em que trabalhava, e alguns deles foram viagens a lugares que ela adoraria conhecer, mas jamais se deu a oportunidade. Não conseguiu dizer "sim" a nenhuma chance de realização pessoal.

Depois de algum tempo, Liz conseguiu começar a romper essa barreira. Hoje, sempre que tenho notícias dela, está em um país ou cidade diferente. Tem dito "sim" à vida e a si mesma, não apenas aproveitando oportunidades, como as criando também.

A falta de oportunidade e de condições financeiras geralmente são as justificativas para aqueles que não sabem dizer "sim" a si mesmos. No entanto, na maioria das vezes, o problema é uma questão de prioridade. Algumas pessoas se queixam ao abrir as redes sociais. Entristecem-se por verem outras pessoas sempre viajando e fazendo coisas legais, enquanto elas estão sempre em casa ou trabalhando apenas. Não entendem por que os outros conseguem e elas não. No entanto, as pessoas que conseguem nem sempre são as que tem uma melhor situação financeira. Muitas economizam o

70

CARACTERÍSTICAS DE UMA BAIXA AUTOESTIMA

ano todo para fazer uma viagem. Elas procuram ofertas e pacotes dentro de suas possibilidades. Criam as oportunidades. Elas dão a si mesmas esse direito. Enquanto outras não, mesmo com condições financeiras melhores.

Pessoas com uma boa autoestima conseguem cuidar de outros sem deixar de cuidar de si mesmos, enquanto aquelas que não se valorizam não veem necessidade de fazer por si. Nem acreditam que merecem.

A vida tem nos dito "nãos" e "sins" todo o tempo. No entanto, muitas vezes são os "nãos" e os "sins" que dizemos a nós mesmos que têm o maior poder de definir nosso estilo de vida.

MEDO DE MUDANÇAS

Hoje me dei conta (Autor desconhecido)

Hoje me dei conta de que as
pessoas vivem a esperar por algo
E quando surge uma oportunidade
Se dizem confusas e despreparadas
Sentem que não merecem
Que o tempo certo ainda não chegou
E a vida passa
E os momentos se acumulam
como papéis sobre uma mesa
Estamos nos preparando para qualquer coisa
Mas ainda não aprendemos a viver
A arriscar por aquilo que queremos
A sentir aquilo que sonhamos
E assim adiamos as nossas

REVENDO CAMINHOS

vidas por um tempo indeterminado
Até que a vida se encarregue
de decidir por nós mesmos
E percebemos o quanto perdemos
E o tanto que poderíamos ter evitado
Como somos tolos nos nossos
pensamentos limitados
Em nossas emoções contidas
Em nossas ações determinadas
O ser humano se prende em si mesmo
Por medo e desconfiança
Vive como coisa
Num mundo de coisas
O tempo esperado é o agora
Sua consciência lhe direciona
Os seus sentimentos lhe alertam
E as suas emoções não
são mais desprezadas
Antes que tudo acabe
É preciso fazer iniciar
Mesmo com dor e sofrimento
Antes arriscar do que apenas sonhar.

A ciência tem comprovado que alguns de nossos neurônios são perfeitamente capazes de realizar novas conexões, de encontrar novos caminhos[2], e que, em algumas partes do cérebro, até mesmo os neurônios danificados são capazes

_____
[2] Fonte: https://epocanegocios.globo.com/Mundo/noticia/2018/03/neuronios-podem-ser-treinados-para-exercer-outras-funcoes-diz--estudo.html

72

CARACTERÍSTICAS DE UMA BAIXA AUTOESTIMA

de se recompor[3]. Somos capazes de mudar, de fazer novos arranjos na vida. As conexões do passado com o presente e com o futuro são marcadas, muitas vezes, pelo medo. Contudo, por mais difícil que seja, essas conexões podem ser modificadas. Novos elos podem ser criados a partir de uma nova compreensão, novas experiências, fé e esperança. É possível mudar! A vida está sempre em movimento, não há como evitar. Como diz a canção de Lulu Santos e Nelson Motta (1983): "Tudo que se vê não é / Igual ao que a gente viu há um segundo/ Tudo muda o tempo todo no mundo...". A mudança é inevitável. Às vezes, ela acontece em nossa vida de forma tão acelerada que parece mais um trem sem freios. Assustados, chegamos a pensar em permanecer na estação, à espera de um outro momento para embarcarmos. Não nos sentimos preparados para prosseguir.

Nas últimas décadas, as mudanças têm acontecido a uma velocidade cada vez maior, provocando transformações sociais significativas e interferindo diretamente no comportamento das pessoas. Contudo, por mais assustador que isso pareça, não é possível interromper o processo.

Não há como frear as transformações que estão acontecendo à nossa volta ou voltar no tempo. Essa é uma estrada sem placa de retorno. E um dos grandes problemas dessa aceleração é que as mudanças internas — como as da consciência — não parecem acontecer na mesma velocidade que as mudanças externas — como os avanços científicos e

---

[3] Fonte: https://super.abril.com.br/ciencia/cada-neuronio-sabe-muito--bem-sua-funcao

REVENDO CAMINHOS

tecnológicos. Essa talvez seja a razão por que, com suas descobertas, o homem destrói mais do que constrói. Ele continua construindo sem controle das consequências. Ele cria e muitas vezes se torna vítima de sua criação. Sabemos e conquistamos muito, ultrapassamos barreiras que, há poucas décadas, pareciam intransponíveis. No entanto, ainda somos limitados por dificuldades internas. Ainda somos dirigidos por vaidade, egoísmo, inveja, ira, desejo de poder, os quais trazem tantos danos a todas as áreas de nossa vida. Controlamos tecnologias extravagantes, mas não exercemos domínio sobre nós mesmos. Nos orgulhamos dos avanços conquistados, mas somos dominados por sentimentos pouco nobres.

Mesmo que as mudanças externas, às vezes, pareçam uma avalanche, temos mais facilidade de lidar com elas do que com as mudanças internas. A essas somos mais resistentes.

De maneira geral, temos pouca disposição para mudar, para deixar o conforto do que conhecemos. Optamos pelo cômodo estado habitual, mesmo que seja um movimento para nos levar a uma situação melhor. Nos apegamos a algumas tradições, justificando que nossa atitude é uma questão de "fidelidade", ainda que essa resistência ao novo gere atraso no crescimento e comprometa o futuro. Algumas empresas insistem em manter os mesmos procedimentos de décadas atrás. Algumas igrejas acreditam que devem manter os mesmos hábitos do século passado.

As mudanças são certas e, mesmo assim, as tememos. Esse medo também está relacionado à insegurança e à falta de autoconfiança. Pessoas que não acreditam em si mesmas preferem manter-se no conforto de uma situação já conhecida. Por temerem não dar conta do novo, por não acreditarem

74

CARACTERÍSTICAS DE UMA BAIXA AUTOESTIMA

em sua capacidade de realizar algo diferente, permanecem no habitual.

Neli era uma jovem muito responsável, funcionária dedicada e competente que, após um ano de trabalho, recebeu uma promoção. Seu diretor percebeu que seu talento poderia ser melhor aproveitado em outro setor da empresa, um setor mais elevado. Ela teria mais responsabilidades, com certeza, porém mais reconhecimento e um salário bem maior. Era um salto que muitos de seus colegas almejavam. Qualquer um deles ficaria empolgado com uma oportunidade como aquela, mas Neli rejeitou-a. Assustada com a possibilidade de mudança, abriu mão da promoção. Optou por permanecer no setor que lhe era familiar. Sentia-se mais segura em ficar onde sabia como tudo funcionava, onde tinha certeza de estar no controle. Temia não conseguir aprender a nova função e de não ser tão eficiente no novo cargo. Por medo de não dar conta e decepcionar, preferiu permanecer onde conhecia.

Certamente, nem todos que rejeitam uma mudança de cargo tem as mesmas dificuldades. Algumas pessoas não aceitam uma promoção por não se identificarem com aquela nova função — uma questão de coerência e respeito por si mesmas —, não necessariamente por insegurança. No caso de Neli, a falta de autoconfiança e o medo de errar fizeram com que o desconhecido fosse percebido como uma ameaça. Um risco à sua imagem e à sua competência.

Quem não confia em si mesmo não acredita poder enfrentar o novo. Não se acha capaz de realizar algo que ainda não realizou, por mais incoerente que isso possa parecer. Afinal, foi exatamente isso que todos nós fizemos desde que nascemos. Tudo na vida de todos foi novo um dia. Tudo que aprendemos, antes não sabíamos. Cada coisa que realizamos já foi algo que

75

REVENDO CAMINHOS

nunca tínhamos feito. O novo sempre fez parte da vida, em cada movimento, em cada situação: engatinhamos, ficamos de pé, andamos de bicicleta, caímos e levantamos. Fomos para a escola, fizemos amigos e inimigos. Namoramos, casamos, geramos filhos. Tivemos o primeiro emprego, enfrentamos a primeira demissão. Abrimos empresas, falimos. Viajamos, mudamos de casa, de cidade, de país. Conquistamos pessoas, perdemos outras, e assim por diante.

Sempre fizemos coisas novas. Somos especialistas em "primeira vez". Fomos surpreendidos pelo novo durante todo o tempo em que vivemos, desde que nascemos. E, provavelmente, o nascimento tenha sido o novo mais impactante; o choque de realidade mais forte que enfrentamos. Se sobrevivemos a ele, com muito menos recursos do que temos hoje, não há o que temer. Podemos prosseguir enfrentando o novo que vier porque ele é somente mais uma coisa que nós ainda não conhecemos e/ou ainda não realizamos.

De uma forma ou de outra, todos nós enfrentamos mudanças e já chegamos à vida com os recursos necessários para lidar com elas. Se conseguimos até aqui, por que não conseguiríamos daqui pra frente? Como disse o profeta Samuel: "Até aqui o SENHOR nos ajudou" (1Samuel 7.12).

Em um dos seminários sobre autoestima que realizei, uma mulher contou sobre uma situação nova que viveu aos quatorze anos de idade e que lhe ensinou muito. Ela havia marcado um encontro com um garoto da escola, à tarde, na pracinha perto do colégio. Era seu primeiro encontro e acreditava que daria seu primeiro beijo. Ela estava muito apreensiva, não queria decepcionar, mas não se sentia segura. Não quis pedir conselho para ninguém porque não gostaria que ninguém soubesse e entendia que era algo que deveria enfrentar sozinha.

No dia do encontro, os minutos pareciam uma eternidade. Por várias vezes, pensou na possibilidade de não ir. No entanto, sabia que uma hora ela teria de estar nessa situação; não poderia fugir por muito tempo. Quando faltavam umas duas horas para o encontro, a ansiedade aumentou. Ela, então, trancou-se no seu quarto, ajoelhou-se e orou. Contou para Jesus seu dilema e lhe pediu ajuda. Disse que gostaria muito que Ele estivesse com ela naquele momento, dando-lhe segurança, tranquilidade e fazendo com que tudo fosse perfeito. Disse que estava lhe entregando a situação confiante de que Ele não a deixaria só. Bem mais calma e segura, ela foi ao encontro e deu tudo certo.

Essa experiência, por mais simples e inocente que tenha sido, ajudou-lhe muito. A partir daí, sempre que temia algo, lembrava-se de que, se Jesus se importou em ajudá-la no seu primeiro beijo, o que mais Ele não faria por ela?

O que nos ajudará a enfrentar nossos medos não é o fato de nos sentirmos capazes em todo o tempo, mas de confiarmos sempre. Jesus prometeu estar conosco todos os dias de nossa vida, por onde quer que estejamos. Com Ele não precisamos temer o embarque. Muitas vezes somos tentados a ficar na segurança da estação, porém, por menos ameaçador que pareça, esse é um lugar de passagem. Não fomos feitos para permanecermos lá.

MEDO DO QUE CONHECEMOS

Nem sempre tememos uma situação nova pelo fato de ser nova, desconhecida, mas pela possibilidade de que ela nos

REVENDO CAMINHOS

traga de volta o que nós conhecemos e queremos evitar. O medo do futuro também esconde o medo do passado, do retorno às experiências dolorosas que já vivemos. O temor de que um novo relacionamento traga novamente a dor da traição. De que o novo empreendimento traga outra falência. De que uma nova amizade traga de volta as decepções. É como se olhássemos para o futuro com as lentes do passado. Lentes essas que aprisionam e contaminam o olhar com a dor e as desilusões sofridas, as quais nos roubam a coragem de nos lançarmos, de experimentarmos e vivermos as promessas contidas no novo. São lentes do passado, que ofuscam a visão da esperança futura e nos impedem de recomeçar.

Desistimos de novos empreendimentos porque já sofremos uma falência financeira. Negamo-nos o direito de novas escolhas por causa da culpa gerada pelas decisões erradas que fizemos. Optamos pela solidão porque já nos decepcionamos. Experiências dolorosas e marcantes do passado podem nos levar a construir defesas que se constituem em uma forma rígida e negativa de pensar e olhar a vida, um olhar trágico e pessimista que desconsidera e torna irrelevante as boas experiências, mantendo em evidência o registro das ruins. O pior é esperado sempre, como uma tentativa equivocada de ter o controle sobre o sofrimento e não ser surpreendido por ele.

Algumas experiências deixam marcas tão profundas que o temor de revivê-las direciona nossa maneira de viver, levando-nos a olhar para o futuro com a expectativa de reprise do passado. E, na tentativa de evitar esse retorno, ficamos na defensiva, agindo de forma a produzir um novo sofrimento. Na ilusão de proteção, provocamos mais dor.

Beatriz é uma jovem senhora formada em direito, casada com um médico bem conceituado e mãe de duas meninas.

CARACTERÍSTICAS DE UMA BAIXA AUTOESTIMA

Procurou ajuda psicológica porque sentia que iria surtar a qualquer momento. Estava muito estressada, nervosa e agitada. Acreditava que era por excesso de trabalho. A cada dia, o relacionamento com a família tornava-se mais complicado. O marido e as filhas não sabiam mais como conviver com ela. Na realidade, ela também não suportava conviver consigo mesma. Não tinha amigas e não gostava de compartilhar seus problemas com ninguém. Era uma pessoa irritada, que levava tudo muito a sério. Naquele momento, sentia como se a vida fosse um fardo que ela era obrigada a suportar e que não lhe trazia nenhum prazer. Qualquer problema, por menor que fosse, era motivo de descontrole.

Ela é uma mulher dominadora e controladora. Tudo tem de ser e estar da forma como ela quer. Algumas vezes, o marido discorda de suas decisões e argumenta coerentemente. Ela percebe que ele está certo, no entanto, não consegue abrir mão e mudar de opinião. Impõe e faz valer sua vontade, mesmo sabendo que a escolha dele seria melhor. Todas as decisões relacionadas à família, das mais simples às mais importantes, sempre têm de estar de acordo com o que ela planeja, sem exceção.

Não consegue ser carinhosa, não se sente livre para demonstrar afeto. As queixas e cobranças do marido e das filhas, nesse sentido, não são consideradas por ela. Diz que o problema é deles, por serem muito carentes. O comportamento e a fala de Beatriz demonstram que ela é uma pessoa extremamente egoísta, controladora e insensível, mas tudo isso não passa de um escudo protetor.

O relacionamento de Beatriz com seu pai sempre foi muito difícil. Ele foi ausente e, aparentemente, um homem totalmente insensível que demonstrava com seu comportamento não

79

se importar com a filha. Ela se empenhava muito para ser ouvida e chorava na tentativa de chamar a atenção de seu pai e fazê-lo entender suas necessidades. No entanto, o esforço era vão. Sempre que recorria a ele para fazer algum pedido, era ignorada. O pai não se dava ao trabalho de conversar e explicar os motivos para não atendê-la. Ela não se lembra de nenhuma situação em que ele agiu de forma diferente.

O fato de Beatriz ter se empenhado tanto, sem sucesso, para ser percebida, para ter a compreensão do pai, foi fazendo com que ela se sentisse cada dia mais impotente. Ela via o pai como um muro de pedra intransponível e impossível de ser abalado. Era como se ele fosse um gigante e ela uma miniatura de gente. E a esse sentimento de impotência, com o passar do tempo, foi sendo acrescentada muita raiva. Sentimento acumulado e escondido que ela não encontrava uma maneira de liberar.

Quando completou dezoito anos, Beatriz começou a trabalhar em um escritório como secretária de um grupo de advogados. Foi quando ela decidiu a carreira que gostaria de seguir. Receber seu primeiro salário significou muito para ela, trouxe-lhe uma satisfação extraordinária. A partir daquele momento, ela se tornaria independente. Estudou em uma universidade pública e administrou seu salário de maneira que pudesse arcar com tudo que precisasse. Para qualquer pessoa, esse é um fato importante, contudo, para ela tinha um sentido especial. Foi como se dissesse a si mesma: "A partir de hoje, nunca mais me sentirei impotente, agora eu estou no controle".

Aquele momento foi um marco em sua vida. Não precisaria pedir nada a mais ninguém. O que significava não mais se sentir ignorada e fraca. A independência gerou um sentimento de poder e, de certa forma, de vingança. Passou a

CARACTERÍSTICAS DE UMA BAIXA AUTOESTIMA

ser a arma de controle e defesa que ela, inconscientemente, usou de forma indiscriminada e generalizada. Defesa contra qualquer possibilidade de retorno de antigos e conhecidos sentimentos. Passou a olhar seu pai de forma diferente, com ar de superioridade. Uma postura que, sem perceber, com o tempo, foi se tornando o seu jeito de ser. Estar no controle era o mesmo que estar protegida.

Hoje, ceder à vontade de alguém, mesmo que sejam suas filhas e seu marido, é sentir-se como antes: extremamente impotente e com raiva.

O fato de não ter consciência dos seus medos, reais motivos que a levaram a ser como é, gerou novos problemas. Ela se defende de todos, até mesmo daqueles que ela mais ama e que não representam nenhuma ameaça. Consequentemente, seus relacionamentos têm sido seriamente prejudicados.

Beatriz, como muitos de nós, por motivos diferentes, tem se mantido em uma guerra ilusória, combatendo uma batalha que não existe mais, gastando munição desnecessária e atacando inimigos imaginários. Ela via as pessoas como adversários, defendendo-se de um ataque que só existia dentro de si mesma. Destruiu relacionamentos e privou-se de novas oportunidades pelo temor de que elas escondiam velhas e conhecidas dores. Assim, evitava o novo por medo do conhecido.

A dor e o medo que sentimos quando criança nos fazem levantar defesas. Vivemos armados, à espera de que o sofrimento retorne. Nossa crença é de que a experiência irá se repetir sempre, e, na tentativa de evitá-la, provocamos situações piores e sofrimentos maiores. Quem já se sentiu rejeitado geralmente espera por novas rejeições. Esse temor cria dificuldades para um relacionamento afetivo saudável, como aconteceu com Luiz Eduardo.

Luiz era um rapaz muito fechado e se aborrecia com facilidade. Tinha certa dificuldade em administrar suas emoções. Amava muito sua esposa, porém, não conseguia demonstrar seus sentimentos. Os seis anos de casados foram marcados por uma sequência de brigas — muitas delas por motivo de traição da parte dele, o que os levou à separação por três vezes. Quando isso acontecia, após o afastamento da esposa, ele entrava em desespero e se empenhava para conseguir trazê-la de volta.

Ele não estava feliz com seu comportamento. Sua maneira agressiva de agir e as sucessivas traições lhe causavam angustia. No entanto, Luiz Eduardo não conseguia mudar. Após a última briga, a esposa saiu de casa novamente e disse que seria definitivo. Não iria mais perdoá-lo. Foi então que ele pediu ajuda e procurou tratamento.

Luiz Eduardo era muito ansioso e se encontrava insatisfeito na maior parte do tempo. Quando tudo parecia estar bem no seu casamento, ele se envolvia com outras mulheres. Depois, voltava atormentado e consumido pela culpa. Prometia a si mesmo que jamais agiria daquela forma, mas não conseguia cumprir a promessa por muito tempo.

Ele nasceu em uma cidade pequena no interior do Pará. Quando tinha cinco anos de idade, seus pais se separaram. O pai, que já era muito ausente, foi embora e nunca mais voltou. A mãe, com quem Luiz era muito apegado, recebeu uma proposta para trabalhar em São Paulo, mas não podia levá-lo. Ele foi criado pelos avós e pelos tios. Sua infância foi marcada por tristeza e muitas lágrimas de saudades. Ele amava sua mãe e sentia muito sua falta. O amor dos avós, os muitos amigos, a liberdade do interior e os banhos de rio não foram

CARACTERÍSTICAS DE UMA BAIXA AUTOESTIMA

o bastante para suprir o vazio deixado pela ausência de sua mãe. Os dois viam-se apenas uma vez por ano, durante as férias de dezembro. Nos dois primeiros anos da partida da mãe, ele chorava muito. Com o tempo, seu choro começou a incomodar aqueles com quem ele vivia, e essas pessoas não sabiam o que fazer para ajudá-lo. Então ele aprendeu a chorar sozinho e escondido.

Durante o ano todo, Luiz Eduardo sofria, ansioso pela chegada das férias para ver sua mãe. Os dias, as semanas e os meses pareciam se arrastar lentamente. Levava uma eternidade para os onze meses passarem. Ele vigiava o calendário, como se pudesse fazer o tempo correr. Quando, enfim, chegava o mês de dezembro e sua espera chegava ao fim, outro drama começava. A ansiedade agora era para desacelerar o tempo. Ele queria que os dias esperassem um pouco mais, para não chegar tão rápido a hora de sua mãe partir novamente. Para Luiz Eduardo, não havia tempo de paz.

Ele amava desesperadamente a sua mãe, mas esse amor lhe trouxe tristeza e muita dor. Enquanto viveu com os pais tinha dúvida em relação ao amor deles por ele. Depois, com a partida dos dois, ele tinha certeza de não ser amado. Acreditava que, se fosse importante o suficiente, sua mãe teria ficado com ele ou o levado com ela.

Sentia-se rejeitado, mas não conseguia desistir do amor dela. E para sobreviver a tanta tristeza, construiu algumas defesas. Para não se sentir tão vulnerável e não ser sufocado pelo sofrimento, ergueu suas barreiras. Construiu muralhas cada vez mais altas, na esperança de que um dia a dor não fosse mais capaz de transpô-las. O problema é que esses mesmos muros o separavam das pessoas, deixando-o cada vez mais só. E a solidão por si mesma já é uma intensa dor.

83

REVENDO CAMINHOS

Na infância, quando passamos por um sofrimento que não podemos suportar — por falta de recursos que nos possibilitem lutar —, arquitetamos defesas com o objetivo de nos protegermos. Então, crescemos e adquirimos os recursos, deixamos de ser indefesos. No entanto, não desativamos os velhos mecanismos de proteção. Tornamo-nos adultos que usam inconscientemente meios infantis de autopreservação.

Luiz Eduardo passou toda a infância com medo de perder de vez sua mãe — tinha medo de ela não voltar no próximo ano. O medo da perda foi constante em sua vida. Quando adulto, apaixonou-se pela mulher com quem se casou, uma mulher que também o amava. Teria sido um encontro perfeito se, no coração dele, amor e dor não fossem aliados inseparáveis. Teria sido uma bela história se ele pudesse vivê-la sem ser atormentado pelo medo da perda. Ele acreditava, inconscientemente, que o amor era seguido pela rejeição e pelo abandono. Por amar sua esposa, temia ser abandonado por ela também. A dedicação e a demonstração clara dos sentimentos por parte dela não lhe davam segurança nem o convenciam de que ele era importante o suficiente para que ela não o deixasse. Nenhuma prova seria forte o bastante para anular a crença de que, se ele não foi capaz de despertar o amor da mãe e mantê-la junto dele, não seria capaz de despertar e preservar o amor de nenhuma outra mulher.

Então, para fugir da dor, ele fugia do amor. Para não correr o risco de ser rejeitado novamente, ele rejeitava primeiro. Quando tudo estava bem entre ele e a esposa, quando se sentia profundamente envolvido por ela, o alerta era acionado, e ele sabotava o relacionamento. Desviava sua atenção envolvendo-se com outras mulheres. Quanto melhor sentia-se

CARACTERÍSTICAS DE UMA BAIXA AUTOESTIMA

em relação à esposa, mais forte era a sensação de perigo. Seus sentimentos por ela o deixavam vulnerável e amedrontado. Entregar-se a esses sentimentos era terrivelmente ameaçador. Sua experiência dizia que o que estava por vir poderia ser doloroso demais. Esse conflito se tornou um círculo de autodestruição. Ele desejava e lutava pelo amor da esposa e, quando o conquistava, o expulsava por meio da traição. Depois, era consumido pela culpa e pelo desespero quando a perdia. Luiz Eduardo, assim como muitas pessoas perseguidas pelos fantasmas do passado, segue destruindo a própria felicidade por acreditar que ela seria destruída logo à frente, antecipando uma dor que supõe estar por vir.

MEDO DO FRACASSO

Erramos porque somos falíveis. Faz parte de nossa condição humana, do processo natural de crescimento e desenvolvimento. Até aprendermos a andar com confiança, caímos muitas vezes. Em uma experiência científica, até se chegar à fórmula certa, muitas tentativas fracassaram. Todo processo de conquista e aperfeiçoamento inclui erros, falhas e fracassos. Não há como evitar.

Todos nós temos objetivos. Sejam mais audaciosos ou mais tímidos, todos temos alvos que gostaríamos de alcançar. Alguns desejam chegar aonde outros chegaram: ser como aquele empresário bem-sucedido ou aquele artista famoso; ser um atleta campeão ou ganhar o Prêmio Nobel por uma esplêndida descoberta. Admiramos pessoas que venceram e somos motivados por seus sucessos e conquistas. Isso é saudável.

85

REVENDO CAMINHOS

Para alguns, a vitória e o sucesso de outros são um incentivo, uma prova de que é possível alcançá-los, um gerador de força. No entanto, para outros, é motivo de frustração. Algumas pessoas se entusiasmam ao verem o prêmio, os aplausos, o reconhecimento, a riqueza conquistada por outros, mas não consideram o processo. Não levam em conta o caminho entre as sucessivas experiências fracassadas até aquela realização ou descoberta fantástica; das inúmeras derrotas até a medalha de ouro; das diversas falências e perdas até a construção de uma empresa sólida e bem-sucedida. Reconhecem a conquista e a vitória, mas não veem que se trata de uma escalada passo a passo, degrau por degrau, e que, muitas vezes, pensando que vamos subir mais um degrau, na verdade descemos dois. A linha da vida não é como um gráfico em ascensão, às vezes, ela é mais semelhante a um gráfico de eletrocardiograma.

A diferença entre os que vencem e os que fracassam, seja em que área for, está, além de outros fatores, na forma de olhar e de enfrentar esse processo. Os que venceram certamente persistiram e aprenderam com os erros. Os que fracassaram desistiram e interpretaram os erros como incompetência. Outros explicam suas derrotas como decorrente da falta de sorte, comparando-se com os que venceram. No entanto, trabalho, persistência, força de vontade, disciplina e resistência à frustração nada têm a ver com sorte. Essa é a justificativa daqueles que têm medo de tentar novamente. Nesse caso, a questão não é falta de sorte, mas falta de fé em si mesmo.

Quando se tem baixa autoestima, é mais difícil aceitar as falhas. Elas são percebidas como incompetência e fracasso pessoal, minando ainda mais as forças e dificultando novas tentativas. Pessoas inseguras se deixam paralisar por seus

CARACTERÍSTICAS DE UMA BAIXA AUTOESTIMA

erros e falhas. Por falta de garantias e certeza de resultado, optam por recuar e desistir. Muitas delas cresceram com exigência de perfeição; não foram incentivadas, mas criticadas. Nada do que faziam era suficiente. Nunca conseguiam agradar, como se na vida não houvesse lugar para imperfeições. O medo de errar lhes perseguia como uma sombra. Outras foram desmotivadas, ouvindo que não eram capazes, que não adiantaria tentarem. Cresceram sem fé em si mesmas. Ouviram desde crianças palavras como "Não faça isto porque não vai dar certo", "Nem tente, porque você não vai conseguir", "Desista, isso não é para você"; conselhos com efeitos desastrosamente limitadores. Elas aprenderam a recuar mais do que a prosseguir, a evitarem o perigo mais que a buscarem oportunidades, a se protegerem das possíveis ameaças, mais do que investirem na realização.

Não há nada errado em aprender a evitar o perigo. Foram importantes os avisos tais como: "Olhe para os dois lados, antes de atravessar a rua"; "Não coloque o dedo na tomada, porque dá choque"; "Não encoste no forno, porque está quente". Esses e tantos outros conselhos nos ensinaram a preservar a vida. A noção do perigo nos ensina a sermos prudentes e a não nos lançarmos em atitudes autodestrutivas. A prudência é saudável e necessária, mas o constante medo do fracasso é limitador, pois nos mantém em um estilo de vida muito aquém de nossas possibilidades.

Há uma história sobre a competição que os animais da floresta faziam de tempos em tempos. Um grande poste de madeira bem liso era levantado, e o desafio era lançado. Os animais que conseguissem subir até o topo recebiam a valiosa recompensa que estava presa lá em cima. Por vários anos, nenhum dos bichos da floresta havia conseguido. Além do poste ser muito alto, era encerado antes da competição, o que tornava a prova quase impossível de ser realizada com sucesso.

Um dia, depois de vários bichos terem tentado em vão, um pequeno sapo que havia chegado recentemente àquela parte da floresta decidiu participar. Ele começou a subir cheio de coragem e determinação. A medida que avançava, os outros que estavam em baixo, preocupados com a provável queda, gritavam para que ele tomasse cuidado. Como ninguém acreditava no sucesso do sapo, quanto mais alto ele chegava, maior o perigo, e eles diziam: "Volta! Você vai cair! Você vai morrer! Você não vai conseguir!". No entanto, como se ignorasse a gritaria, ele prosseguiu e venceu a prova. Ao descer do poste, orgulhoso e com seu prêmio nas mãos, foi questionado pelo esquilo jornalista, que perguntou-lhe sobre o segredo da vitória. Diante da pergunta, o sapinho atleta, sem dizer nada, permanecia olhando com ar de interrogação. O esquilo repetiu a pergunta, mas continuou sem resposta. Até que o irmão do sapinho vencedor aproximou-se e disse:

— Não adianta perguntar. Ele não vai responder: é surdo.

O segredo do sucesso foi não ouvir que ele poderia fracassar.

Nascemos com disposição para desafiar e prosseguir. Um bebê não se acomoda ao conforto do berço. Ele se mexe e esperneia até adquirir desenvoltura e controle motor suficiente para sair. Ele avança e aprende a engatinhar; em seguida, quer andar. As primeiras tentativas fracassadas não o impedem de tentar de novo até ficar de pé e caminhar com segurança. Inconformado, ele quer correr e escalar os móveis. Mais tarde, deseja se equilibrar sobre duas rodas. O joelho ralado não o intimida. Ele não desiste da bicicleta enquanto não sente o gosto de dominá-la. A natureza impulsiona-nos

CARACTERÍSTICAS DE UMA BAIXA AUTOESTIMA

até que o medo gerado por algumas experiências de fracasso consiga nos paralisar. O fracasso é, na realidade, um investimento que ainda não deu o resultado esperado, mas não uma luta em vão. Ele sempre traz ganho. Os erros e as perdas também trazem força, resistência, experiência e recursos para futuros desafios. O apóstolo Paulo nos diz:

> [...] nos gloriamos nas tribulações, porque sabemos que a tribulação produz perseverança; a perseverança, um caráter aprovado; e o caráter aprovado, esperança (**ROMANOS 5.3,4**).

Sabemos que Deus age em todas as coisas para o bem daqueles que o amam, dos que foram chamados de acordo com o seu propósito (**ROMANOS 8.28**).

Deus não permite desperdícios. Jesus teve de alimentar uma multidão com apenas cinco pães e dois peixes. Ele orou, apresentou o alimento a Deus e entregou-os aos discípulos. À medida que eram partidos e distribuídos, os pães e os peixes se multiplicavam, de maneira que alimentaram a multidão com sobra. Mesmo que tenha sido simples para Jesus fazer os pães e os peixes se multiplicarem, ele teve o cuidado de mandar que os discípulos juntassem as sobras, impedindo que houvesse desperdício. Se ele cuida para não desperdiçar sobras de pão e peixe, quanto mais as nossas experiências de vida. O sentimento de menos-valia nos impede de aprender com os erros, de olharmos para as falhas à procura de lições, alternativas e novos caminhos. Ao contrário, ele nos leva a ver as falhas, por menores que sejam, como provas de

89

incompetência, como se fossem a confirmação de uma crença preexistente de não ser capaz. Por isso, damos importância exagerada até aos pequenos vacilos, os quais poderíamos enfrentar de forma mais descontraída. Erros insignificantes, que deveriam nos fazer rir, nos torturam e nos causam grande sofrimento. Olhar para as próprias falhas de bom humor não significa sermos irresponsáveis ou aceitarmos permanecer no erro, mas não levarmos um peso desnecessário.

Algumas pessoas têm um dom muito especial para cometer furos, provocar situações embaraçosas e desconcertantes. Eu sou uma. Aliás, creio que seja mal de família. Na minha, todos são assim, até os de fora que passam a fazer parte por terem se casado com alguém da família. Recebeu o sobrenome, recebe de brinde esse dom.

Uma dessas situações, um exemplo bem leve, foi quando fui convidada para falar sobre autoestima em um programa de televisão dedicado às mulheres. O cenário era dividido em dois ambientes: uma sala de visita, onde a apresentadora conduzia a entrevista, e uma cozinha, onde outro convidado preparava uma receita. Algo parecido com muitos programas de várias outras emissoras.

Após a primeira parte da entrevista, a apresentadora se levantou e me convidou para nos dirigirmos ao segundo cenário, onde ela conversaria com o chefe sobre a receita do dia.

Eu estava bem empolgada, principalmente porque no final do programa poderíamos experimentar o prato maravilhoso que estava sendo preparado. Eu fiquei em uma extremidade de um balcão bem comprido, e a apresentadora, na outra, com o chefe perto do fogão. Todo o cenário era lindo e aparentemente perfeito. No entanto, onde a câmera não mostrava, nem tudo era o que parecia ser. Na minha frente,

CARACTERÍSTICAS DE UMA BAIXA AUTOESTIMA

em cima do balcão, havia um porta-retratos bem grande e bonito, todo de vidro. Eu mal cheguei e já, distraidamente, esbarrei nele, sem perceber que atrás havia algo improvisado, segurando-o. Alguma coisa parecida com aquelas armadilhas de pegar passarinho que eu via meu irmão fazer quando era criança, aquelas que desarmam com o mais leve movimento. Tudo estava impecável, cuidadosamente organizando e funcionando perfeitamente naquele lugar, com exceção daquele bendito porta-retratos — e eu tinha de esbarrar exatamente nele. Como era de se esperar, a armadilha desarmou-se. Aquele lindo e enorme porta-retratos todo de vidro iria cair e fazer o maior barulho. Não seria possível evitar. No entanto, em um movimento muito rápido, sem que ninguém percebesse o mal feito, eu consegui segurá-lo e evitar a queda.

Continuei conversando com o chefe de cozinha e com a apresentadora como se nada estivesse acontecendo, mas sem tirar as mãos dele. A partir daquele momento eu passei a ser o suporte do porta-retratos, e, logicamente, a não fazer muito movimento. A situação era dramática, não apenas porque eu não podia sair do lugar, mas porque eu teria que ter um controle absurdo para não desabar de rir. Sempre que eu dou um furo, me descompenso. E isso ainda não era o pior. Eu teria de manter o porta-retratos de pé, não me movimentar, controlar a gargalhada presa na garganta e ainda prestar atenção à entrevista do cozinheiro, afinal, eu estava ali para participar. A todo momento a entrevistadora me incluía no assunto e eu precisava estar atenta para não dar um furo maior por não saber do que se tratava a conversa.

Foram mais ou menos quinze minutos, que pareceram uma eternidade. Aquela situação precisava chegar ao fim. Contudo, por mais ansiosa que eu estivesse para acabar o

REVENDO CAMINHOS

assunto, eu sabia que, assim que terminasse ali, eu seria chamada de volta ao cenário anterior. Quando isso acontecesse, eu teria de soltar o inconveniente porta-retratos e certamente minha má ação seria denunciada. Quando percebi que esse momento estava chegando, discretamente tentei consertá-lo, mas não era algo simples. Armar aquela geringonça novamente era uma missão certamente impossível. Refazer aquela engenhoca era obra para MacGyver. Tentar chamaria muito a atenção do público, pois a câmera estava aberta, direcionada para o balcão. Qualquer movimento seria percebido. A situação era constrangedora, mas engraçada.

Eu continuei participando, da forma mais natural possível, até que, para meu desespero, o cozinheiro terminou de preparar o prato. Consequentemente, teríamos de retornar para o outro o ambiente a fim de dar continuidade ao assunto em pauta. A entrevistadora gentilmente me convidou para acompanhá-la, e eu teria que segui-la, como já havia sido combinado. Mas como fazer isso? E o porta-retratos? Ela foi caminhando em direção a outra sala, enquanto eu permanecia imóvel atrás do balcão. Sem entender bem porque eu não saía do lugar, ela me chamou pela segunda vez. Eu tinha de decidir rapidamente, e a melhor solução que encontrei foi me entregar. Neste momento, sem consegui mais segurar a gargalhada, eu disse que não poderia sair porque estava tentando manter de pé uma parte do cenário que eu havia desmontado. O difícil foi a apresentadora conseguir parar de rir para dar sequência à programação. O vacilo se transformou em um momento divertido.

Às vezes é preciso rir dos próprios erros, levar a vida de forma mais leve. Ser menos crítico e rigoroso consigo e com

CARACTERÍSTICAS DE UMA BAIXA AUTOESTIMA

os outros, mas sem deixar de ser responsável e de aprender com as falhas. Eu aprendi que não se pode confiar em porta-retratos e em cenário de televisão. Quem acredita que precisa ser perfeito para viver, não se permite relaxar. Está sempre em estado de alerta, em constante crítica e julgamento de si e do outro. Quem acredita em si mesmo aceita o fato de ser falível, busca fazer o melhor, mas entende que ser responsável não é levar a vida como um jugo pesado. Muitas vezes, o sucesso é visto de forma equivocada. Principalmente quando o relacionamos obrigatoriamente ao resultado. Sucesso não depende apenas do produto final. Aprendemos que não devemos desistir de nossos sonhos, que devemos persistir sempre se quisermos realizá-los. É verdade. A perseverança é fundamental para se ter sucesso em qualquer projeto. No entanto, precisamos conviver com a realidade de que nem todos os nossos sonhos serão realizados. Nem tudo o que sonhamos será concretizado. E isso não significa, necessariamente, que fracassamos, ou que não fomos bem-sucedidos. Afinal, sucesso envolve muitas coisas mais.

Algumas pessoas têm sonhos ousados e não medem esforços para realizá-los. Elas canalizam suas energias e atenção de tal maneira que alcançam totalmente sua meta, conseguindo torná-la 100% real. Porém, o fato de ter sido necessária a total atenção deles exigiu que abrissem mão de outras coisas valiosas, como a família. Esta teve de ser negligenciada.

Um dia, eles percebem que alcançaram seus alvos, mas perderam as pessoas que amavam. Chegaram aonde planejaram, mas sozinhos. Essa é uma conquista que não pode ser chamada de sucesso. O que deveria ter o sabor de vitória ficou com um gosto amargo de fracasso. Alguns outros abrem

93

REVENDO CAMINHOS

mão de uma boa parte de seus sonhos para dividirem sua atenção com pessoas — sua prioridade. Realizam apenas 50% de seus planos, no entanto, podem compartilhar com elas o resultado obtido. Mesmo não conquistando totalmente os objetivos, sentem-se vitoriosos.

Pessoas abrem mão de cargos mais elevados, de funções que exigem maior responsabilidade e maior ganho não apenas por insegurança ou medo do novo, mas por opção, para não perderem a qualidade de vida, para não terem de assumir uma carga horária de trabalho maior e comprometer o tempo com os filhos, com a esposa ou com marido.

Existem aqueles que tranquilamente dispensam uma chance de trabalho que lhes traria reconhecimento, projeção e mais dinheiro, oportunidades que, aos olhos de outros seriam consideradas sucesso, para dedicarem-se a algo muito menos glamoroso, mas que lhes dá mais prazer. Algo que traz um sentido maior para suas vidas. Outras pessoas recusam cargos de liderança, independentemente do ganho financeiro, pela consciência de que não é seu perfil, não combina com seu jeito de ser. São pessoas que não precisam provar nada para ninguém. Elas não necessitam do sucesso para sentirem-se valorizadas ou para compensarem humilhações do passado.

Ser bem-sucedido é mais do que ter bons resultados no trabalho, na função que ocupa. É mais que aproveitar oportunidades de ganhos financeiros. Sucesso também está relacionado ao amadurecimento emocional e espiritual, ao aprendizado com os desafios durante a caminhada, à valorização de pessoas e de bons momentos. É ser capaz de abrir mão das cargas desnecessárias de culpa, preocupações e ressentimentos, de ser amável e generoso consigo mesmo e com

94

CARACTERÍSTICAS DE UMA BAIXA AUTOESTIMA

os outros. Ser bem-sucedido é não depender da aprovação das outras pessoas, mas apenas de Deus para sentir-se importante. Afinal, ninguém tem o poder de definir nosso valor a não ser Deus, aquele que nos conhece verdadeiramente e sabe do que precisamos para sermos aperfeiçoados. Ele compreende nossas limitações e nos ajuda a superá-las, mas não exige mais do que podemos realizar. Ele nos percebe como somos e sabe aonde podemos chegar. Nos vê como pedras preciosas em processo de lapidação. Durante sua existência, uma pedra preciosa reteve a luz que captou do exterior. À medida que é lapidada, vai devolvendo ao ambiente a luz que reteve. O sucesso pode ser comparado a esse processo. Somos bem-sucedidos à medida que devolvemos ao mundo os frutos das lições que vamos adquirindo ao longo de nossa existência.

MEDO DO SUCESSO

"Vocês são a luz do mundo. Não se pode esconder uma cidade construída sobre um monte. E, também, ninguém acende uma candeia e a coloca debaixo de uma vasilha. Ao contrário, coloca-a no lugar apropriado, e assim ilumina a todos os que estão na casa. Assim brilhe a luz de vocês diante dos homens, para que vejam as suas boas obras e glorifiquem ao Pai de vocês, que está nos céus" (**MATEUS 5.14-16**).

Somos instrumentos de Deus, e nosso trabalho representa a utilização dos dons e a multiplicação dos talentos oferecidos por Ele. Nossas realizações só engrandecem o seu nome. Elas não são alimentos para o orgulho ou a soberba, mas

95

consequências legítimas do nosso empenho e dedicação, assim como realização da vontade de Deus em nós. É lícito conquistar e realizar, vencer e ter sucesso. É a demonstração dos recursos e talentos que Deus colocou ao nosso dispor. Se não fosse assim, não teria sentido nos capacitar, pois seria como nos dar asas e dizer que não precisamos voar.

Jesus disse que nossas boas obras deveriam ser vistas para servirem de luz às outras pessoas e glorificarem o nome dele. O sucesso de uns deveria incentivar e iluminar o caminho de outros, gerar motivação e esperança, como uma prova concreta de que é possível vencer. Contudo, não é o que acontece sempre. Por insegurança, por sentimento de menos-valia, algumas pessoas sentem-se incomodadas com o sucesso de outras. Como se isso as humilhasse ou diminuísse ainda mais seu valor — assim como a produção e realização de algumas pessoas irritam as que são acomodadas —, como se isso evidenciasse ainda mais sua inércia, sua falta de coragem e de ousadia.

O fato de a vitória e o sucesso de uns incomodarem outros não significa que vencer e ser bem-sucedido é algo perturbador. Não são os realizadores e bem-sucedidos que precisam esconder suas vitórias para não aborrecer os inseguros. Estes é que precisam despertar e perceber seu valor próprio para sentirem-se bem consigo mesmos, para não se sentirem ofuscados pelo brilho dos outros e para descobrirem e investirem em seus próprios talentos, ao invés de se perderem, comparando-se com os demais.

No entanto, apesar dessa situação ser frequente, a vitória não incomoda apenas os que se sentem perdedores, inseguros e com baixa autoestima. O sucesso muitas vezes é temido

CARACTERÍSTICAS DE UMA BAIXA AUTOESTIMA

também por aqueles que o conquistam. O medo do fracasso está presente na vida de muitos. Não é difícil reconhecê-lo. Porém, para outros, há um medo que não é tão simples de ser percebido: o medo de vencer. Por mais estranho que isto possa parecer, o sucesso também assusta aos que o obtém, aos que chegam perto dele, aos que têm possibilidade de conquistá-lo. É mais difícil detectar, enfrentar e se libertar desse temor, por ele se esconder atrás de algumas justificativas e, muitas vezes, se apresentar de maneira disfarçada. O sucesso pode ser temido e evitado por muitos motivos, como pelo medo do compromisso que vem com ele e que, às vezes, não acreditamos sermos capazes de assumir.

Igor trancou o curso de direito no último período. Ele tinha várias justificativas aparentemente coerentes para sua decisão. Contudo, o motivo real foi o medo inconsciente da responsabilidade de se tornar um profissional.

Ele conseguiu levar bem os estudos durante o período de faculdade. Era interessado, gostava do que aprendia e sempre tirava boas notas. No entanto, sem que ele tivesse clareza disto, a ideia de formar-se e assumir uma responsabilidade maior o assustou, o deixou inseguro. Ele temia não ser capaz para tanto. Acreditava que se finalizasse seu curso iria frustrar a família e os amigos, porque não conseguiria ser um profissional à altura do que esperavam dele. Não acreditava que conseguiria corresponder às expectativas das pessoas que confiavam nele, de maneira que, assim que assumisse uma função, todos poderiam perceber sua incompetência.

Abandonar a faculdade às vésperas de sua conclusão, no caso dele, foi autossabotagem, uma escolha com motivações totalmente inconscientes. Igor não planejou nada disso nem sabia quais eram os motivos reais que o levaram a tomar sua decisão até procurar ajuda profissional.

CULPA PELO SUCESSO

Outras pessoas têm dificuldades em lidar com o sucesso por sentirem-se culpadas. Uma culpa que rouba a alegria da conquista e o prazer de saborear os frutos de uma realização.

Ísis e o marido trabalharam muito por boa parte de suas vidas. Passaram por grandes dificuldades até conquistarem um bom resultado no que faziam. A pequena empresa deles foi crescendo até se tornar muito bem-sucedida.

Ísis podia viver sem preocupações, usufruindo do resultado de seu trabalho, mas não conseguia. Envergonhava-se de suas conquistas porque seus irmãos continuavam vivendo com o mesmo e baixo padrão de sempre. Culpada, ela emprestava dinheiro para um e assumia as despesas do outro. Socorria a cada um de acordo com suas necessidades, como se tivesse que lhes compensar por ela ter conquistado o que eles não conseguiram.

O sentimento de culpa a consumia de tal forma que ela não conseguia perceber que eles se acomodavam e tiravam vantagem da situação. Enquanto ela sentia-se devedora, eles agiam como credores, o que fazia mal a ambas as partes. Ela não conseguia libertar-se da culpa e não usufruía com liberdade o fruto de seu trabalho. Eles, por permanecerem estagnados, como parasitas, permaneciam sem motivação para crescer.

Alguns, pelo fato de fazerem parte de uma família de origem humilde, acreditam que irão agredir com seu sucesso.

CARACTERÍSTICAS DE UMA BAIXA AUTOESTIMA

Envergonham-se por ter outro padrão de vida e temem ser rejeitados e excluídos se forem diferentes. Receiam que suas conquistas as separem das pessoas que sempre fizeram parte de sua vida. Temem que a cultura, o conhecimento e o dinheiro adquirido possam criar um abismo entre elas e a família. Por isso, esforçam-se para disfarçar e encobrir, para não deixar evidente essa diferença.

Cris passou em um concurso muito bom e recebia um ótimo salário. De origem humilde, ela foi a única da família que havia feito uma faculdade e assumido um bom cargo. Comprar seu apartamento foi motivo de muita felicidade, mas ela não conseguiu manifestar isso. Procurou se conter para não demonstrar euforia, como se sua conquista humilhasse seus familiares e sua alegria os ofendesse. Temerosa em ser rejeitada, em deixar de pertencer e ser afastada do convívio, convencia a si mesma de que não havia mérito nenhum em suas realizações e aquisições. Agia como se tudo não passasse de consequência natural do trabalho, sem motivos para se sentir vitoriosa.

Alimentava poucas expectativas em relação à vida. Como já havia conseguido comprar um carro e um apartamento, não se sentia no direito de possuir mais nada. Guardava outros sonhos, sem ousar dizê-los em voz alta. Conquistá-los já seria algo além do merecido, como se seu crédito houvesse ultrapassado o limite permitido, como se já tivesse muito mais do que lhe era de direito.

Ela tinha muita dificuldade de usufruir as oportunidades. Quando fazia uma viagem, sempre por motivos profissionais, sentia-se culpada só em pensar em se divertir. Não se permitia nenhum programa além do trabalho.

REVENDO CAMINHOS

A sabotagem acontece de forma distinta para cada pessoa. Umas recuam quando chegam perto da realização de seus sonhos, outras os realizam, mas não se permitem usufruir de seus benefícios.

Algumas pessoas se sabotam acalentando sonhos. Alegrando-se com as possibilidades de conquistas, mas apenas na imaginação. Acreditam que querem o melhor da vida porque têm grandes expectativas. No entanto, estão enganando a si mesmas, convencendo-se de que desejam algo importante.

Como a mulher que dizia sempre que, um dia, seria dona de um restaurante. Ela suspirava ao contar como seria seu empreendimento e como sua vida mudaria com essa conquista. No entanto, ela nunca havia feito o mínimo movimento para torná-lo real. Jamais se interessou em fazer um curso de culinária nem procurou qualquer informação sobre administração de um restaurante. Não sabia quando iria começar a juntar dinheiro para seu projeto. E não tinha sequer um caderno de receita. Isso, na realidade, não pode ser chamado de um sonho, mas de uma fantasia. O propósito é acalentar os desejos. Consolar-se, convencendo-se de não está inerte na vida, mas de ter alvos, objetivos e planos para o futuro.

Por esse motivo, sonhos têm sido guardados com a desculpa da espera de um momento oportuno. Projetos são interrompidos até que as condições sejam ideais. Sonhamos, porém não agimos. Iniciamos e adiante interrompemos, como se impulsionássemos a nós mesmos com uma das mãos e, com a outra, impedíssemos o movimento.

A autossabotagem acontece mais frequentemente do que imaginamos: por sentimento de culpa guardado desde a infância; por não se sentir merecedor; por medo de deixar de

100

CARACTERÍSTICAS DE UMA BAIXA AUTOESTIMA

ser aceito se mudar o padrão familiar e outros motivos mais. Isso acontece em situações muito especiais ou nas mais simples do dia a dia, como iniciar uma dieta ou atividade física e interrompê-las assim que sinais de resultado são percebidos; cometer falhas banais no trabalho quando está próximo de uma promoção; provocar situações problemáticas quando a vida começa a ficar calma.

Lívia queixava-se de não suportar mais viver embaraçada em dívidas. Estava sempre nervosa, estressada e preocupada. Apesar de receber um bom salário, nunca era o suficiente. Não entendia por que algumas amigas que ganhavam bem menos conseguiam viver com mais conforto e tranquilidade. Com a ajuda de um amigo, colocou em prática um planejamento para organizar suas finanças. Em menos de seis meses, estava com quase tudo equilibrado. O plano funcionou, mas não por muito tempo.

Lívia teve uma crise de ansiedade e comprou várias coisas das quais não precisava e se endividou novamente. Seu real problema não era a falta de conhecimento sobre administração financeira, era a dificuldade de viver um estilo de vida diferente.

Desde criança, era essa a sua realidade. Seus pais eram totalmente desorganizados. A vida deles era um tumulto, e foi nesse ambiente que ela aprendeu a viver. Quando as coisas começavam a se equilibrar, ela encontrava um jeito de estragar tudo e voltar para o esquema conhecido. Ela não sabia estar em paz. Habituou-se a viver sob pressão, apagando incêndio, em meio à confusão e à preocupação. Um jeito estressante de viver, porém familiar.

Davi era um homem dinâmico e ousado. Havia conseguido levantar uma empresa e ter sucesso. No entanto, ele sempre pensava na possibilidade de uma falência. Apesar dessa preocupação constante, ele não conseguia colocar em prática nenhuma estratégia que desse segurança a seus investimentos. Sua justificativa era de que o mercado era muito incerto e que não havia nada que ele pudesse fazer. Qualquer mínimo sinal de instabilidade era motivo para que ele acreditasse que perderia tudo e imaginasse como começar novamente. Estar bem, com a empresa em crescimento, parecia assustá-lo mais do que a ideia de ter que recomeçar do zero.

Não por coincidência, sua família sempre viveu como uma montanha-russa em relação à questão financeira. Em um momento, o pai ganhava muito dinheiro, e eles usufruíam do bom e do melhor. Meses depois, eles estavam mudando, apressadamente, porque não conseguiam pagar o aluguel. Isso acontecia tão frequentemente que, nos meses em que tudo estava aparentemente bem, ele não conseguia ficar totalmente feliz. A expectativa era de que, a qualquer momento, a situação poderia mudar e desmoronar novamente. O medo de uma nova falência era constante.

Hoje, o sucesso nos negócios lhe traz satisfação por um lado, mas ansiedade por outro. Estar no alto o faz lembrar que a queda pode estar por vir. A ansiedade diante da possibilidade da perda se torna mais sofrível do que a própria perda, uma angústia que o leva constantemente a considerar a falência e um possível recomeço. Dessa forma, ele tem a ilusão de estar no controle da queda e de não ser surpreendido por ela.

Geralmente, a explicação para a sabotagem está no passado. Conflitos não resolvidos da infância podem ser motivos para que uma pessoa, inconscientemente, estrague

CARACTERÍSTICAS DE UMA BAIXA AUTOESTIMA

sua própria realização, para que dificulte seu crescimento, construindo obstáculos em seu próprio caminho. É como se um lado trabalhasse para seguir em frente, e o outro, para recuar. Um para realizar, e o outro para destruir. Um desejando mudar, enquanto outro, permanecer. Como se, internamente, um amigo e um inimigo disputassem o controle. No entanto, apesar das aparências, não se trata de um inimigo. Esse movimento contrário é, na realidade, um mecanismo de defesa, cuja intenção é positiva. O objetivo é nos proteger, nos poupar de situações que tememos enfrentar.

Quando uma pessoa se sabota, ela está, inconscientemente, procurando evitar situações que considera ameaçadoras. A intenção não é má. O problema está no uso indevido de mecanismos infantis de defesa, uma ação que limita ao invés de proteger. Uma estratégia incoerente e equivocada, cujo resultado é frustração e autodestruição. Uma incoerência que, às vezes, pode levar à destruição de si mesma, com a intenção de destruir outra pessoa.

Raíssa viveu vários relacionamentos frustrados. Casou-se três vezes e, depois, passou a ter sucessivos relacionamentos superficiais e passageiros. Quando percebia que uma relação poderia dar certo, ela encontrava um jeito de estragá-la.

Era bonita, alegre, inteligente e extrovertida. Tinha tudo para ser feliz, se não guardasse dentro de si tanta raiva. Por ter sido uma jovem muito extrovertida, sempre teve muitos amigos e uma vida social intensa. Gostava de festa e diversão, mas de uma forma muito saudável. Nada em seu comportamento depunha contra sua moral.

Contudo, sua alegria e espontaneidade eram interpretadas de outra maneira por sua mãe. Esta, por ter tido uma

REVENDO CAMINHOS

educação muito severa, não aceitava o estilo de vida da filha e a criticava de forma dura e cruel. Raíssa, quando jovem, não aceitava viver da forma imposta por sua mãe. Por isso, o relacionamento das duas não era nada amistoso. Quando enfrentava a mãe e saía para as festas com os amigos, a palavra mais leve que ouvia era "vadia". E quanto mais negativo era o conceito a seu respeito, mais revoltada ela se tornava. Assim que terminou sua faculdade, conseguiu um emprego e saiu de casa, mas levou consigo toda a raiva despertada por sua mãe.

Raíssa se casou a primeira vez e, por um tempo, foi muito feliz, mais calma e tranquila. Um momento muito bom se não fosse o fato de também trazer alegria e tranquilidade para sua mãe. E isso ela não conseguiu suportar. Não podia admitir fazer algo que agradasse a pessoa que a agrediu por tanto tempo. Sentia que se tivesse uma vida normal era como dar um presente à sua mãe. E ela não merecia, depois de ter infernizado sua vida.

Castigar a mãe era mais importante do que ser feliz. Por isso, ela sabotou a própria felicidade, destruindo seu relacionamento. Era como se precisasse dizer à mãe "Você não disse que tinha uma filha vadia? Então, é isso que você vai ter".

Como já mencionei anteriormente, esse é um processo inconsciente. Não percebemos que agimos dessa forma nem quais são os verdadeiros motivos que influenciam essas ações. Motivos que ficaram trancados em nosso inconsciente, o mais longe possível de nosso alcance, para evitar mais sofrimento. Porém, como vimos, não é esse o resultado. O mecanismo de defesa que tenta evita a dor traz sofrimentos ainda piores.

Esse, porém, é um problema que tem solução, e ela começa pela consciência. A partir do momento que a verdade vem à

104

CARACTERÍSTICAS DE UMA BAIXA AUTOESTIMA

tona e esses motivos se tornam claros e conhecidos, deixamos de ser dirigidos e influenciados por eles. Podemos assumir o controle e escolher novos caminhos a partir da compreensão do que move nosso comportamento. A cura e libertação começam com o conhecimento da verdade.

Como Jesus disse: "E conhecerão a verdade, e a verdade os libertará" (João 8.32).

MEDO DA CRÍTICA

De maneira geral não é fácil lidar com críticas. Contudo, nem todas têm uma conotação negativa. Dependendo da situação, ela pode ser uma oportunidade de mudança, como um alerta ou uma revelação com o objetivo de trazer luz, consciência e crescimento para quem a recebe. Quem fez a crítica pode demonstrar interesse e cuidado com o outro, de maneira que não criticar seria uma forma de se esquivar, de não se importar, de ignorar o outro.

Evidentemente, nem toda crítica tem essa nobreza. Existe, sim, aquela com intenção negativa, de manipulação e competição, com intuito de rebaixar o outro ou desestabilizá-lo. Porém, para as pessoas que têm a autoestima baixa, receber uma crítica é muito mais difícil. Mesmo que tenha sido feita com objetivo de contribuir, de ajudar. Pessoas inseguras, com sentimento de menos-valia, são dependentes da opinião de outras. Necessitam que suas escolhas e ideias sejam aprovadas, confirmadas e validadas pelo outro. Procuram, a partir do olhar do outro, a certeza que não encontram em si próprios. Conferem a esse olhar uma importância e um peso tal que uma crítica passa a ter a força e o poder de uma sentença.

105

REVENDO CAMINHOS

Na tentativa de fugir desse constrangimento, evitam se expor ou manifestar suas opiniões. Fecham-se e retraem-se, fugindo de situações em que possam estar em evidência.

Sílvia era uma mulher muito insegura. Acreditava tão pouco em si mesma que jamais saía para comprar um vestido que fosse sem que tivesse alguém para ajudá-la. Melhor dizendo, para decidir por ela. Duvidava sempre de suas escolhas. Passou tanto tempo preocupada em saber o que os outros gostavam ou o que achavam a seu respeito que jamais descobriu seu estilo próprio. Seu olhar estava constantemente direcionado para fora de si mesma.

Quando criança, ouvia os pais dizerem para se calar, porque ela não sabia de nada. Nas brigas entre ela e a irmã, a mãe nem permitia que ela se defendesse, por considerá-la sempre sem razão. Sua irmã mais velha não gostava de levá-la na casa de suas amigas porque sentia vergonha dela. Muito tímida e frágil, ela nunca conseguia reagir. A imagem que via a partir dos olhos da mãe e da irmã confirmava a percepção que ela já tinha a respeito de si mesma: a de uma menina fraca e incompetente.

Sílvia cresceu e deixou de ser criança. Seus pais morreram e sua irmã mora em outro país. Porém, a imagem que viu a partir de seus pais e de sua irmã permaneceu influenciando sua história. Ela seguiu a vida buscando consentimento e aprovação, esperando descobrir a partir do comportamento das pessoas o que era certo, bonito e digno de reconhecimento. Quando estava com um grupo, nunca emitia sua opinião ou discordava de qualquer coisa por medo de ser reprovada, por não confiar no que tinha a dizer.

Pessoas que cresceram com amor incondicional, com incentivo, com uma boa autoestima, são mais tolerantes à

CARACTERÍSTICAS DE UMA BAIXA AUTOESTIMA

crítica, não se deixam derrubar e abater por ela, porque se sentem seguras em seu valor pessoal. Essas pessoas não têm medo da reação do outro, por isso não se intimidam com o confronto. Contudo, as que cresceram com o sentimento de inferioridade não suportam ser criticadas. Sentem-se rejeitadas, humilhadas e excluídas. Percebem a crítica como um ataque, o que reforça o sentimento negativo. Por medo de não serem aprovadas, evitam discordar ou emitir uma opinião sincera. Não se comprometem, não assumem nenhuma posição em relação a qualquer assunto. Acreditam que ao aceitar ou concordar serão aceitas. Com isso, a criatividade, a imaginação e a iniciativa são reprimidas. A autoconfiança vai sendo minada cada dia mais, e as oportunidades e possibilidades são perdidas.

Muitas pessoas têm enterrado talentos por se deixarem paralisar pela crítica, enquanto são incontáveis os exemplos dos que venceram apesar delas. Tantas pessoas fizeram diferença no mundo com sua arte e suas descobertas valiosas a despeito da avaliação negativa que receberam dos outros... Muitos jogadores de futebol, hoje consagrados, ouviram um dia, de algum técnico, que não tinham habilidade. Michael Jordan foi rejeitado pela equipe da escola, na Carolina do Norte, antes de se tornar um dos melhores jogadores de basquete de todos os tempos. Os Beatles, a banda de rock de Liverpool, foi rejeitada por uma gravadora antes de se tornar uma das bandas mais bem-sucedidas da história. Walt Disney foi demitido de um jornal por não ter boas ideias. Fred Astaire foi rejeitado pelo diretor de teste da MGM porque, segundo este, ele dançava mal. Esses e muitos outros deixaram suas marcas e contribuições para história porque não foram vencidos pelas críticas.

REVENDO CAMINHOS

A crítica pode ser justa ou injusta. Coerente ou equivocada. Porém, quando somos conscientes de nosso valor próprio, temos mais sabedoria para ouvir e discernir. Quando justa e coerente, as utilizamos para aperfeiçoar, para corrigir os erros e perceber com mais clareza o que não víamos antes. Quando injusta, equivocada ou fruto de inveja, nós a ignoramos e prosseguimos.

Ter uma boa autoestima não significa não se importar com o que os outros pensam ou têm a dizer. Significa não se deixar guiar pelo olhar do outro. Não viver na dependência do consentimento, nem dos valores alheios. É ser capaz de respeitar as pessoas sem perder o respeito próprio.

O que cada um realmente *é* não muda porque alguém tem um conceito bom ou ruim a seu respeito. Podemos considerar a voz do outro como instrumento para nosso crescimento. No entanto, ninguém tem o poder de dizer qual é o nosso valor e até onde podemos ir. Deus é o único que tem voz para isso.

NÃO SABER RECEBER ELOGIOS

> Ninguém tenha de si mesmo um conceito mais elevado do que deve ter [...] (**ROMANOS 12.3**).

Não só a crítica, mas, às vezes, o elogio também provoca uma reação defensiva quando se tem uma baixa autoestima. A melhor resposta que podemos dar, ao recebermos um elogio, é simplesmente: "Muito obrigada". É uma atitude equilibrada. Sem risco de autoexaltação, falsa modéstia ou desvalorização de si mesmo. Porém, pessoas que não acreditam no valor próprio, têm dificuldade de aceitar o elogio por

CARACTERÍSTICAS DE UMA BAIXA AUTOESTIMA

não se acharem merecedoras. Se alguém lhes diz: "Você está muito bonita", provavelmente elas responderão: "Que nada! São seus olhos". Se elogiam sua roupa, é possível que respondam: "Comprei em uma liquidação".

Às vezes, agem de forma a provocar um elogio, mas o recebem com desconfiança. Por não acreditarem no valor próprio, não acreditam no valor que os outros lhes conferem. As realizações e conquistas pessoais são consideradas insignificantes ou são atribuídas a outros. Enquanto as falhas são evidenciadas e reconhecidas como fracassos pessoais, os acertos são menosprezados.

Algumas pessoas têm dificuldades de receber um elogio por se esquivarem do compromisso. O reconhecimento de uma capacidade ou de um talento pode exigir mudanças e comprometimento. A consciência de um potencial leva à necessidade de assumir responsabilidades, que geralmente são evitadas pelo medo de errar, de não corresponder, de decepcionar.

DIFICULDADE EM DELEGAR PODERES

Delegar poderes é conferir responsabilidades. É incumbir o outro de realizar uma tarefa ou algum trabalho. Para algumas pessoas, esse é um grande desafio. No entanto, é algo importante e precisa ser aprendido por todos nós.

Uma das características mais importantes a ser desenvolvida por um líder é a capacidade de delegar. Uma liderança exercida com sabedoria, de forma prática e eficiente, proporciona a outros a oportunidade de se tornarem líderes também, de multiplicarem seus dons, crescerem e se desenvolverem. Não delegar compromete a conquista do objetivo

REVENDO CAMINHOS

pelo qual trabalhamos e o crescimento pessoal dos que estão envolvidos, independentemente do tamanho do grupo e da missão a ser cumprida — seja governando uma nação, administrando uma empresa, fazendo a obra de Deus ou cuidando de uma família.

Antes de falar da dificuldade de delegar poderes como característica de baixa autoestima, é importante esclarecer que há outros fatores relacionados a essa dificuldade. Um deles é o perfeccionismo, característica do temperamento, do jeito de ser de cada pessoa, de sua natureza. Pessoas perfeccionistas temem falhar. Por necessidade de garantias de que o resultado seja perfeito assumem, sozinhas, o que poderiam compartilhar. Elas se sobrecarregam para manterem o maior controle possível da situação. Na escola, na faculdade, são alunos que fazem todo o trabalho, por não confiarem na dedicação e na competência dos colegas. Preferem a sobrecarga ao risco de apresentarem uma tarefa mal feita. Os "folgados" adoram fazer parte de uma equipe onde tem alguém assim.

Muitas mulheres também apresentam essa característica por uma questão cultural ou um comportamento aprendido. A mulher, por muito tempo, cuidou da casa e dos filhos. O marido tinha a função de provedor, e a mulher, de cuidar e educar. Hoje, depois de tantas transformações, ela compartilha com o homem a função de prover, mas nem sempre divide com ele a de cuidar. Quando o faz, geralmente, é da forma incorreta.

Há mulheres que acreditam apenas no que elas são capazes de fazer. Têm dificuldade de ver qualidade no serviço dos outros. Entendem que as tarefas só serão cumpridas com perfeição se elas mesmas realizarem ou se forem feitas

CARACTERÍSTICAS DE UMA BAIXA AUTOESTIMA

exatamente do jeito delas. Não podem pedir para que os filhos arrumem suas camas, porque o lençol não vai ficar bem esticadinho. Elas não suportam imperfeições. Um problema nem tão difícil de resolver, pois é só fechar a porta do quarto, afinal, "o que os olhos não veem, o coração não sente". Quando incluem o marido ou os filhos em um trabalho de casa, o que é raro, elas agem como se eles fossem seus ajudantes. Elas não conseguem dividir uma tarefa. Não entregam nem confiam no outro a ponto de não permitir de maneira alguma que as coisas sejam feitas do jeito do outro. Elas querem que tudo seja feito no tempo e da forma determinados por ela. Quando não são atendidas no exato momento que pedem alguma coisa, irritadas, elas dispensam a ajuda e fazem sozinhas, desobrigando o outro de cumprir o pedido. Se são atendidas, depois de pronta a tarefa, elas a supervisionam. Olham todos os detalhes a procura de defeitos. Esse comportamento não gera nos membros da família motivação, interesse ou comprometimento com a casa e suas atribuições. Quando a mulher é controladora e centralizadora, ela não permite que as outras pessoas se sintam comprometidas e responsáveis. O resultado, depois de alguns anos de casada, é uma mulher estressada, irritada e ressentida, que se queixa de trabalhar sozinha para um bando de folgados. Sem se dar conta de que ela mesma os criou.

Ela começa a agir assim geralmente no início do casamento. Se o marido oferece para lavar os pratos, ela rejeita. Imagina que ficarão todos engordurados. Se ele decide varrer a casa, ela pensa na poeira deixada embaixo do tapete. Isso quando não pega a vassoura da mão dele e varre tudo outra vez mais tarde.

111

Por ocasião do nascimento do primeiro filho, se ele tenta ajudar, oferecendo-se para fazer a mamadeira, ela diz que não precisa. Na sua mente, já visualizou o mingau todo empelotado. Ele dar o banho no bebê? Nem pensar. Imediatamente imagina a criança roxa, afogada na banheira. Até parece que se casou com um inválido, ou alguém com sérios problemas de controle motor. Depois de alguns anos de casada, ela está cansada, evidentemente.

Uma cena muito comum de acontecer é esta a seguir. Todos os dias, depois do trabalho, a mulher chega em casa exausta e nervosa. Apesar de os filhos e o marido já terem chegado, a casa está silenciosa. Ele está assistindo à TV ou olhando os e-mails. Os filhos estão sentados no chão, brincando ou jogando videogame. Certamente as mochilas estão espalhadas pela sala, misturadas a roupas, sapatos e meias. Porém, apesar da desordem, tudo está em perfeita paz e harmonia. Até que ela chega, é claro. Porque daí em diante, só se ouvem gritos e ordens, em meio à muita movimentação. Em um ataque de fúria, ela exige os cadernos na mesa imediatamente, para fiscalizar os deveres. Grita com o marido por não ter feito isso assim que chegou. Critica-o por ficar tão despreocupado diante de toda aquela bagunça. Enquanto isso, começa a preparar o jantar, coloca a roupa na máquina para lavar e vai juntando as coisas espalhadas. As crianças, que estavam brincando juntas até então, já não são mais as mesmas. Depois que ela chega, elas se tornam os piores inimigos. Elas gritam:

— Mãe, olha ele aqui! Ele pegou meu brinquedo! Manda ele parar!

Parece que, para não se envolverem no transtorno criado pela mãe, as crianças se distraem, criando os seus próprios.

CARACTERÍSTICAS DE UMA BAIXA AUTOESTIMA

É menos louco. Quanto ao marido, alguns permanecem alheios à cena, como se estivessem hipnotizados.

Talvez os homens não tenham a mesma resistência à loucura que as mulheres. Eles precisam se alienar para não ficarem malucos. Se eles entram na loucura, não sabem como sair, diferentemente das mulheres, com toda certeza. Elas podem estar completamente fora de si, porém, se o telefone toca e elas atendem, mudam instantaneamente. Parece que um anjo tomou o lugar dela. A fúria dá lugar à paz. A agitação é substituída por uma calma sobrenatural. Aquela que era capaz de matar os filhos e o marido há dois segundos, agora é cordial e educada com a amiga ao telefone. Uma troca de humor tão rápida quanto a troca do canal da TV ou da estação de rádio. Só o próprio Criador pode explicar esse fenômeno.

Os homens parecem não ter esse recurso. Eles precisam se ausentar mentalmente para não enlouquecerem. Enquanto a mulher está ligada no 220V, ele parece estar fora do corpo. Só despertam do transe na cama, quando ficam chateados e sem entender porque a mulher deita e dorme instantaneamente.

A mulher se empenha e se desgasta como se não pudesse deixar nada para amanhã, como se estivesse colocando tudo em ordem e para sempre. No dia seguinte, tudo se repete. Parece que nada foi feito no dia anterior.

Durante o seminário que realizei, uma mulher veio me contar o que havia feito depois da primeira palestra. Eu havia falado sobre esse assunto e ela sentiu como se eu a conhecesse profundamente. A cena da bagunça era exatamente a da casa dela. E a mulher desequilibrada, que tirava a paz da família, era ela, sem tirar nem pôr.

113

REVENDO CAMINHOS

Naquela sexta-feira à noite, ela chegou bem mais tarde que de costume. A família sabia que ela estava participando do seminário. O marido e os filhos estavam sentados no chão, jogando. Eles não haviam jantado. Pediram sanduíche com batatas fritas e algumas ainda podiam ser vistas pelo chão. Assim que abriu a porta, viu o cenário que certamente despertaria a mulher furiosa que havia dentro dela. O roteiro já estava pronto em sua cabeça, e o sangue começou a esquentar nas veias. Porém, ela havia decidido que iria colocar em prática o que tinha ouvido.

Estavam todos muito bem, e ela decidiu que continuariam assim. O desafio foi grande, mas ela conseguiu. Depois de respirar profunda e calmamente, colocou a bolsa pendurada na cadeira e disse:

— Oi...

Sentou no chão, perto deles, e perguntou-lhes se havia lugar para mais uma jogadora. Os dois meninos olharam um para o outro, depois para ela e, com um ar de assustados, perguntaram:

— Você tá bem, mãe?

O marido provavelmente pensou na possibilidade de ela ter feito algum exame, descoberto que estava muito doente e estava se despedindo da família. A princípio, todos ficaram um pouco desconcertados, mas, aos poucos, foram se envolvendo na brincadeira. Eles passaram mais de uma hora rindo e se divertindo. Depois, ela se levantou tranquilamente, disse que iria para cozinha preparar um lanche e pediu que os três organizassem a casa enquanto isso. Ela saiu da sala, e eles mesmos dividiram as tarefas entre si, de maneira que, naquela noite, eles brincaram, comeram e foram dormir, deixando a casa arrumada. E ninguém se estressou.

CARACTERÍSTICAS DE UMA BAIXA AUTOESTIMA

Não tive mais notícias dela, portanto não sei dizer se ela conseguiu manter seu estado de paz e controle interior. No entanto, ela descobriu que funciona.

A mulher é dinâmica, capaz de assumir muitas tarefas, mas precisa reconhecer seus limites e lembrar-se de que ela é muito mais do que uma função. Ela precisa compreender que as tarefas podem ser compartilhadas, mesmo que as coisas não fiquem tão perfeitas quanto ela gostaria. Ela pode perder um pouco na perfeição, porém ganha muito na qualidade de vida.

MEDO DA COMPETÊNCIA DO OUTRO

Em muitos casos, a dificuldade de delegar poderes está relacionada à autoestima baixa, envolvendo o sentimento de menos-valia e de insegurança. Nesse caso, uma pessoa não divide as tarefas por medo da competência do outro.

A competição é legítima em muitas situações, como no esporte. Nesse caso, é saudável e é o objetivo. Apesar de vencer ser o alvo, as pessoas também aprendem a perder. Quando, porém, competir está associado ou é fruto da inveja, então a situação passa a ser nociva.

A competição tem sido desnecessária e exageradamente incentivada desde muito cedo na vida das crianças. Muitos ensinam aos filhos que o objetivo é superar os outros e ser o primeiro. Dizem que no mundo só há lugar para os melhores. São pais que acreditam que os filhos se sentirão mais valorizados e seguros se conseguirem ser melhores do que os outros. O resultado é ansiedade, desgaste emocional, adultos estressados e frustrados, pessoas que não aprenderam a reconhecer o próprio valor, mas a viverem de comparações. A medida a ser alcançada é o valor, a competência e a realização do outro. A referência está fora, não dentro de si. Não aprenderam a encontrar o próprio caminho, mas aprenderam a chegar na frente de alguém.

A insegurança, o sentimento de menos-valia, a autoestima baixa estão na raiz desses comportamentos, que são alimentados e reforçados pelo sistema em que vivemos. Nossa sociedade investe na manutenção do complexo de inferioridade para nos vender mais produtos que prometem nos fazer sentir superiores.

Precisamos pensar se estamos caminhando em busca de nossos próprios desejos ou nos deixando levar por uma onda invisível, por algo que escolhe até nossas aspirações, nos convencendo de que somos nós quem as desejamos. Ao longo da história, essa influência tem nos envolvido de maneiras diferentes, contaminando nossa alma sem que tenhamos consciência disso.

Vivemos hoje um tempo em que há uma cobrança cada vez maior de que estejamos conectados e sempre bem informados. As notícias de várias partes do mundo chegam até nós muitas vezes na hora em que o fato está acontecendo; uma gama de informações em uma velocidade que está muito além da nossa capacidade e do tempo disponível para absorver todas elas. No entanto, sem que percebamos, somos tragados pela competição do conhecimento. Aceitamos a cobrança e nos deixamos levar pela pressão, arriscando-nos a enlouquecer.

Nunca vamos saber tudo nem precisamos disso. A busca do conhecimento, da informação, bem como da capacitação é, sem dúvida, muito importante e necessária. Contudo, a

CARACTERÍSTICAS DE UMA BAIXA AUTOESTIMA

realização e a felicidade não dependem simplesmente do acúmulo de saber, mas do que faremos e como vivemos com aquilo que sabemos.

A exigência de capacitação para o mercado de trabalho tem sido cada vez maior, é verdade. No entanto, não é garantia de segurança ou de sucesso profissional. Algumas vezes, ironicamente, a elevada capacitação tem prejudicado alguns. Há profissionais com dificuldade de conseguir emprego devido ao elevado nível profissional que possuem. A justificativa para não serem admitidos é o alto nível de formação, além daquele que o cargo pretendido exige. Um sistema realmente estranho. Exige que você se capacite e, depois, dispensa-o por excesso de capacitação. Precisamos despertar para não enlouquecermos.

A insegurança e o sentimento de menos-valia que gera competição impedem o delegar poderes. O sucesso e a competência do outro são sentidos como uma ameaça. Por medo de que um colega de trabalho possa superar seu desempenho, pessoas se negam a ensinar o que sabem. Escondem informação, mesmo que isso prejudique a empresa para a qual prestam serviço. A maior preocupação é a sua projeção pessoal, um impedimento para o trabalho em equipe e para o sucesso de um projeto.

Por necessidade de autoafirmação, utilizam-se de qualquer meio para obterem uma posição mais elevada. Por não se sentirem valorizadas como pessoa, precisam ter algo a mais para compensar o que acreditam ser menos, lançando-se em uma disputa implacável.

A competição impede o delegar poderes e pode ser nociva em qualquer relacionamento: nas amizades, na família, na profissão e até mesmo na obra de Deus.

REVENDO CAMINHOS

Um casal que havia se mudado recentemente para a cidade começou a frequentar uma determinada igreja. Eles eram muito dinâmicos e tinham uma vasta experiência em ministério com casais. Por isso, logo ofereceram-se para ajudarem nessa área. Eles gostavam de participar, oferecendo o que sabiam. Foram muito bem recebidos pelo líder da igreja. No entanto, quando começaram a mostrar sua experiência e tentaram trabalhar, as coisas mudaram em relação aos outros membros.

Eles tentaram contribuir com o melhor que tinham e, exatamente por esse motivo, tiveram de sair. Sua competência despertou ciúmes em outras pessoas, que tinham outros ministérios. Principalmente aqueles que tinham cargo, mas não produziam nada significativo. Quando todos fazem pouco, ninguém percebe que é pouco, mas se alguém se levanta e decide agir, a inércia é percebida. O dinamismo de uns denuncia o marasmo de outros. Os incomodados encontraram maneiras de fazer com que o casal se sentisse cada vez mais isolado e sem apoio. Por não suportarem a pressão, marido e mulher decidiram sair em silêncio.

Pessoas inseguras, ciumentas e competitivas não são coerentes com a obra de Deus. Ignoram a verdadeira função de um servo e esquecem-se de que, no Reino, só há lugar para uma estrela: Jesus Cristo, o Filho de Deus, que entre tantas lições, ensinou como ser um líder de excelência e com autoestima positiva.

Jesus não tinha necessidade de competir nem de demonstrar seu poder humilhando pessoas. Não se sentia ameaçado pela capacidade de ninguém. Ao contrário, Ele disse aos seus seguidores: "Em verdade, em verdade vos digo que aquele

118

CARACTERÍSTICAS DE UMA BAIXA AUTOESTIMA

que crê em mim fará também as obras que eu faço e outras maiores fará" (João 14.12, ARA). Ele incentivava o crescimento de seus liderados e criava situações para que as pessoas experimentassem seu poder e confiassem em si mesmas.

O relato de Mateus (14.26-31) conta que, quando alguns de seus discípulos estavam no barco em meio à tempestade, eles viram Jesus vindo em sua direção, andando sobre as águas. A princípio, acharam que era um fantasma, mas quando Jesus se identificou, Pedro imediatamente pediu que o Mestre o chamasse, pois queria experimentar aquele poder. Jesus poderia ter lembrado a ele e aos outros que o Todo-poderoso era Ele e, assim, ter colocado Pedro em seu devido lugar, dentro do barco. No entanto, fez o contrário: chamou o discípulo, incentivando-o a fazer o mesmo. Pedro saiu do barco, colocou os pés na água e realmente conseguiu realizar aquela proeza. Porém, tomado pelo medo, devido a um vento forte, ele afundou. Jesus rapidamente o puxou do fundo e disse: "Ah! Homem de pouca fé, por que duvidaste?".

A expressão "Ah!" demonstra a decepção de Jesus pelo fracasso de Pedro e revela que ele estava torcendo para que seu discípulo fosse bem-sucedido. Jesus não duvidava de seu valor e não temia que o brilho dos outros ofuscasse o seu. Ele ensinou que não deveríamos nos preocupar em sermos melhores do que o outro, mas em sermos as melhores pessoas que pudermos ser.

Jesus foi um líder perfeito e trabalhou para o crescimento de seus liderados. E o resultado pode ser visto hoje, mais de dois mil anos depois.

Infelizmente, muitos líderes que se propõem a dar continuidade à obra do Senhor não aprenderam a lição. Estão mais preocupados em manter sua posição de destaque e autoridade, em promover sua própria imagem, do que em investir no crescimento das pessoas e na propagação da mensagem deixada por Jesus. Como um líder de excelência, Ele demonstrou humildade e submissão ao seu líder e ensinou aos seus liderados a delegarem poderes. Jesus ensinou dando o exemplo.

"Pois desci dos céus, não para fazer a minha vontade, mas para fazer a vontade daquele que me enviou" (João 6.38).

"Meu Pai, se for possível, afasta de mim este cálice; contudo, não seja como eu quero, mas sim como tu queres" (Mateus 26.39).

Deus delegou a Jesus uma missão e Ele cumpriu sua parte. Foi vitorioso, sem disputa e competição. Mesmo sendo o Filho de Deus e tendo todo o poder, foi humilde e não a realizou sozinho. Teve vários discípulos e dentre eles escolheu doze apóstolos. Deu-lhes poder, confiou e delegou funções para estabelecerem seu Reino.

Essa missão continua, assim como a convocação. Você, eu e tantos outros fomos e temos sido chamados para darmos continuidade a esta obra. Uma obra que não necessita de disputa, mas de unidade. Que não exige competência ou superioridade, mas fidelidade e disposição para obedecer. E, para que isto seja possível, com excelência, como Jesus ensinou, precisamos de cura da alma.

COMPETIÇÃO NA FAMÍLIA

O sentimento de menos-valia gera inveja e competição até mesmo dentro da família — entre irmãos, entre marido e esposa e até mesmo entre pais e filhos —, envenenando os

CARACTERÍSTICAS DE UMA BAIXA AUTOESTIMA

relacionamentos e causando divisões. Um problema que não seria tão difícil de solucionar se não houvesse tanta resistência em reconhecer o fato. Lívia é uma mulher muito bonita e inteligente. Casou-se assim que terminou a faculdade de medicina. Era apaixonada pelo marido e fazia muitos planos para o futuro. Pretendia se firmar na carreira para depois ter um filho. Entretanto, no segundo ano de casada, ela engravidou e os planos mudaram. O marido conseguiu convencê-la a abandonar o trabalho para cuidar do filho até que ele crescesse um pouco. Depois, ela retomaria sua carreira profissional com o total apoio dele. Confiando nisso, ela pediu demissão e passou a se dedicar inteiramente à família. Com o tempo, foi percebendo que a verdadeira intenção de seu marido era outra. Aos poucos, o comportamento dele foi revelando seus reais sentimentos. Ele era um homem inseguro e sentia-se ameaçado por ela ser bonita, inteligente e competente. Ele sabia que ela cresceria muito profissionalmente e ele não conseguiria competir com ela, como se esse fosse o objetivo do relacionamento. Temia que ela se sentisse importante e descobrisse que poderia ter alguém melhor do que ele.

Deixou de elogiá-la, de incentivar seu retorno ao trabalho e foi minando a autoconfiança dela de várias formas. Por mais que ela se arrumasse, ele demonstrava não perceber. Passou a não contribuir com o trabalho da casa e com o cuidado do filho. Como os recursos financeiros vinham dele, podia controlar tudo de seu jeito. Durante muito tempo ele fez o que pode para que ela se sentisse inferiorizada. Até que, depois de dez anos de casada, Lívia conseguiu reunir força para se levantar e retomar sua vida como havia planejado.

121

REVENDO CAMINHOS

Ela foi recuperando sua autoestima, retomou suas atividades profissionais e fez o que pôde para salvar seu casamento. Porém, seu marido não queria mudança, e sim controle, o que infelizmente levou ao fim do relacionamento. Ele não se sentia capaz de viver com uma mulher bem-sucedida.

Um homem com autoestima baixa pode ter medo de valorizar a esposa. Por não confiar em seu próprio valor, tenta diminuí-la. Acredita que enfraquecendo-a é mais fácil dominá-la, deixando-a insegura, tem mais certeza de poder mantê-la. Os sentimentos que levam a esse comportamento geralmente são inconscientes e não acontecem apenas com os homens, mas também com as mulheres.

Por mais estanho que isto possa parecer, há competição até mesmo entre pais e filhos. O que se espera é que os pais lutem para que seus filhos vençam. O natural é o desejo dos pais de que seus filhos possam ter as oportunidades que eles não tiveram. No entanto, dificuldades emocionais podem impedir que isso aconteça. Inseguros e frustrados, considerando sua vida um fracasso, alguns pais não conseguem sentir-se felizes com a conquista do filho. Não conseguem lidar com o fato de eles terem adquirido, em poucos anos de profissão, o que o pai, ou a mãe, não foi capaz, durante toda uma vida.

A raiva de si mesmo pelos seus sonhos frustrados é projetada nos filhos e o sucesso deles é visto como afronta. Isso pode impedir os filhos de sentirem-se livres para comemorar suas vitórias com seus pais. Mães inseguras e ressentidas com sua vida por não terem aproveitado sua juventude incomodam-se com a liberdade e a felicidade da filha. Não aceitam que ela viva o que elas não puderam viver. Revoltadas, criticam severamente ou tentam sabotar seus planos. Por dificuldade

CARACTERÍSTICAS DE UMA BAIXA AUTOESTIMA

de lidarem com sua imagem, por não aceitarem o envelhe-
cimento, esforçam-se para se mostrarem mais modernas, no
estilo de vida, na forma de vestir e chamando a atenção das
amizades da filha e de seus namorados. Outras, por terem o
marido como centro de sua vida, alimentam ciúmes da filha
com o pai.

Muitas pessoas, por não estarem bem consigo mesmas e
não se valorizarem, incomodam-se constantemente com a
realização do outro gerando inveja, um sentimento presente
desde o início da vida do homem na terra. O primeiro crime
da história foi cometido por Caim contra seu irmão Abel por
motivo de inveja:

> Passado algum tempo, Caim trouxe do fruto da terra uma
> oferta ao Senhor. Abel, por sua vez, trouxe as partes gordas
> das primeiras crias do seu rebanho. O Senhor aceitou com
> agrado Abel e sua oferta, mas não aceitou Caim e sua
> oferta. Por isso Caim se enfureceu e o seu rosto se transtor-
> nou (**GÊNESIS 4.3-5**).

Caim não ficou triste apenas pelo fato de não ter agradado
a Deus. Ele nem tentou compreender o que havia feito para
isso acontecer. Ele se irou contra Abel porque este agradou o
Senhor mais do que ele. Se os dois tivessem sido reprovados,
provavelmente Caim não teria reagido da mesma forma.

Não posso afirmar que a causa da inveja de Caim seja
autoestima baixa. Mesmo assim, essa história nos ajuda
a perceber que esse conflito tem origem no início da vida
do homem na terra. A rivalidade entre irmãos geralmente
começa por este motivo: um acredita que o outro é mais

123

REVENDO CAMINHOS

amado pelos pais, recebe mais atenção ou é o privilegiado. A partir daí, se inicia a disputa pelo reconhecimento, por ter o que se acredita que o outro tem e ele não.

A baixa autoestima pode provocar a inveja, um sentimento pernicioso, que não somente pode levar uma pessoa a prejudicar a outra, como levá-la a destruir a si mesma. Uma pessoa invejosa tem como foco o caminho do outro, de maneira que se distancia e perde o seu próprio caminho. A energia que ela deveria usar para cuidar de si é desperdiçada na tentativa de sabotar o outro.

Não podemos evitar a inveja. Todos nós estamos sujeitos a esse sentimento, uma hora ou outra, com maior ou menor intensidade. Ele é resultado de experiências negativas como frustração, rejeição, agressividade, acumuladas no decorrer da vida e que não foram processadas e recicladas. Portanto, criam um ambiente propício, não apenas para esse, como para tantos outros sentimentos que têm gerado consequências desastrosas para toda a humanidade.

Negar essa realidade só irá nos prejudicar ainda mais. Esconder esses sentimentos só contribuirá para que eles sejam cultivados dentro de nós, para que nosso interior se torne um solo pedregoso, onde a boa semente jamais poderá frutificar. Admitir e reconhecer são os primeiros passos para uma limpeza interior que mudará nosso olhar em relação às pessoas e à vida.

Como diz Nilton Bonder:

> Isolar o *vírus* da inveja, identificá-lo em meio a suas inúmeras dissimulações é investir na descoberta de nossa verdadeira cara; é olhar a realidade com outra visão (2010, p. 24).

CARACTERÍSTICAS DE UMA BAIXA AUTOESTIMA

A humanidade está enferma, e a cura já nos foi dada. É possível nos curarmos desses sentimentos negativos quando percebemos quem Deus é e quem nós somos, quando nos deixamos inundar pelo seu amor e permitimos que sua alegria nos complete. Assim, não seremos tragados pelas frustrações e aprenderemos a ser gratos. Não haverá mais o vazio, a sensação de falta que tem sido o foco da nossa atenção. Estaremos livres para olharmos com gratidão para o que temos recebido.

Quando João Batista estava batizando no lugar chamado Enom, alguns de seus discípulos foram lhe contar que havia outro batizando também. Disseram: "Mestre, aquele homem que estava contigo no outro lado do Jordão, do qual testemunhaste, está batizando, e todos estão se dirigindo a ele" (João 3.26).

Talvez os discípulos esperassem que João Batista se aborrecesse, se sentisse menos importante e fizesse alguma coisa a respeito, afinal, muita gente estava procurando Jesus em vez de procurarem por ele.

No entanto, João Batista não tinha em seu interior o mesmo sentimento que seus discípulos. Ele já havia recebido sua cura. Já estava cheio do amor de Deus e da alegria de servi-lo. Já havia encontrado o verdadeiro sentido de sua vida. Então, lhes respondeu:

> "Uma pessoa só pode receber o que lhe é dado dos céus. Vocês mesmos são testemunhas de que eu disse: Eu não sou o Cristo, mas sou aquele que foi enviado adiante dele. A noiva pertence ao noivo. O amigo que presta serviço ao noivo e que o atende e o ouve enche-se de alegria quando

125

ouve a voz do noivo. Esta é a minha alegria, que agora se completa. É necessário que ele cresça e que eu diminua" (**João 3.27-30**).

Podemos considerar João Batista o exemplo de alguém com uma boa autoestima. Um homem que não precisa sentir-se superior para estar bem consigo. Ele tinha consciência de seu valor e de qual era a sua missão. Por isso, Jesus não era considerado uma ameaça. Não havia motivos para invejar ou competir com a popularidade do mestre. A verdadeira alegria de João Batista era poder servi-lo.

Quando se cumprir em nós a alegria que se cumpriu em João Batista, então seremos plenos. Estaremos curados não somente do sentimento de inferioridade e menos-valia, como de todos os sentimentos que têm nos destruídos e nos feito instrumentos de destruição.

SEGUNDA PARTE

4 RESSIGNIFICAR O PASSADO

O PASSADO ESTÁ PRESENTE

"[...] de onde você vem? Para onde vai?" (**GÊNESIS 16:8**).

A construção da imagem, do conceito e do sentimento que temos a nosso respeito foi influenciada pelas pessoas significativas de nossa vida, por nossas experiências e pela interpretação que fizemos de tudo isso. Compreender essas influências e interpretações nos ajudará a perceber os equívocos que formamos a nosso respeito, nos ajudará a reconstruir essa imagem, tornando possível um novo caminho, um novo futuro.

No capítulo dezesseis do livro de Gênesis, encontramos a história de Hagar, uma serva de Sara, que era a esposa de Abraão. Como acreditava que não poderia mais engravidar devido à sua idade, Sara deu sua serva ao seu marido para que ele pudesse ter filhos com ela. Nesse tempo, Deus já havia prometido a Abraão que lhe daria um filho e que ele seria o pai de uma grande nação.

Hagar engravidou de Abraão e por isso passou a desprezar Sara, sua senhora. Esta, por sua vez, aborrecida, humilhou Hagar a ponto dela fugir. No deserto, perto de uma fonte de água, o Anjo do Senhor encontrou Hagar perdida, desorientada e lhe disse: "Hagar, serva de Sarai, de onde você vem? Para onde vai?"

A primeira palavra proferida pelo Anjo foi o nome dela, Hagar. Em seguida, ele referiu-se à sua função, serva de Sara, o que indica que o Anjo a conhecia muito bem. Sabia quem ela era, o que fazia e certamente tudo o mais sobre sua vida. Sendo assim, a pergunta dele, a princípio, pode nos parecer sem sentido. O fato é que o Anjo não precisava de informações sobre a vida e o caminho de Hagar. O objetivo era fazer Hagar refletir, tomar consciência de sua realidade, do que estava acontecendo. Ela é quem precisava saber mais sobre si mesma.

Hagar estava desorientada, perdida e sem rumo. Fugindo do sofrimento que ela mesma provocou, mas que provavelmente não percebia. O anjo pretendia, sim, ajudá-la a sair daquela situação difícil, porém, primeiramente, era preciso que ela entendesse os motivos pelos quais se encontrava naquele estado.

Talvez a pergunta que nós faríamos a uma pessoa perdida seria: "Para onde você vai, ou pensa que vai?". Questionaríamos sobre o caminho à frente, sobre as decisões ou pretensões.

Contudo, o Anjo começou pelo caminho que havia ficado para trás. Antes de perguntar sobre o que ela faria, ele a fez refletir sobre o que ela havia feito.

Compreender o caminho percorrido pode nos ajudar a ter clareza sobre o caminho que devemos percorrer.

RESSIGNIFICAR O PASSADO

Nos acontecimentos passados podem estar as respostas para o que fazemos agora e para as escolhas que faremos em relação ao futuro.

Nossa história de vida e o que ela representou para nós podem não apenas nos explicar o porquê somos do jeito que somos ou o porquê de termos feito as escolhas que fizemos, como também pode nos apontar nosso destino. Ou seja, que tipo de pessoa poderemos nos tornar. As experiências que vivemos nos explicam o caminho até aqui. E o que fazemos com esse entendimento nos dirá para onde ir.

O que somos hoje é o resultado de um longo percurso, repleto de experiências felizes e tristes. Algumas nos ajudaram a crescer e amadurecer; outras geraram bloqueios que nos impediram de seguir a vida com liberdade. Criaram limitações que mantêm uma grande parte do nosso potencial imobilizado e inerte, como grades que nos aprisionam dentro de nós mesmos. Como aquelas pesadas bolas de ferro que, acorrentadas aos pés dos prisioneiros, limitam seus movimentos.

Muitas vezes não sabemos que estrada seguir, que decisão tomar. O caminho à nossa frente parece confuso, e por mais esforço que façamos para enxergá-lo claramente, parece inútil. Trazer luz a essa estrada já percorrida pode contribuir para iluminar o caminho à frente, pode tirar o peso dos pés, libertar o potencial aprisionado, enxergar as saídas, tornando possível novas escolhas.

Muitas vezes é preciso olhar para trás para poder seguir em frente.

Maurício é engenheiro, casado, pai de um menino de dez anos e de uma menina de quatro anos. Tinha trinta e sete anos quando foi ao meu consultório. Seu filho estava fazendo terapia

131

REVENDO CAMINHOS

a alguns meses devido à dificuldade de aprendizagem. E ele, o pai, estava muito angustiado por não conseguir concentra-se nos estudos. Todo ano tentava passar em um concurso que lhe daria a oportunidade de alcançar um cargo mais elevado e estabilidade financeira. Acreditava que a causa de sua dificuldade estava em um grave acidente de carro ocorrido oito anos antes. Segundo ele, depois do acidente, se tornou uma pessoa insegura e medrosa. Afirmava ter tido antes uma vida feliz, sem grandes dificuldades, e ter sido uma pessoa alegre e extrovertida, sem nenhum problema que o limitasse.

Negava-se a falar de forma mais específica e detalhada sobre como vivia antes do acidente. As poucas informações eram sempre de forma vaga e generalizada. Afirmava não ser necessário falar sobre sua infância e demonstrava ansiedade sempre que este era o foco da conversa. Explicava que, apesar de não ter vivido com os pais, jamais sentiu a ausência deles, porque seus avós supriram essa falta. Cada vez que eu perguntava algo referente a esse tempo, ele esquivava-se e mudava o assunto.

Aos poucos, no decorrer de nossos encontros, à medida que suas defesas enfraqueciam-se, ele foi conseguindo falar mais de sua infância. Foi revelando seu sentimento de rejeição e sua verdadeira história foi tomando forma.

Contou que havia sido criado pelos avós, que o amavam muito e tinham sido seus verdadeiros pais; que havia sido abandonado pela mãe aos cinco anos de idade e que, se seus avós não o acolhessem, ele teria sido um menino abandonado e triste. Por isso, era muito grato e não saberia viver sem eles.

Maurício levou um tempo tentando evitar a verdade de que seus problemas já existiam bem antes do acidente. Esforçava-se para me fazer acreditar que ele era muito feliz e que tinha um excelente relacionamento com os amigos e com a família.

132

RESSIGNIFICAR O PASSADO

No entanto, acabou admitindo que as coisas não eram bem assim. Na realidade, ele se empenhava para estar bem com todos eles, mas havia sofrido muitas decepções. A história que ele havia construído estava bem longe da verdade.

Sua vida foi permeada pelo sentimento de rejeição, que começou com o relacionamento com sua mãe e se estendeu para vários outros no decorrer de sua caminhada. Um sentimento que o levou a uma busca estressante de crescimento profissional, acreditando ser a única forma de ser aceito e valorizado. A competência era vista como passaporte para estabelecer bons relacionamentos e receber aprovação.

Com certeza, o acidente o deixou mais sensível e vulnerável, mas a raiz de seus problemas era mais profunda. Suas limitações vinham da imagem que tinha de si mesmo, adquirida há muito mais tempo. Um tempo que ele gostaria de não mais se lembrar.

Maurício não conseguia estudar como precisava. Tinha dificuldade de concentração não por causas neurológicas, mas pela ansiedade. Por maior que fosse seu desejo consciente de passar naquele concurso, estar diante da possibilidade de alcançar um cargo mais elevado o afligia. Ele sentia que essa possibilidade gerava uma grande expectativa por parte dos amigos e da família. Por medo de decepcioná-los e ser rejeitado caso fracassasse, ele se via em meio a um conflito.

Maurício tinha uma preocupação constante em ser aceito. Desde bem pequeno procurava ser uma criança agradável, obediente e estar sempre bem para não aborrecer os avós. Tentava evitar ao máximo dar trabalho para não ser tão pesado a eles. O medo de ser abandonado esteve sempre presente.

A imagem mais antiga que guardava na memória era de seus três anos. Lembranças relacionadas ao sentimento de fracasso e incompetência. Ele estava sentado no chão da cozinha, quando ainda morava com seus pais. Estava com as mãos para o alto, acenando, tentando chamar a atenção da mãe. Ela não o percebia porque estava nervosa, envolvida em uma discussão com seu pai — uma cena que se repetia quase todos os dias. Por mais que ele se esforçasse, não conseguia chamar a atenção para si. Sua mãe não olhava para ele. Os gritos e a agressividade do seu pai não deixavam que ela visse mais nada.

O que ele conseguiu entender a partir do que viveu foi que era um menino sem importância, sem valor o bastante para ser percebido. Tão insignificante que sua mãe sequer o via. Uma conclusão dolorosa, que ele ainda mantinha escondida dentro dele.

Tentei ajudá-lo a perceber o que realmente aconteceu. Ou seja, que o problema não estava nele, mas nas dificuldades vividas por seus pais. Para isso, procurei desviar o foco para eles. Como a imagem de sua mãe era a mais forte em sua mente, perguntei o que ele achava que a impedia de percebê-lo, de lhe dar atenção. Vendo agora, como adulto, o que ele imagina que estava acontecendo para que ela agisse daquela forma?

A partir daí, a verdade aos poucos foi surgindo. À medida que as lembranças vinham à tona, com mais clareza, o entendimento sobre sua história se modificava. Como se fossem várias peças de um quebra-cabeças se reagrupando e o desenho se redefinindo.

Seu pai era alcoólatra. Todos os dias chegava em casa bêbado. Era raro o dia em que ele não brigava e não batia em sua mãe. O relacionamento dos pais e o ambiente familiar era dramático, cheio de ameaças e agressões. O sentimento mais presente em sua infância foi o medo. Ouvia outras pessoas da família contarem que sua mãe era agredida desde que estava grávida dele. Lembrou-se também das histórias que ouvia a respeito da infância de seus pais. Seu pai também havia sido vítima de violência quando criança. Sua mãe, por sua vez, era filha de alcoólatra e até chegar à adolescência viu sua própria mãe ser agredida por seu pai. Uma história revivida por várias gerações.

Maurício foi deixado com sua avó quando tinha quatro anos. Sua mãe, sem forças para continuar naquela situação, depois de muito sofrimento, decidiu tentar uma nova vida em outro lugar. Foi para longe dali e da violência de seu pai. Ela não pretendia abandonar o filho, apenas não poderia colocar a vida dele em risco em uma jornada sem nenhuma garantia. Ela não sabia para onde ir e não tinha condições para manter nem a si mesma. Não havia outra saída. Ela o deixou para salvá-lo.

O que anteriormente parecia abandono, foi sendo entendido como um gesto de proteção. A intenção de sua mãe era voltar para buscá-lo, assim que conseguisse alguma estabilidade. Contudo, isso jamais foi possível. Já adolescente, ele ficou sabendo onde ela morava e foi visitá-la. Ficou chocado ao ver que a vida dela não havia melhorado em nenhum aspecto. Ela morava em uma casa muito humilde, tinha outro filho e vivia com um homem que também bebia muito, alguém que não era, em nada, melhor do que seu pai. Ela mudou de casa e de cidade, mas não mudou suas escolhas, seu estilo de vida. O cenário era o mesmo, e a história também.

Uma pessoa não muda sua vida apenas mudando de lugar ou se afastando daqueles que ela acredita serem os responsáveis por sua infelicidade. É verdade que muitas vezes isso é necessário. Quando uma pessoa está sendo agredida, ela não pode tentar resolver a situação permanecendo no mesmo lugar junto com o agressor. Porém, quando não refletem sobre as escolhas que fizeram e seus verdadeiros motivos, elas acabam trocando de parceiros, mudando de cidade, mas, sem perceber, voltam à mesma história. Acreditam que estão tentando modificar suas vidas, mas se deixam atrair por outro abismo, com as mesmas características do anterior.

A essa altura, Maurício já falava de sua mãe com empatia. Ela não era mais a mulher que havia abandonado o filho por não o amar o suficiente nem era uma mãe egoísta que o trocou por uma vida melhor e mais livre. Ao contrário, foi uma mulher sofrida que, para proteger esse filho, foi obrigada a deixá-lo.

A partir dessa compreensão, seus pais, que a princípio eram as pessoas que o tinham abandonado, passaram a ser vistos com suas próprias dificuldades e problemas, anteriores ao nascimento de Maurício. E ele deixou de ser o menino rejeitado, abandonado ou indigno de ser amado. Entender a história de outra forma, não mais por meio da dor do abandono, trouxe a ele uma nova percepção. Uma mudança de interpretação que modificou a imagem de si mesmo, dos outros e sua postura diante da vida.

Maurício se desprendeu do medo do passado em vários sentidos. Depois de todo esse processo, em uma tarde de sábado, ele resolveu abrir um armário, onde havia coisas guardadas há muito tempo, e encontrou uma antiga guitarra. Ele havia se esquecido de que tocava muito bem e do quanto gostava de música. O passado que ele não queria mais ver também guardava boas dádivas. Decidiu então começar a resgatar as coisas valiosas deixadas pelo caminho e que ainda poderiam ser recuperadas.

RESSIGNIFICAR O PASSADO

Maurício estava mais leve e admirado com as mudanças, que também podiam ser vistas à sua volta. Seu filho recebeu alta da terapia e estava tendo melhoras significativas na escola. A mudança na forma de ver a si mesmo também provocou mudanças em suas atitudes como pai.

O motivo que havia levado seu filho ao tratamento era uma dificuldade de concentração e aprendizagem, e agora ele podia compreender o porquê.

Durante muito tempo ele chegou em casa depois do trabalho irritado e nervoso. Trancava-se no escritório, por horas, e não queria falar com ninguém. Quando o filho chamava-o, sua resposta era sempre a mesma: "Estou ocupado". Nem lembrava-se da última vez que havia sentado no chão para brincar com ele ou de ter ido vê-lo jogar futebol. Aproximava-se apenas para cobrar um bom desempenho na escola e em qualquer atividade que estivesse se dedicando. Chegava sempre para supervisionar, exigir e brigar, caso o resultado não correspondesse às suas expectativas de pai.

Maurício acreditava estar ajudando seu filho a ser o melhor possível, para se tornar um adulto realizado. O que ele não percebia era o temor que o filho sentia de não ser competente e bem-sucedido. E que, se isso acontecesse, ele pudesse vir a ser rejeitado, como ele, pai, se sentia. Ele queria que o filho fosse bom em tudo para ser aceito. Por isso cobrava do menino o que cobrava de si mesmo. Sua reação extremamente exigente e agressiva gerou tensão e medo de falhar. Quanto mais exigia, mais amedrontava o filho que, apavorado, não conseguia concentrar-se no estudo porque precisava se defender do pai.

Maurício estava abandonando o filho e se afastando das pessoas que ele mais amava. Com seu comportamento, ele

REVENDO CAMINHOS

provocava a rejeição que tento temia. Seu jeito rude estava levando as pessoas a rejeitá-lo, confirmando o que, no íntimo, sempre acreditou: que não era digno de ser amado e aceito.

Recusamo-nos a olhar para trás porque o passado guarda o que não queremos "des-cobrir". Convencemos a nós mesmos de que o real motivo é porque não queremos viver presos a ele. Justificamos que o passado está morto e não vale a pena desenterrá-lo. No entanto, se ele estivesse realmente morto, não seria uma ameaça. Se o tememos, provavelmente ele ainda vive, apesar de enterrado. Freud disse que a melhor forma de esquecer é lembrar.

Para sobreviver à dor de algumas experiências vividas principalmente na infância, muitas vezes precisamos erguer algumas defesas, construindo significados com os quais poderíamos conviver. Olhar para trás nos levaria à necessidade de desconstruir esses significados. Por isso, muitas vezes resistimos, nos negamos olhar, mesmo que esta negação tenha um custo muito alto (Zimerman, 2008).

Débora, apesar de jovem, já havia desfeito vários relacionamentos. Seu atual marido era um homem bom, que a amava de verdade. Contudo, ela dizia que ele não a fazia feliz. Defendia sua teoria de que ainda não havia encontrado o homem certo. Para ela, desfazer um relacionamento era sempre muito doloroso, porém mantê-lo depois de um certo tempo era bem mais difícil.

Ela buscava na terapia um apoio para dar um fim à relação. Não uma compreensão mais profunda das dificuldades que provocaram a suposta crise. Quando o relacionamento com seu pai se tornava a tônica do trabalho terapêutico, ela se via obrigada a enfrentar seus temores escondidos. Nesse momento, abandonava o tratamento e, mais tarde, iniciava-o novamente com outro profissional. Não suportava um confronto consigo mesma e com sua história.

Débora tentava neutralizar os efeitos dolorosos de suas experiências, fugindo e negando sua existência, como se a vida fosse uma rota de fuga. Responsabilizava os homens com quem já havia se casado por terem causado a separação, iludindo-se de que ainda encontraria aquele com quem seria feliz, enganando a si mesma com falsas esperanças e novos planos. Débora não suportou enfrentar seu passado, mesmo que isso significasse condenar seu futuro a sucessivos fracassos.

O MEDO DE OLHAR PARA O PASSADO NOS LEVA A REPETIR OS ERROS

Muitos vivem sucessivos relacionamentos fracassados, crendo não terem encontrado a pessoa certa. Provavelmente, jamais a encontrarão, a não ser que parem de procurar no outro a resposta que deveriam buscar em si mesmos. Os motivos pelos quais escolhemos alguém ou nos permitimos ser escolhidos podem ter muita relação com nossos conflitos internos e experiências de infância. Ouvi várias mulheres que por muito tempo queixaram-se de terem se relacionado apenas com homens imaturos, frágeis e dependentes, como se jamais tivessem conhecido alguém maduro, determinado e seguro.

Evidentemente, homens maduros passaram por suas vidas, e elas não os perceberam ou não permitiram que se aproximassem. Sem consciência do que buscavam, elas sentiam-se atraídas por pessoas com as quais acreditavam que não seriam rejeitadas e abandonadas. Pessoas frágeis e dependentes que necessitassem de seu apoio.

REVENDO CAMINHOS

Jaqueline, uma mulher de 32 anos, após vários relacionamentos desfeitos, também afirmava não ter sorte no amor. Apesar de todo o seu empenho e dedicação, não conseguiu fazer com que a relação desse certo com nenhum dos rapazes com quem namorou. Segundo ela, todos que se aproximavam eram problemáticos. Saíram feridos de outros relacionamentos, tinham sérias dificuldades financeiras, eram emocionalmente instáveis, enfim, todos lhe davam muito trabalho.

Descrevendo detalhadamente as características de cada um deles, salvo algumas pequenas diferenças, era fácil perceber que havia algo em comum: todos precisavam dos cuidados e do apoio dela. Os homens equilibrados, independentes e saudáveis emocionalmente que surgiram em sua vida não tiveram chances de permanecer nela. Ela se queixava de que eles a sufocavam, não respeitavam seu espaço, eram exageradamente protetores. Na realidade, eles procuravam tratá-la com cuidado e carinho. Porém, por ser insegura, por não ter aprendido a receber amor e por não acreditar que o merecia, não sentia-se capaz de manter um relacionamento desse nível. Jaqueline buscava a garantia de que não seria abandonada. No seu entender, isto só seria possível se relacionando com pessoas que dependessem dela.

Não revemos o passado para nos prender, mas para nos libertar, para soltar as amarras, mudar o presente e as possibilidades futuras.

"Não diga: 'Por que os dias do passado foram melhores que os de hoje?' Pois não é sábio fazer esse tipo de pergunta" (Eclesiastes 7.10). Ao dizer isso, certamente Salomão não está condenando a reflexão das experiências vividas. Não está afirmando ser errado olhar para o passado. O erro está em refugiar-se nas lembranças vividas para evitar o comprometimento

RESSIGNIFICAR O PASSADO

com o presente. Isso acontece com pessoas que tentam impor aos filhos o mesmo estilo de vida que viveram em sua infância, negando-se a perceber que o mundo mudou à sua volta; com os saudosistas que passam o tempo suspirando com as recordações que guardam como relíquias e não percebem o valor das experiências atuais; com os que não conseguem seguir em frente por saudade de alguém que já se foi, deixando de usufruir da companhia dos que ainda estão perto; com os que, por não conseguirem superar os desafios de hoje, isolam-se, queixando-se de que a vida antes era muito melhor; com os que cultivam lembranças por medo de prosseguir.

ACEITAR A CRIANÇA INTERIOR

A criança que fui chora na estrada

A criança que fui chora na estrada.
Deixei-a ali quando vim ser quem sou;
Mas hoje, vendo que o que sou é nada,
Quero ir buscar quem fui onde ficou.

Ah, como hei de encontrá-lo? Quem errou
A vinda tem a regressão errada.
Já não sei de onde vim nem onde estou.
De o não saber, minha alma está parada.

Se ao menos atingir neste lugar
Um alto monte, de onde possa enfim
O que esqueci, olhando-o, relembrar,

Na ausência, ao menos, saberei de mim,
E, ao ver-me tal qual fui ao longe, achar
Em mim um pouco de quando era assim.
(Pessoa, 1988, p. 56)

141

Muitos de nós têm dentro de si uma criança triste e sozinha, abandonada por nós mesmos. Uma criança que não aceitamos, que deixamos para trás, tentando nos esquecer de que ela faz parte de quem somos, por nos trazer lembranças de dor, vergonha, humilhação e medo.

Caminhamos até aqui olhando sempre em frente, em busca de construir a pessoa que queremos ser, alguém diferente e melhor que a criança que ficou para trás, negando que ela nos pertence, como se fosse possível ser inteiro ignorando parte de quem somos.

Por maior que seja a barreira que levantamos para evitar o encontro com a criança que fomos e para mantê-la distante de nossas lembranças, não podemos destruí-la. Ela ainda viverá em algum lugar na estrada de nossa vida, isolada e perdida, à espera de, um dia, ser encontrada. Por mais doloroso que seja reconhecer essa criança, ela é parte de nós. Negá-la não apagará sua existência. Aceitá-la e compreendê-la é o que nos trará consolo e alento. Trará esta criança para um lugar seguro e confortável dentro de nós, para o seu devido lugar.

Pessoas ou situações contribuíram para que víssemos a nós mesmos como uma criança desprezível, boba, desajeitada e feia. Alguns espelhos nos refletiram imagens nada atraentes. Imagens que, para não serem recordadas, foram escondidas nos porões escuros e profundos de nossa mente. Esperávamos que, negando a sua existência, teríamos a chance de nos tornarmos diferentes — alguém forte, seguro, capaz, merecedor de amor e aceitação.

Trabalhamos na construção dessa pessoa melhor, procurando, constantemente, no olhar do outro, a confirmação, a certeza de que estamos sendo aprovados, em uma busca

RESSIGNIFICAR O PASSADO

incansável por validação, por um sinal que nos prove que não somos mais aquela pessoa que, um dia, alguém disse que fomos. Um olhar que nos transmita um conceito diferente daquele que, no íntimo, ainda temos a nosso respeito.

O outro continua sendo nosso espelho, onde esperamos ver refletida a imagem que idealizamos. Aquela que nos trará a certeza de que somos dignos de ser amados. Uma convicção que não teremos enquanto seguirmos por esse caminho. Não é no outro que encontraremos o que precisamos para confiarmos em nós e gostarmos de quem somos. Esse objetivo será alcançado quando conhecermos, amarmos e aceitarmos a nós mesmos inteiramente.

Se rejeitamos e abandonamos a criança que fomos, precisamos resgatá-la e acolhê-la independentemente dos motivos pelos quais tivemos que deixá-la para trás. Negar sua existência não nos tornará melhor do que somos nem a fará desaparecer. Ao contrário, quanto mais nos esforçamos para sufocar essa criança, mais ela tentará respirar. Quanto maior o nosso empenho para escondê-la, maior será seu esforço para ser encontrada. Como disse Debbie Ford:

> Quanto mais tentamos reprimir os aspectos de nossa personalidade que julgamos inaceitáveis, mais eles encontram meios nocivos de se expressar (Chopra *et al.*, 2010, p. 149).

A criança que deixamos na estrada continua só, desamparada e com medo. Podemos crescer, amadurecer, conquistar novos lugares e, ainda assim, perceber sua presença, ouvir seu choro. Podemos ter adquirido força e coragem, e ainda sentir seus medos, nos sentirmos ameaçados pelos mesmos fantasmas.

REVENDO CAMINHOS

Inquietações que hoje nos tiram a paz podem revelar as feridas dessa criança. São inquietações que interferem em nosso comportamento, nos levando a reagir de forma incoerente e incompreensível, a ter atitudes inesperadas e, muitas vezes, infantis, que fogem ao nosso entendimento.

Nem sempre percebemos essas dificuldades e comportamentos, porque não temos o hábito de refletir e examinar a nós mesmos. Não vivemos um estilo de vida contemplativo. Não pensamos sobre nossa história, nossas experiências vividas ou nossa infância. Não procuramos no dia a dia uma conexão entre os conflitos de hoje e os do passado. Nossos pensamentos e nossos alvos estão à frente. Nosso interesse está no futuro, e o nosso presente está tão cheio de atividades que não damos conta nem do que está acontecendo agora.

Estamos tão envolvidos com o que fazemos hoje e com o que desejamos para amanhã que nem nos lembramos de que, um dia, fomos criança. Estamos tão ocupados com tantas coisas, muitas delas desnecessárias, que não conseguimos reconhecer o que deveria merecer nossa dedicação.

Jesus chamou a atenção sobre isso quando foi recebido certa vez na casa de Marta e Maria, as duas irmãs de Lázaro. Maria sentou-se aos pés de Jesus para ouvi-lo, enquanto Marta, agitada, se ocupava com o serviço da casa. Aborrecida por não ter a ajuda da irmã, Marta se queixou com Jesus, dizendo que Ele deveria mandar que Maria a ajudasse. No entanto, a resposta dele foi: "Marta! Marta! Você está preocupada e inquieta com muitas coisas; todavia apenas uma é necessária. Maria escolheu a boa parte, e esta não lhe será tirada" (Lucas 10.38-42).

Assim como Marta, encontramos razões para todas as nossas preocupações. Muitas são legítimas. Contudo, há momentos

RESSIGNIFICAR O PASSADO

únicos e imperdíveis, como aquele que Maria soube identificar e aproveitar. São oportunidades raras que não percebemos por estarmos ocupados demais com o que importa menos.

Nos esforçamos para conquistar tantas coisas, mas não nos dispomos a nos comprometer com o mais importante. Deixamos para depois o que deveria ser colocado em primeiro lugar. Não temos tempo para cuidar de nós mesmos, porque estamos ocupados, conquistando coisas para nós. Qual é o sentido?

Jesus disse: "Não é a vida mais importante que a comida, e o corpo mais importante que a roupa?" (Mateus 6.25).

Conhecemos e entendemos as lições deixadas por Jesus, porém não vivemos de acordo com seus ensinamentos. Aprendemos, mas não refletimos a ponto de pararmos e mudarmos. No entanto, Ele não desiste de nós. Por meio de suas sábias, didáticas e múltiplas estratégias, Ele sempre nos oferece novas chances. Uma delas se chama "crise" — um momento turbulento, de muita dor, mas que traz consigo uma imensurável riqueza de oportunidades.

João Pedro estava de licença do trabalho por quarenta dias para se tratar de uma crise depressiva. Ele estava casado há doze anos, era pai de duas meninas, uma de oito anos e outra de quatro. Relacionava-se muito bem com a família. Era um homem aparentemente calmo que vinha levando sua vida de maneira equilibrada, sem grandes dificuldades, até que uma mudança repentina aconteceu no seu local de trabalho. Há dez anos era funcionário de uma grande empresa multinacional que fabricava computadores e, em todo esse tempo, não havia tido nenhum problema muito significativo. Ele era um homem responsável, inteligente e muito dedicado à função que ocupava.

145

REVENDO CAMINHOS

Segundo João Pedro, suas dificuldades haviam começado com a troca de supervisor no seu setor de trabalho. O anterior, que estava na empresa desde que ele havia iniciado, era um homem calmo e muito bom de se relacionar, alguém que conseguia manter a liderança com mansidão, amizade e companheirismo. Contudo, ele se aposentou e foi substituído por um rapaz mais jovem, com um temperamento oposto.

O novo chefe era rigoroso, autoritário, exigente e frio, humilhava os funcionários sem a menor cerimônia. Nunca elogiava o trabalho de alguém, por melhor que fosse, e não perdia uma única chance de criticar de maneira severa. Ele acreditava que o elogio levaria à acomodação.

João Pedro ficou tão abalado com a mudança que não conseguiu conviver com a situação. Segundo ele, o chefe lhe dava várias ordens ao mesmo tempo, de forma muito ríspida. E, antes que terminasse uma tarefa, já lhe era exigida outra. Na tentativa de atender a todas as demandas, ele se esforçava, correndo de um lado para o outro, sem eficiência. No fim do dia, recebia várias críticas porque não havia produzido quase nada. As tarefas ficavam todas pela metade.

Os domingos de João Pedro, antes, eram dias alegres, vividos com a família de maneira divertida. Agora, passaram a ser tensos, por antecederem a segunda-feira, o primeiro de mais uma semana de desafios.

Depois de me contar com detalhes o que estava acontecendo no trabalho e o que estava sentindo, disse que não tinha esperança de melhora. Estava muito angustiado porque não podia perder o emprego. Contudo, era o mais provável de acontecer. Ele estava certo de que a solução era a saída daquele chefe, o que não tinha a menor chance de ocorrer.

RESSIGNIFICAR O PASSADO

Seu desespero aumentava a cada hora que passava, porque ele sentia que não conseguiria encontrar uma saída para retornar ao trabalho no tempo exigido.

João Pedro responsabilizava totalmente seu supervisor pelo drama que vivia. Em nenhum momento ele considerou sua própria dificuldade em lidar com a situação. No seu desespero, ele olhava somente para o que acontecia fora dele. Não se dava conta de que haviam várias outras pessoas trabalhando no mesmo setor e que nenhuma delas estava se sentindo da mesma forma. Nenhum outro funcionário estava passando por uma crise depressiva. A insatisfação foi geral. Seus colegas também não ficaram satisfeitos com a mudança. No entanto, ninguém estava doente por isso nem se sentia ameaçado de perder o emprego.

Apesar de existir uma situação real muito desagradável, o motivo de todo aquele sofrimento não era o chefe. Esse foi, sem dúvida, o gatilho, o que fez vir à tona sentimentos e dificuldades que estavam adormecidas. Contudo, a razão de suas dificuldades já estavam dentro dele. Faziam parte de sua história.

As primeiras tentativas que fiz de falar sobre a infância de João Pedro foram frustradas. Ele se mostrava muito resistente. Cortava o assunto, dizendo que havia tido uma infância perfeita e que seus pais eram maravilhosos. Que seus problemas eram atuais e que precisávamos conversar sobre o seu ambiente de trabalho e encontrar o quanto antes uma solução para que ele pudesse retornar. Seu tempo era muito curto, e ele não poderia perdê-lo olhando o passado. Ele esperava que eu o ensinasse a suportar aquele ambiente hostil sem sofrer ou que eu tivesse alguma técnica que o levasse a superar a situação de forma eficiente e rápida.

147

Depois de algumas tentativas, consegui que ele me falasse sobre a cidade onde havia nascido, a casa onde morava quando criança e finalmente sobre sua família de origem. Seu pai havia sido um homem honesto, responsável, porém extremamente autoritário, severo e crítico. Ocupava um importante cargo de comando em que liderava muitas pessoas. Sua mãe, uma mulher frágil e submissa, jamais confrontou o marido.

João Pedro lembrou-se de quando tinha mais ou menos oito anos de idade. Seu coração acelerava de medo quando chegava a hora de seu pai voltar do trabalho. Ele sempre entrava em casa brigando, cobrando o que havia deixado para ser feito e reclamando pelas coisas que via fora do lugar. Ele supervisionava tudo e reclamava pela desorganização da casa que, por mais impecável que estivesse, nunca era o ideal. O clima era pesado. A presença do pai trazia um ar de terror ao ambiente.

João Pedro fazia muito esforço para realizar da melhor maneira possível o que o pai queria, para evitar brigas e confusões, mas não obtinha sucesso. Durante toda a infância, investiu muita energia na tentativa de fazer tudo certo, de ser um bom menino, mas sem bons resultados. A crítica estava sempre presente, e o dever cumprido nunca era reconhecido. João Pedro não tinha liberdade com o pai; ele tinha medo. Não sabia como se comportar quando ele estava por perto. Se o pai estivesse em casa, ele procurava ficar trancado no quarto o maior tempo que pudesse.

João Pedro era agora adulto, maduro, inteligente e com muita experiência de vida. Havia crescido, superado muitos limites e ultrapassado dificuldades. Contudo, ainda guardava dentro de si um menino frágil e inseguro, cujos sentimentos

RESSIGNIFICAR O PASSADO

emergiram ao se deparar com o novo chefe. Um homem que possuía características muito semelhantes às de seu pai, levando-o a não se comportar como funcionário diante de seu superior, mas como um menino amedrontado diante do pai autoritário. A crítica, a rigidez e o autoritarismo de seu líder atual trouxeram de volta os temores de um menino acuado e impotente. Sua maturidade, seu conhecimento e suas conquistas não apagaram a imagem frágil do menino que ele foi.

João Pedro teve de trazer de volta lembranças que ele gostaria que tivessem sido apagadas. Memórias de um menino que ele não tinha orgulho de ter sido, de um tempo que ele não gostaria de ter vivido.

Quando completou dezenove anos, ele saiu de casa e foi morar em outra cidade para trabalhar e estudar. Teve pouco contato com a família, principalmente com o pai. Depois de formado, com um emprego estável e a vida estruturada, ele se reaproximou. O relacionamento com o pai estava agora em outro nível, o de respeito mútuo.

João Pedro quis ignorar o passado. Não queria se lembrar de quem ele fora nem de quem fora o pai. Ele gostaria de pensar nos dois como os homens adultos da atualidade. Contudo, por mais dolorosas que fossem essas lembranças, ele precisava recuperá-las. Ainda não era tempo de esquecer. O menino frágil e inseguro que ele havia deixado para trás, na certeza de tê-lo esquecido, estava apavorado novamente, pedindo ajuda. Gritando tão alto que não dava mais para fingir que não o conhecia. Um menino que precisava ser acolhido e cuidado. Caso contrário, o João Pedro adulto teria dificuldades para seguir em frente.

Foi um trabalho intenso porque havia pouco tempo para encontrarmos uma resposta. Foi desafiador, porque ele foi obrigado a confrontar seus fantasmas, e foi recompensador, porque ele conseguiu.

No decorrer de todo o processo, João Pedro entendeu que não tinha que se envergonhar de si mesmo. Afinal, ele era uma criança e havia feito o que podia, da melhor maneira que sabia. E, mesmo com medo, ele resistiu. Cresceu, encontrou forças para sair de casa, estudar e construir sua própria família. Na realidade, aquele menino venceu.

Entendeu que a resposta encontrada para a situação no passado não precisava ser a mesma para hoje. Havia outras escolhas possíveis.

Lembrou-se de que, quando o pai chegava do trabalho, seu irmão mais novo pulava no colo dele sem medo, ignorando completamente sua cara de bravo e seu jeito autoritário. Uma liberdade que João Pedro jamais ousou. E o pai nunca reagiu com violência, ao contrário, divertia-se também. Quem sabe o medo de João Pedro fazia com que visse seu pai mais rígido do que ele realmente era?

Quando somos crianças, tudo à nossa volta parece grande. Quando crescemos, é como se aquelas mesmas coisas diminuíssem. A árvore parecia gigante; a casa, espaçosa, e o quintal, imenso. Hoje, tudo nos parece bem menor. Sabemos que não foram eles que diminuíram. Fomos nós quem crescemos. Eles nos parecem menores porque somos maiores. Hoje, olhamos por outro ângulo.

Quando criança, as pessoas que temíamos pareciam gigantes e os desafios intransponíveis. Sentíamo-nos pequenos, vulneráveis e impotentes diante de ameaças impossíveis de serem enfrentadas. Crescemos e amadurecemos. Contudo,

RESSIGNIFICAR O PASSADO

infelizmente, nem todos os gigantes diminuíram e nem todos os medos se dissolveram, porque ainda olhamos pelo mesmo prisma. Os tememos e os vemos como gigantes, porque nos sentimos como crianças.

O irmão de João Pedro respondia ao comportamento do seu pai de forma diferente. Assim como os amigos do trabalho respondem de forma diferente ao temperamento de seu chefe, o qual não era o responsável pelo seu sofrimento. Sua melhora não dependia da saída do supervisor, pois este não era seu pai, e ele, João Pedro, não era mais um menino de oito anos.

O chefe continuou arrogante e autoritário. No entanto, João Pedro havia mudado. Agora, apesar de a posição hierárquica ser mantida, o relacionamento entre eles era de dois adultos, não mais entre um pai rígido e um menino amedrontado. O medo de ser despedido, que antes também servia como justificativa para seu descontrole, passou a ser encarado como uma possibilidade real, com a qual ele teria de conviver, como qualquer outra pessoa. O que não significava o fim, nem para ele, nem para ninguém. Enfim, a nova visão do passado abriu novos caminhos para o futuro.

James Baldwin disse: "Nem tudo que se enfrenta pode ser modificado, mas nada pode ser modificado até que seja enfrentado".

AS MURALHAS DO PASSADO IMPEDEM OS CAMINHOS DE HOJE

Compreender o passado não é o mesmo que viver dele ou manter o foco nele. Não é como dirigir um carro olhando para o retrovisor. No entanto, a existência do retrovisor nos revela a importância de sabermos o que acontece lá atrás.

151

Se ele existe é porque tem utilidade. E em algum momento será necessário usá-lo. Nós dirigimos olhando para frente, mas se nos negarmos a olhar para trás quando for preciso, comprometeremos o sucesso de nossa viagem. Teremos problemas para chegar ao nosso destino.

Muitas pessoas estão presas, amarradas, impedidas de seguir adiante. Por mais esforço que façam, seu momento presente está improdutivo e seu futuro comprometido. Certamente, nem todas as situações exigem um olhar ao passado para serem resolvidas. Nem todas as respostas estão na infância. No entanto, há situações em que tentar mudar sem olhar para trás pode nos impedir de seguir em frente.

Há amarras do passado nos imobilizando em várias áreas de nossa vida, sem que tenhamos a mínima consciência, nos impedindo de encontrar saídas e de fazer novas escolhas, diminuindo nossas chances de viver de forma saudável um relacionamento conjugal, de conquistar sucesso profissional, enfim, de nos sentirmos realizados.

Evitamos o confronto com o passado com intuito de anestesiar a dor, mas isso é uma ilusão, pois ela se manifesta por outras vias. Fugir dos fantasmas que nos perseguem só faz com que eles nos sigam por onde quer que formos. Afinal, por mais longe que consigamos ir, jamais escaparemos de nós mesmos. "Quando esquecemos nossa história, perdemos o fio da meada de nossas vidas e enlouquecemos" (Kelly, 2007, p. 17).

EXPERIÊNCIAS DO PASSADO E ESCOLHAS DO PRESENTE

É uma ilusão pensar que podemos deixar as coisas no passado. Mesmo quando não refletimos sobre nossas experiências,

RESSIGNIFICAR O PASSADO

quando decidimos esquecer nossa história e dizemos que o que passou, passou. Independentemente do que fizermos, de alguma forma o passado está presente — naquilo que nos tornamos, no que escolhemos e decidimos para hoje e para o futuro.

Marina tem 29 anos e muitas dificuldades em seus relacionamentos. Ela é bastante inflexível, não consegue lidar com as diferenças e tem resistência para aceitar as opiniões contrárias. Defende tudo o que acredita, não apenas com convicção, mas com uma certa intransigência, reagindo com impaciência quando suas ideias são confrontadas.

Inicialmente, ela acreditava que esse comportamento era uma característica de seu temperamento, de seu jeito de ser e do fato dela ter sempre muita certeza em relação ao que defende.

Porém, acabou percebendo que a razão era outra. Sua inflexibilidade, na realidade, refletia seus medos. Opiniões contrárias despertavam suas inseguranças. O questionamento de suas ideias colocava em risco outras supostas certezas.

Pensar na possibilidade de erro, em uma determinada questão, era o mesmo que admitir que poderia estar errada em outras. Se dispor a questionar uma teoria que defendesse abriria precedente para o questionamento de outras mais. E isso ela não podia permitir, porque, no íntimo, temia que algumas de suas "verdades" fossem abaladas.

Se Marina precisava de uma defesa tão rígida para suas opiniões, se necessitava proteger tão bem seus conceitos, provavelmente não estava tão certa sobre eles como imaginava. Além disso, seus medos revelavam que o abalo dessas certezas ameaçava causar muita dor. Ela não queria ganhar as

153

discussões ou estar certa em tudo por simples vaidade. Havia, provavelmente, algo bem mais profundo que ela precisava evitar para não sofrer.

No decorrer de nossas conversas, ela se lembrou de uma cena de sua infância que a emocionou e trouxe muitas revelações.

Quando era criança, Marina tinha muita vontade de brincar no barranco que havia perto de sua casa, onde os colegas da rua e os primos de sua idade se divertiam todas as tardes. A brincadeira era como uma festa, tanto para os meninos quanto para as meninas. Eles subiam até a parte mais alta de um pequeno monte e desciam, na maior gritaria, escorregando sobre um pedaço de papelão, como se fosse um tobogã de terra. A alegria contagiava tanto quanto a terra vermelha impregnava as roupas. As crianças ficavam totalmente imundas, mas eufóricas.

Enquanto todos se divertiam a valer, lá fora, Marina só ouvia o som da festa, fechada em seu quarto, junto de seus livros. Ela afirmava que gostava muito de ler, mas admitia que adoraria participar daquela farra. Uma experiência que ela jamais pôde viver porque nunca conseguiu a permissão de sua mãe, nem lutou com muito empenho para consegui-la.

Sua mãe dizia que aquela era uma brincadeira de moleques e não de uma menina comportada, estudiosa e inteligente como ela; que ela teria um futuro brilhante pela frente e não podia perder tempo com bagunça; que seu tempo era muito precioso e precisava ser dedicado às coisas mais importantes.

Marina esforçou-se para convencer-se disso, para fazer dos argumentos da mãe uma verdade e se contentar com a situação. Porém, lá no íntimo, ela sabia que os reais motivos eram outros.

RESSIGNIFICAR O PASSADO

A mãe de Marina era uma mulher muito atarefada, sem tempo livre. Com dois empregos, chegava em casa muito tarde, bastante cansada e não tinha ajudante para fazer o serviço de casa. Diferentemente das outras mães, ela não tinha tempo para lavar roupas tão sujas todos os dias. Os motivos de sua mãe eram legítimos. Hoje, Marina entende bem, mas sente muito não apenas pela diversão que perdeu, como pelo fato desses reais motivos não terem sido revelados abertamente.

Agora que entende claramente o que aconteceu, percebe que teria sido bem mais fácil se sua mãe tivesse dito a verdade. Assim, Marina não teria de fazer todo aquele movimento interno para lidar com a situação. Provavelmente não precisaria de todo aquele desgaste emocional, para convencer a si mesmo de algo que na verdade não acreditava. Por pena de sua mãe, Marina nunca a confrontava. Não questionava seus motivos nem queria pensar no assunto. Decidiu que não se importava tanto com as brincadeiras e que ficava em casa porque realmente preferia a leitura à se sujar de terra. Ela precisava fazer dessa justificativa uma verdade e mantê-la fora de qualquer questionamento ou possibilidade de dúvida. É incrível como uma situação que pode ser vista do ponto de vista de um adulto como algo tão simples e inofensivo pode se tornar tão complexa na interpretação de uma criança.

No decorrer do tempo, Marina foi generalizando, ou seja, foi respondendo de forma parecida a outras situações que tinham alguma semelhança com a primeira, evitando, assim, muitos outros questionamento. Durante sua vida, ouvir o outro abertamente, rever suas próprias opiniões, aceitar ser questionada, provocava-lhe uma reação aversiva, sem que ela

155

REVENDO CAMINHOS

soubesse o motivo. Uma atitude defensiva que, inconscientemente, buscava proteger e preservar antigas "verdades" que
ela havia se obrigado a acreditar.

Se pegássemos o comportamento dela de hoje como se
fosse a ponta de uma linha, ao segui-la, essa linha nos levaria à sua infância. Ao recordar sua história hoje, ela se pergunta se foi justa com ela mesma. Se não deveria ter lutado
pelo que queria ao invés de desistir e se deixar convencer
tão facilmente. Questiona-se se optou pelo mais fácil, se agiu
por comodismo.

A escolha feita por Marina pode até parecer a mais
cômoda, já que bastava desistir e aceitar. No entanto, mesmo
que o desgaste físico tenha sido menor, o desgaste emocional
foi grande, tanto que ela ainda pagava o preço. Marina se
entristece por ter renunciado, mas tem dúvidas se conseguiria
sentir-se melhor caso agisse de forma diferente, ou seja, se
escolhesse questionar e confrontar sua mãe. Ela tem dúvidas se não se sentiria pior, caso resolvesse se rebelar, brincar
no barranco e sujar a roupa de terra vermelha, sabendo que
daria à sua mãe muito mais trabalho do que ela já tinha.

O que causaria menos dor: se arrepender do que fez ou
do que deixou de fazer? Não há como responder. Não tem
uma receita tão simples para evitar arrependimentos. Afinal,
não depende apenas da experiências em si, mas de quem as
vive, de como cada um processa e interpreta o que vive.

A história de Marina me trouxe à lembrança algo que
me aconteceu quando eu tinha uns sete anos mais ou menos.
Eu ficava triste, às vezes, por não fazer bagunça, como as
crianças à minha volta. Eu era muito tímida e comportada,
mais do que gostaria de ter sido. Sempre ouvia as histórias

156

RESSIGNIFICAR O PASSADO

divertidas dos outros e nunca tinha nada para contar. Os colegas de escola aprontavam o tempo todo, e eu só assistia à diversão deles.

Um dia decidi fazer uma travessura na tentativa de não me sentir tão anormal. Cheguei da escola, no fim da tarde, e fiquei pensando em algo que pudesse ser divertido e errado. Como não tinha nenhum talento nessa área, demorei um pouco para descobrir alguma coisa. Depois de andar dentro de casa de um lado para o outro, várias vezes, vi uma enorme trouxa de roupa no fundo do quintal, perto do tanque, onde minha mãe as lavava à mão. Naquele tempo, não havia máquina de lavar, pelo menos não na minha casa.

Já eram mais de cinco horas da tarde e eu estava sozinha. Então enchi o tanque, que era bem grande, com água até quase transbordar. Consegui, depois de muito esforço colocar a trouxa de roupa dentro, sentei em cima. Tentei me divertir, meio sem jeito, afinal não era minha especialidade ser arteira. Que tristeza! Não levou muito tempo para minha mãe chegar. E eu jamais poderia ter imaginado um resultado tão dramático.

A reação dela me deixou com sentimento de culpa por muitos anos. Eu teria, sem dúvida, preferido que ela me desse uma surra. Certamente seria menos doloroso. Alguns minutos depois, a dor passaria e eu não teria do que me culpar, teria pago um bom preço pelo meu crime, mas não foi o que aconteceu. Ela ficou alguns segundos parada, olhando fixa para toda aquela roupa molhada, como se não tivesse acreditando no que via.

Ela havia planejado começar a lavar as roupas no dia seguinte, pela manhã, e um pouco a cada dia. Mas foi obrigada a lavar tudo, naquela mesma tarde, até à noite, para evitar que mofasse toda a roupa. Minha mãe havia chegado cansada e, por causa de um ensaio de travessura sem criatividade e muito malsucedido, ela ficou até bem tarde trabalhando. Ela não disse uma só palavra, mas sua expressão de tristeza e decepção me feriu o coração por anos. Levei muito tempo para me perdoar.

Eu culpei-me pelo que fiz, enquanto Marina culpava-se pelo que não fez. Enfim, pecamos e nos arrependemos por atos e omissões. Em muitas situações é difícil ter a garantia de que escolha nos traria menos dor. No caso de Marina, não foi apenas a perda da brincadeira, mas a dupla mensagem, pois a obrigou a acreditar não somente nos argumentos da mãe, como nos que construiu para si mesma.

Muitas vezes cometemos esse erro com nossos filhos. Tentamos convencê-los de algo que sabemos não ser verdade. Passamos uma mensagem com as palavras e outra com nossas ações. Nossa fala diz uma coisa, nossa expressão corporal diz outra.

Quando nos veem tristes, com raiva ou nervosos, eles nos perguntam o que está acontecendo. Para poupá-los de preocupações desnecessárias, ou a nós mesmos de termos de dar explicações, dizemos o que os homens respondem às mulheres quando elas fazem a mesma pergunta: "Nada não". Essa resposta diz que o outro está percebendo errado. A mulher sente como se estivesse sendo chamada de idiota, afinal, está estampado no rosto dele que não é o que está dizendo. As crianças, pelo mesmo motivo, ficam confusas. Se acreditam nos pais, terão de desacreditar em suas percepções. Se acreditam que estão certas, podem imaginar coisas piores do

RESSIGNIFICAR O PASSADO

que realmente está acontecendo. Afinal, se os pais precisam esconder, então é algo ruim.

Criamos uma situação conflitante e enlouquecedora para a criança, pensando ser a melhor saída. A verdade é sempre a opção mais saudável, mesmo que tenhamos de poupar a criança de alguns detalhes.

Voltando ao caso de Marina, ela disse que sempre pensou que, quando tivesse seus filhos, jamais os deixaria brincar na terra, mas somente agora entende o motivo. Ela sentia como se estivesse em dívida consigo mesma por ter desistido de algo importante. No íntimo, via como uma grande perda o fato de não ter tido sua oportunidade de brincar no barranco. Sem perceber, ela pretendia tirar dos filhos o mesmo que lhe foi tirado.

Porém, hoje, creio que esse sentimento não é mais o mesmo e que a decisão de Marina. Não apenas por ela ter entendido melhor o que se passou, mas por perceber que, na realidade, ela não havia desistido totalmente de sua brincadeira. Ela compreendeu isso de forma clara e emocionada, em um momento impactante do nosso encontro, quando pedi que refletisse sobre a profissão que escolheu. Marina é arqueóloga. A verdade é que ela jamais abriu mão de seu barranco e de se sujar na terra. Apenas adiou, por alguns anos, até encontrar uma forma de legitimar sua brincadeira. Ela nunca havia refletido sobre sua escolha profissional por esse ângulo, e essa percepção a deixou radiante. Foi como se tivesse feito as pazes com seu passado. A dívida já estava paga.

Nesse momento, lembrou-se com satisfação do tempo de faculdade, quando voltava de algum trabalho de escavação e trazia para casa as roupas imundas de barro. Sua mãe as lavava com muito orgulho. Agora, ela já podia ocupar-se com as roupas da filha com alegria e sem sacrifício. Marina percebeu que não devia mais nada a si mesma. E seus filhos certamente não serão mais impedidos de brincar na terra.

Nossas escolhas de hoje guardam valiosos segredos do passado.

AS MESMAS ESTRATÉGIAS DO PASSADO

"O passado não reconhece seu lugar: está sempre presente" (Mário Quintana).

A maneira de ser e de agir, muitas vezes, tem como motivação a busca de aprovação, aceitação e amor. Desde criança, buscamos ser amados e aceitos. Olhamos para os que estão à nosso volta em busca de uma confirmação sobre como agradamos por meio de sinais que nos indiquem o que podemos fazer para sermos reconhecidos e valorizados.

Toda criança deveria receber amor gratuitamente, ser querida e apreciada do jeito que é, ser corrigida e disciplinada, mas de forma a sentir que seus erros não ameaçam o amor de seus pais. Dessa forma, ela entenderia que poderia ser ela mesma. Perceberia que é importante e especial, independentemente de como se comporta. O resultado seria segurança, confiança e consciência do valor próprio.

Infelizmente, na maioria das vezes, a experiência é diferente. A criança precisa lutar para conquistar amor e aceitação. Precisa encontrar estratégias para ser percebida e valorizada. Precisa pagar um preço para receber o reconhecimento que deveria ser gratuito.

RESSIGNIFICAR O PASSADO

Algumas crianças descobrem que uma dessas estratégias é a enfermidade. Aprendem que precisam adoecer para receberem atenção, amor e carinho — uma lição ensinada pelos próprios pais, sem perceberem, pois só demonstram que se importam com os filhos, só encontram um tempo disponível para lhes dar atenção, quando estes são acometidos de alguma enfermidade. Seus compromissos e responsabilidades são sempre o impedimento para um relacionamento mais próximo. No entanto, se os filhos adoecem, eles são obrigados a encontrar esse tempo. A criança descobre, então, que a doença traz um ganho, uma recompensa muito valiosa. Adoecer traz os pais para perto. Carente, utiliza-se desse meio para receber o afeto que deseja. Essa estratégia pode ser utilizada por toda a vida. Essa mesma criança depois de adulta continua usando esse recurso como forma de obter atenção, tornando-se aquele tipo de pessoa que está sempre reclamando de alguma dor e queixando-se de algum tipo de doença. Ela ainda acredita que por meio do sofrimento conseguirá fazer com alguém se preocupe com ela.

Outras crianças só têm os olhos dos pais sobre elas quando fazem algo de errado. Ocupados, esses pais só conseguem estar presentes para brigar, chamar à atenção, colocar de castigo, aplicar uma punição. Essas crianças entendem que se forem boas e comportadas, se não derem nenhum tipo de trabalho, serão esquecidas. Para terem os pais envolvidos com elas, precisam provocar sua atenção, cometendo erros. Se especializam em contravenção e, quando adultos, muitas vezes continuam a percorrer o mesmo caminho.

Outras descobrem que são apreciadas por serem boazinhas. São as que recebem elogios, carinho e declaração de amor quando são prestativas, quando fazem o que agrada aos outros. Elas são reconhecidas pelos serviços prestados, por estarem sempre prontas para fazer o que mandam, por atender às necessidades de alguém. Elas entendem que são amadas por serem ajudadoras. Quando adultas, continuam agindo da mesma forma, procurando fazer tudo, para todos, na maior parte do tempo. Assim, mantêm o lugar conquistado.

Se perguntarmos a nós mesmos o que fizemos quando criança para nos sentirmos importantes, é possível que venhamos a perceber que ainda usamos estratégias parecidas.

Dina tinha 45 anos, e Tom, seu irmão, 43. Eu os conheci quando fui realizar um seminário na cidade onde eles moravam. Ela era casada com um empresário muito bem-sucedido, tinha dois filhos e não trabalhava. Vivia em função de cuidar da aparência. Passava horas do dia na academia e já havia realizado várias cirurgias plásticas, apesar de não ter idade para tanto. Era uma mulher extremamente ansiosa, cujo principal objetivo parecia ser sua luta para impedir a ação do tempo em seu corpo. Dina tinha verdadeiro pavor de envelhecer e perder a beleza. Fez tantas mudanças desnecessárias em seu rosto que já estava se tornando estranha. Tom, seu irmão, também era um empresário bem-sucedido no ramo de construção civil. Um homem também muito ansioso, que não se via fazendo outra coisa na vida a não ser trabalhar. Férias era uma palavra que ele não podia ouvir. O máximo que conseguia fazer era tirar uma semana de folga para ficar com a família, no fim do ano, incluindo Natal e Ano Novo. Mais do que isso, era exigir demais. Todo o tempo fora do trabalho lhe causava sofrimento. A esposa e os filhos tiveram de se acostumar a viajar e se divertirem sozinhos. Eles tinham uma ótima condição financeira, porém não usufruíam juntos dos melhores momentos, o que impedia que esses momentos fossem tão bons quanto poderiam ser.

Dina, irmã de Tom, foi uma criança muito linda, de olhos claros, cabelos compridos e admirada por todos. Era considerada a princesa da família. Quando criança, não havia um único dia em que ela não ouvia comentários a respeito do quanto ela era linda. Os pais se mostravam muito orgulhosos e Dina cresceu acreditando que seu valor estava em sua aparência. Entendeu que o motivo de ser tão amada e querida era sua encantadora beleza.

Sua preocupação com o físico começou desde muito cedo, tirando-lhe a atenção de outras áreas de sua vida. Não levou os estudos a sério, nem se dedicou a uma profissão. Não descobriu nenhum talento, nenhuma habilidade, nada que despertasse seu interesse. Envolvia-se apenas com estética, que se tornou a razão da sua vida. Com o tempo, Dina foi tornando-se cada vez mais obcecada por cuidar da aparência com intuito de manter o reconhecimento, o olhar admirador das pessoas.

Tom, quando criança, percebia que todas as atenções da família se voltavam para a irmã. E ele sabia que não podia competir com ela, pelo menos na mesma área. Era um menino meio franzino e, com toda a certeza, jamais seria elogiado por algum atributo físico, principalmente se comparado à beleza estonteante de Dina.

Contudo, beleza não era o único caminho para o reconhecimento, e Tom descobriu isso bem cedo. Encontrou no estudo seu jeito de chamar a atenção, de ser notado. Foi tornando-se um aluno cada vez mais aplicado e sua dedicação trouxe o seu lugar de destaque. Era elogiado por ter as notas mais elevadas da classe e por estudar sem que ninguém precisasse cobrar. Sua responsabilidade sempre foi reconhecida.

Quando começou a trabalhar, bem antes de se formar, a admiração aumentou. Além de inteligente e responsável, era produtivo. A expectativa de todos era de que ele seria muito bem-sucedido. Quando criança, em épocas de provas, ele trocava a brincadeira pelos livros sem nenhuma dificuldade, assim como hoje troca as férias por trabalho. A disposição pelo estudo foi substituída pela dedicação aos negócios.

Hoje, ele teme que o seu descanso seja entendido como comodismo ou preguiça e, com isso, ele perca o prestígio, o lugar de respeito que conquistou como o responsável da família. Ele aprendeu que seu valor estava no seu empenho, no que produzia e nos resultados que apresentava.

Não podemos negar o lado bom dessa história, afinal, Tom é realmente um homem de sucesso. Ou seja, sua luta por reconhecimento o levou a um patamar de destaque. No entanto, não podemos afirmar que ele seja um homem feliz e realizado. Afinal, sucesso não pode ser definido apenas por conquista profissional e prosperidade financeira.

Tom e sua irmã não entenderam que são importantes pelo simples fato de serem eles mesmos. Por meios diferentes, são impulsionados pelas mesmas motivações da infância. Continuam buscando aprovação e reconhecimento, usando estratégias semelhantes às do passado.

Talvez um dia percebam que perderam muito mais do que ganharam, devido à interpretação equivocada da infância. Espero que essa percepção chegue a tempo de evitarem-se mais perdas.

RESSIGNIFICAR O PASSADO

Uma criança precisa sentir-se amada, aceita, valorizada e reconhecida por ser quem é, independentemente de dotes físicos ou talentos. É natural que a beleza física seja elogiada, que a competência e a dedicação aos estudos mereça reconhecimento. É importante que os feitos de uma criança sejam admirados e aprovados. Contudo, quando ela entende que seu valor pessoal reside apenas em algumas características ou talentos, e que ela precisa esforçar-se para ser amada, o que era para ser bom pode se tornar uma prisão. E as consequências negativas podem se estender para todas as áreas de sua vida, inclusive para a área espiritual.

Uma pessoa que aprendeu que o amor não é gratuito, que há um preço a pagar para ser aceito e valorizado, tem seu relacionamento com Deus prejudicado. Terá dificuldades para receber o amor incondicional de Deus e de usufruir da sua graça e misericórdia. Ela se punirá ao invés de receber o perdão gratuito. Cobrará de si além do que deveria em vez de confiar no Senhor. Seu foco estará no esforço próprio, mais do que no poder de Deus. Em seus recursos mais do que no que Deus pode fazer.

O amor verdadeiro é como o de Jesus: gratuito e incondicional.

CASADOS COM O PASSADO

O foco principal de um casal, na maioria das vezes, são os planos para o futuro. A estabilidade, o estudo dos filhos, os sonhos e projetos. O futuro é a motivação principal. A expectativa, geralmente, é de que a felicidade esteja lá na frente, nos planos realizados. Algumas vezes, esse futuro chega como foi

165

planejado: os sonhos se realizam, os projetos se concretizam. Porém, a felicidade nem sempre vem junto. Às vezes, a frustração insiste em permanecer, apesar das conquistas.

Não são raras as histórias de casais que se unem nas dificuldades. Eles trabalham juntos para a construção daquela casa maravilhosa, porém, depois de construída, não vivem nela por muito tempo. Ou vivem, porém sem mais entusiamo.

Alguns optam por mudanças radicais: novas conquistas, novos planos e caminhos. A esperança se renova na expectativa de que, com outra pessoa, tudo será perfeito. Porém, não há garantias de que o resultado seja diferente. Novos começos podem gerar novos impasses, caso o motivo real do fracasso permaneça oculto. Nem sempre a origem da frustração está na escolha da pessoa ou nos planos mal traçados, mas no desconhecimento das expectativas passadas.

Muitos relacionamentos são desfeitos porque se chega à conclusão de que os sonhos não se harmonizam. Os caminhos não se convergem. Não é mais possível andar na mesma direção. No entanto, esse desacordo não é consequência de uma incompatibilidade entre o casal ou de uma falta de concordância em relação aos planos futuros. Os motivos estão lá atrás, anteriores ao encontro daquelas duas pessoas.

Entramos em um relacionamento cheios de expectativas, conscientes ou inconscientes. Uns sonham em viverem em seu novo lar o que nunca viveram em sua família de origem. Mulheres desejam que seus maridos sejam o pai que elas não tiveram. Esperam formar a família idealizada, diferente das suas. Outros querem construir uma história parecida. Esperam dar continuidade ao que já viviam. Mulheres querem um homem protetor como seu pai. Homens esperam

RESSIGNIFICAR O PASSADO

uma esposa como sua mãe para continuarem sendo cuidados como sempre foram. Dependendo das experiências que passaram em suas próprias famílias, cada um busca na pessoa escolhida alguém igual ou diferente daquelas com quem se relacionaram na infância. Alguém que dê sequência à vida que sempre tiveram ou que lhe ofereçam o oposto. Uns esperam continuidade, outros desejam passar a vida a limpo.

De uma forma ou de outra, podem estar olhando para o relacionamento presente com as lentes do passado. Quando essas expectativas são veladas, as consequências podem ser intermináveis conflitos.

Liza buscou ajuda para terminar seu relacionamento. Ela era casada com Víctor e tinha um filha de cinco anos na época. Ela queria coragem para divorciar-se do marido. Sabia que seria uma decisão difícil porque o amava muito, porém acreditava que jamais seria feliz com ele. Sua queixa era de não ser percebida, de que o marido não se importava com sua vida, seus sentimentos, seus planos. Sentia-se uma mulher frustrada e sem atenção. Todos as noites, quando ele chegava do trabalho, já bem tarde, ela esperava que ele perguntasse como havia sido seu dia ou como se sentia. No entanto, mal ela começava a falar, ele já estava dormindo. Ela sentia-se desvalorizada, sem nenhuma importância para ele. Durante os sete anos de casados, queixou-se e esperou que ele mudasse. Agora, esperava apenas que eu a ajudasse a colocar um fim nessa história de frustração.

Eu lhe disse que, para tentar ajudá-la, eu precisava primeiro conhecer seu marido. Depois que ela me contou toda a sua versão da história, combinamos que, na semana seguinte, ele viria junto com ela. E assim foi feito.

167

Uma semana depois, lá estavam eles. Quando perguntei o que ele poderia me dizer sobre o que estava acontecendo entre eles, ele respondeu mais ou menos o mesmo que ela já havia dito. Por motivos diferentes, ele também estava bastante magoado e frustrado com seu casamento. Ele contou que amava muito sua esposa, mas concordava com a separação porque também não estava feliz. Contou que trabalhava até tarde todos os dias, incansavelmente, para que nada lhe faltasse, para fazer tudo o que acreditava que iria agradá-la. No entanto, não era reconhecido. Havia construído uma casa muito confortável, com tudo o que ela gostava. Quando percebia que ela queria algo, ele comprava-lhe antes que ela pedisse. Vivia para fazer a família feliz e, mesmo assim, só ouvia queixas. Por mais que se esforçasse, ela nunca estava satisfeita.

Bem, eu me vi diante de duas pessoas infelizes por estarem juntas, que se diziam decididas a romper o casamento, contudo, tristes pelo desfecho daquela história. Estava claro, não apenas em suas palavras, mas nos olhos de cada um, que eles se amavam. O problema não era a ausência de sentimento, mas de conhecimento. Era como se cada um falasse um idioma diferente. Um não sabia o que o outro estava pedindo, mas não tinham consciência de que não sabiam.

A verdade é que eles não se compreendiam porque não se conheciam, pelo menos não o bastante para entender o que cada um precisava. Estavam juntos há sete anos e, certamente, sabiam muito a respeito um do outro. No entanto, havia uma parte importante que me pareceu que eles desconheciam: o passado, a história de vida e as expectativas de cada um.

RESSIGNIFICAR O PASSADO

Essa é uma parte que nem todos os que se apaixonam procuram conhecer. É como se a felicidade dependesse apenas do desejo de ambos de fazer dar certo. Como se essa nova história pudesse ser construída a partir do presente, do momento em que se conhecem, em direção ao futuro, sem interferência do passado. Principalmente quando não há nenhum motivo para desejar que este passado faça parte dessa nova história. Assim, as pessoas não procuram conhecer umas às outras nem se fazerem conhecidas. E era dessa maneira que aquele casal estava vivendo.

Pedi, então, que cada um me contasse um pouco sobre sua história pessoal, sua família de origem, sua infância, seus pais. Os dois, a princípio, não viram muito sentido em meu pedido. Esperavam algum conselho sobre o que deveriam fazer para minimizar a dor da separação e terminar aquele casamento, sem muito sofrimento para ambos. Contudo, atenderam ao meu pedido.

Resumindo a história: ela passou toda a sua infância e adolescência esperando que o pai percebesse sua presença, perguntasse como ela estava na escola, quem eram seus amigos, namorados, para onde ela ia, que horas pretendia chegar, enfim. Essas coisas que crianças e adolescentes acham uma chatice, chamam de perseguição e controle exagerado, mas sentem falta quando não acontece. E Liza sentiu muita falta disso. Seu pai era alcoólatra e chegava bêbado em casa todos os dias, de maneira que não percebia sua presença. Não importava a hora que ela chegasse nem com quem. Ele nunca questionava. Se ela era boa aluna ou não, parecia não fazer diferença. Ela sentia-se invisível aos olhos dele.

Por muitos anos, ela alimentou a esperança de ver mudança no pai. Ansiava pelo dia em que ele decidisse renunciar ao vício por amor a ela. Um dia que nunca chegou. Quando jovem, passou a sonhar com um casamento diferente do de seus pais, com uma família diferente da sua e, principalmente, com um marido que lhe desse a atenção que seu pai jamais foi capaz de lhe dar.

Enquanto Liza, emocionada, contava sua história, Víctor, atento, não tirava os olhos dela. Era como se fosse a primeira vez que ele a ouvia falar daquela forma. Talvez, ele até conhecesse um pouco sobre aqueles fatos, mas não sobre os seus sentimentos, desejos e frustrações, com a clareza com que estavam sendo expostos naquele momento. Na realidade, nem mesmo ela havia se dado conta até então. A revelação mexeu com ambos e não foi diferente quando pedi que ele também contasse sua história — um relato que ela ouviu com a mesma atenção e emoção.

Ele veio de uma família muito pobre. Sua mãe, abandonada pelo seu pai, criou sozinha e com muita dificuldade os cinco filhos. Devido à condição financeira tão precária, sua família passou por muitas humilhações. Faltava o básico. Não foram raros os dias em que não tinham o que comer e dependiam da ajuda de outras pessoas. As privações e a carência de tudo foi certamente marcante e doloroso, assim como a dor de ser humilhado e de ver sua mãe e seus irmãos também o serem por conta disso.

Como ele era o primeiro dos irmãos, começou a trabalhar bem cedo, com oito anos de idade, para ajudar a mãe. Não se lembra de ter tido infância. Depois que voltava da escola, deixava os cadernos em casa e ia para o mercadinho que ficava no final da rua, onde trabalhava até às seis horas da tarde. Lá de dentro, ele podia ver as outras crianças passeando de

RESSIGNIFICAR O PASSADO

bicicleta, jogando bola de gude e outras brincadeiras que, certamente, chamam a atenção de qualquer menino da sua idade. No entanto, ele tinha outras prioridades. Mesmo tão novo, havia decidido trabalhar e se dedicar não somente para ajudar sua mãe a criar seus irmãos, mas para que a família que ele um dia viesse a construir jamais passasse por privações ou humilhações.

Até onde ele podia perceber, seus objetivos estavam sendo alcançados. Era um excelente profissional, dono do próprio negócio e dedicava todo o seu tempo a dar o melhor para sua mulher e sua filha, além de continuar ajudando a sua mãe. Era dessa forma que ele sentia estar protegendo-as de privações e humilhações.

Liza desejava ser reconhecida. Víctor desejava proteger a família.

Liza e Víctor tinham, cada um, suas próprias expectativas, baseadas em suas experiências de infância, mas não tinham a consciência clara a respeito delas, de suas próprias e, muito menos, das do outro. Foi a primeira vez que eles falaram tão profundamente sobre suas dores, suas frustrações e sobre as marcas deixadas pelas experiências vividas.

Os dois saíram do consultório muito emocionados e nunca mais retornaram. Fiquei sem saber o desfecho daquela história até reencontrar Liza, três anos depois, participando de um dos seminários que realizei na empresa em que ela trabalhava. Ela me disse que a família estava muito bem e que depois daquela tarde nunca mais falaram em separação. Eles aprenderam a ser felizes juntos depois que descobriram o que era importante para cada um.

Muitas vezes nos esforçamos para fazer outra pessoa feliz tentando dar a ela o que acreditamos ser o melhor. No entanto, nem sempre o nosso melhor é o que o outro espera receber. Quando queremos escolher um presente de aniversário para alguém, pensamos no aniversariante. Se queremos agradá-lo, devemos comprar o que combina com o estilo dele, não com o nosso. E quanto mais o conhecemos, mais chance temos de acertar na escolha do presente.

Muitos relacionamentos terminam não por falta de vontade ou de bons sentimentos, mas por falta de conhecimento mais profundo um do outro.

Eu gosto muito de planta, de preferência essas que podemos cultivar dentro de um apartamento. Ganhei algumas de presente em palestras que fiz. No entanto, por mais que eu goste delas, não consegui fazer com que elas vivessem por muito tempo.

Um dia, recebi uma planta especialmente linda e decidi fazer de tudo para conservá-la o maior tempo possível. Todos os dias eu a regava com um copo d'água e a colocava na janela para tomar sol. Minha dedicação me levava a crer que estava fazendo o melhor por ela e que, por isso, ela viveria por muito tempo. Mas me enganei. Com uma semana ela já estava morta. Fiquei frustrada. Liguei para a amiga que havia me presenteado contando o que houve. Perguntei o que ela achava que eu havia feito de errado. Ela disse que eu fui dedicada, porém meus cuidados foram indevidos. Com todo o meu carinho, eu havia matado a plantinha afogada. Aquela espécie só gostava de água uma vez por semana. Eu estava realmente decidida a cuidar dela. Meu erro foi não procurar saber do que ela precisava, de como ela gostaria de ser cuidada.

É impossível estabelecer uma relação sólida e profunda vivendo superficialmente. Quando não nos dispomos a

RESSIGNIFICAR O PASSADO

conhecer e nos deixar conhecer, torna-se inviável tornar sólido qualquer relacionamento. Quando decidimos caminhar juntamente com alguém, quando escolhemos a pessoa com quem queremos compartilhar nossa vida, não basta definir para onde ir, aonde queremos chegar ou qual o melhor percurso a seguir. É preciso conhecer também o caminho percorrido por cada um, antes de se encontrarem.

Infelizmente não percebemos a importância de buscar esse conhecimento a respeito do outro nem de revelar ao outro informação a nosso respeito. É verdade que não temos consciência de muitas coisas a respeito de nós mesmos. Há muito sobre nós que precisa ser desvendado por nós. No entanto, há informações conhecidas que nos negamos fornecer. Conscientemente ocultamos do outro sentimentos, desejos e expectativas por acreditar que, se o outro se importa conosco, deveria perceber, ou melhor dizendo, adivinhar.

Um rapaz casado há cinco anos não conseguia compreender a razão de sua esposa ficar triste sempre em datas especiais, como o dia do seu aniversário, Natal e aniversário de casamento. Ele percebia que, na semana que antecedia essas datas, ela ficava bem apreensiva. No dia exato dessas comemorações, estava triste e, por algumas semanas posteriores, visivelmente irritada. Por mais que ele insistisse para saber o motivo, ela não o revelava para ele.

No quinto aniversário de seu casamento, ele decidiu que faria dar certo. Essa data seria diferente. Ele planejou tudo nos mínimos detalhes para garantir que tudo fosse perfeito. Comprou para ela um vestido muito elegante. Levou-a para jantar em um restaurante belíssimo. Providenciou com antecedência para que, assim que eles chegassem, fosse tocada a música de quando eles se conheceram. Além disso, deu-lhe um presente que acreditava ser muito especial: um perfume caríssimo, que há muito tempo ela dizia sonhar ter.

A expectativa era grande, e ele estava certo de que, dessa vez, ela ficaria muito feliz. Não havia motivos para não ficar. Ele fez tudo que sabia que ela gostava. No entanto, ao lhe dar o presente, a reação dela foi como de todas as outras vezes. Ela ficou triste e decepcionada.

Profundamente aborrecido, e com toda razão, ele decidiu que o mistério teria de acabar ali e naquele momento. Disse que eles não sairiam daquela mesa até que ela explicasse o motivo para tanta decepção durante todo esse tempo que estavam juntos.

No início, ela foi muito resistente, mas a persistência dele foi maior e ela acabou confessando. Ela disse que todas as suas amigas já haviam recebido de presente do marido um anel de brilhante em uma dessas datas comemorativas. Somente ela ainda não havia recebido. Chocado com a revelação, ele pediu desculpas por não saber e procurou falar pouco. Entendeu que dessa forma seria mais sensato e evitaria um transtorno maior. Tentou aproveitar a noite na medida do possível, afinal, o investimento tinha sido alto.

No dia seguinte, depois do trabalho, ele foi para casa animado, com o presente tão almejado: o anel de brilhante que ela tanto desejava. Ele esperava não somente ter resolvido um grande e antigo problema, como ver, enfim, sua esposa radiante. No entanto, não é tão simples assim agradar uma mulher. Ela recebeu o anel, sem o mínimo entusiasmo e disse:

— Agora não tem mais graça... Eu tive de pedir...

RESSIGNIFICAR O PASSADO

Quem mandou o sujeito se casar sem antes ter comprado uma bola de cristal? O homem, para entender uma mulher, precisa, além de outras coisas, ser profeta, ter o dom de adivinhação e ser capaz de ler a mente. Tão simples! Não entendo porque os homens reclamam tanto!

Na realidade, homens e mulheres querem ser compreendidos sem se darem a conhecer. Pensamos que, se o outro se importa conosco, saberá o que sentimos e o que pensamos. Essa é uma ilusão que tem construído verdadeiros abismos nos relacionamentos.

O distanciamento, a falta de comunicação e o silêncio indevido têm sido responsáveis por muitas divisões. As pessoas não procuram conhecer a si mesmas nem ao outro profundamente. Muito menos se fazem conhecidas. Geralmente nos fechamos e escondemos para proteger a nós mesmos, para nos sentirmos menos vulneráveis. Contudo, o resultado disso nos traz muito mais sofrimento do que se tivéssemos coragem de nos revelar mais ao outro.

Homens e mulheres escondem o que sentem. Não constroem o hábito de expor os sentimentos, revelar seus desconfortos, falar do que os incomoda à medida que as situações acontecem. Guardam opiniões e escondem frustrações até não poderem mais suportar.

Muitas pessoas têm explosões de raiva por motivos aparentemente pequenos, porque já vêm suportando suas insatisfações caladas, por muito tempo, até chegarem ao limite. Se aborrecem com o comportamento do outro, mas não revelam. Acumulam, em silêncio, uma raiva hoje, outra amanhã, até que se tornem uma grande mágoa, uma profunda decepção. Negam a si e ao outro a oportunidade de entendimento e de conserto.

175

REVENDO CAMINHOS

O insatisfeito silencioso acha que o outro deveria saber que está agindo errado, por isso não diz nada. Sente-se ferido e entende que o outro deveria saber que o feriu. Quando seu limite é ultrapassado e o tanque de raiva transborda, a explosão é certa. Muitas vezes, o estopim é um motivo aparentemente insignificante. Nesse estágio, já não há mais equilíbrio para um diálogo, para uma conversa civilizada. Os dois se armam para o ataque e para a defesa. As palavras, agora, não são utilizadas para estabelecer uma conexão, mas para ferir. Enquanto um está falando, o outro está pensando no melhor argumento para derrubar o primeiro. Não é uma conversa, mas sim uma batalha. O objetivo não é acordo, mas vingança.

O desfecho da história poderia ser totalmente diferente se o primeiro motivo de insatisfação fosse revelado; a raiva ainda não estaria fora de controle e as palavras teriam a finalidade de criar pontes em vez de abismos.

Muitas vezes, as pessoas já iniciam um relacionamento com o tanque de raiva no limite. Os verdadeiros motivos que o encheram estão perdidos em um tempo tão distante que se torna difícil fazer uma conexão com o fato atual. Uma situação qualquer representa apenas o gatilho, a alavanca que retirou a tampa do tanque, que já estava a ponto de transbordar, por isso a explosão e o descontrole parecem desproporcionais ao motivo atual.

Algumas pessoas se esforçam muito para manter um relacionamento pacífico quando se casam com alguém assim, irritado, que perde o controle facilmente. Elas procuram ter o máximo de cuidado para não provocar a ira do outro. Vivem dentro de casa como se estivessem atravessando um campo minado.

176

RESSIGNIFICAR O PASSADO

No entanto, por mais atentas que estejam, não conseguem evitar os transtornos. As brigas são constantes e surgem do nada. Depois que passa a confusão, elas refletem, pensam e repensam a cena com intuito de descobrirem onde erraram. Esforçam-se para encontrar o vacilo, perceber o passo em falso que deram. O que elas não sabem é que não são as responsáveis. Independentemente do que façam, não é possível manter a paz no relacionamento com pessoas que trazem seus tanques de raiva cheios há muito tempo.

Não adianta tentar ser perfeito com pessoas assim, porque elas estão sempre no limite. Vão transbordar a qualquer momento e, para isso, não é necessário que haja um motivo real. Se não houver motivo, o irritado inventa um ou aproveita o mais insignificante que surgir. Eles conseguem fazer com que um grão de areia tenha o peso de uma montanha.

Uma palavra, ou a ausência dela, um movimento, ou a falta dele, não importa. A raiva precisa ser jogada para fora, e essas pessoas encontram uma forma, um motivo e alguém para culparem. Portanto, a solução não está na tentativa exaustiva de manter a paz, de evitar confusão, mas na cura do problema real, ou seja, no entendimento da raiz dessa raiva, por parte de quem as guarda, do motivo gerado, muito tempo antes de o casal ter se conhecido.

Em alguns casos, o problema não está somente naquele que é irritado ou controlador, mas na pessoa que se sente acuada e amedrontada.

Joana tem 58 anos e há 35 está casada com Nelson. Há poucos meses, foi diagnosticada com início de depressão. As filhas, preocupadas, não conseguiam compreender o motivo. Não havia nenhum fato, perda ou mudança que pudesse ter desencadeado o problema. A única novidade era a aposentadoria do pai, que para elas foi vista como algo bom. No entanto, para sua mãe, foi o caos.

Nelson sempre foi controlador, autoritário e crítico. O que ele decidia não podia ser questionado. A casa tinha que funcionar de acordo com a vontade dele. A opinião da esposa e das filhas nunca era levada em conta.

A vida com ele nunca foi fácil, porém, antes da aposentadoria era possível suportar. Ele trabalhava embarcado em uma plataforma de petróleo, ficando metade do mês em casa e a outra metade no mar. Na quinzena em que ele estava em casa, Joana vivia sufocada por inúmeras exigências, cobranças e reclamações. Era um tempo de tensão e aborrecimento, ao qual ela conseguia sobreviver porque pensava que, em poucos dias, ele iria embora novamente. Quando ele saía, ela podia respirar livremente e viver sossegada. O que lhe dava força para viver com o marido era a expectativa dos dias em que estaria longe dele.

Quando ele se aposentou, a história mudou. Sufocada, cansada e sem esperança de dias melhores, ela foi perdendo a motivação para viver.

Joana sofria como se fosse vítima passiva de seu marido, como se não houvesse nada que pudesse fazer para mudar a situação. Foi um sentimento gerado no relacionamento com seu pai, durante sua infância e adolescência.

O pai de Joana era muito parecido com seu marido. Agia como se fosse o comandante da casa. Ninguém opinava nem podia confrontá-lo. Quando isso acontecia, as consequências eram trágicas. Por várias vezes Joana viu seus irmãos serem espancados por seu pai por motivos insignificantes. Por medo

RESSIGNIFICAR O PASSADO

da agressão, ela aprendeu a nunca discordar, a fazer tudo de acordo com o que o pai desejava.

Joana saiu da depressão quando compreendeu que podia responder diferente. Que o problema não estava somente no autoritarismo de seu marido, mas no seu medo infantil. No sentimento de impotência que trazia do relacionamento com seu pai.

Certamente são muitas as dificuldades que sempre surgirão em qualquer relacionamento. Conflitos ocorrerão durante toda a vida entre aqueles que decidiram compartilhar e construir juntos uma história. No entanto, muitos desses conflitos têm suas raízes plantadas em um tempo muito anterior ao encontro dos dois.

Se é difícil lidar com situações cujas causas são aparentes e atuais, muito mais difícil é lidar com aquelas cujas raízes são antigas e estão ocultas.

MENTE PRESA AO PASSADO NÃO PERCEBE BÊNÇÃOS NO FUTURO

Como vimos até aqui, evitar o passado nos mantém presos a ele, causando mais sofrimento no presente e impedindo o caminho em direção ao futuro. Mentes aprisionadas ao passado não conseguem perceber as bênçãos e as promessas em relação ao futuro.

Deus enviou Moisés para libertar o povo de Israel e conduzi-los a uma nova terra que Ele havia prometido depois de uma história de 400 anos de escravidão. Até chegarem a essa terra, eles peregrinaram pelo deserto durante 40 anos, em um percurso que poderia ter levado 40 dias. Foi necessário todo esse tempo para que eles tivessem a oportunidade de mudar a visão, trocar a lente de um povo escravizado para a de um povo livre.

No entanto, 40 anos ainda não foi tempo suficiente. Eles tiveram os pés e as mãos livres dos grilhões do Egito, mas suas mentes permaneceram presas. Eles ainda enxergavam o mundo sob o ponto de vista de prisioneiros, não como um povo livre do medo e capaz de enxergar um futuro promissor. Por isso, não viram a promessa se cumprir.

Dos doze espias que foram enviados para analisarem a terra da promessa, dez olharam como escravizados. Viram gigantes, perigos e ameaças. Apenas dois deles, livres do passado, viram com esperança e enxergaram as possibilidades. Josué e Calebe não negaram a presença dos gigantes, mas realçaram os benefícios da terra. As vitórias e as experiências com Deus durante a travessia do deserto apagaram as marcas da escravidão, libertaram-os do passado e modificaram-lhes a visão.

O olhar do prisioneiro foca as limitações. O olhar do liberto foca as possibilidades.

MÁSCARAS QUE ENCOBREM A DOR DO PASSADO

> "O poeta é um fingidor, finge tão completamente que chega a fingir que é dor a dor que deveras sente" (Fernando Pessoa).

Não temos o hábito de refletir sobre nossas experiências, de pensar no que nos influenciou e nos fez como somos. Essa consciência não é parte de nosso cotidiano. O que fazemos é

RESSIGNIFICAR O PASSADO

tentar seguir em frente — algumas vezes justificando os fracassos, ocultando erros, encobrindo sentimentos indesejados, mascarando defeitos.

Todos nós desejamos ser aceitos, reconhecidos e amados, mas às vezes tememos que sendo nós mesmos, isso jamais aconteça. Então, aprendemos a confeccionar máscaras para garantirmos nossa aceitação. Com o tempo, tornamo-nos especialistas nessa arte. Adaptamo-nos tão bem a elas que nos esquecemos de que são máscaras. Esforçamo-nos tanto para convencer os outros de que somos aquilo que queremos que eles acreditem que, sem perceber, acreditamos também. Contamos uma mentira por tanto tempo, que ela se torna verdade para nós. E, quanto mais fingimos ser alguém que não somos, mais distantes ficamos de quem realmente somos.

Bárbara pediu ajuda para resolver alguns problemas no relacionamento com o marido. Casada há oito anos e com um casal de filhos, ela disse que não suportava mais as cobranças.

Bárbara era muito ansiosa e falava sem parar. Tentou me convencer de que estava muito bem com ela mesma. Só tinha problemas com o marido. Depois de relatar sobre seu desentendimento conjugal, pedi que me contasse um pouco sobre sua vida, antes de seu casamento e, assim que terminou a sessão, eu a convidei para participar de um grupo de vivências que eu estava organizando para o próximo final de semana com o objetivo de trabalhar questões relacionadas à autoestima.

Ela reagiu com um sorriso meio irônico, dizendo que o único problema que ela não tinha era de baixa autoestima. Segundo Bárbara, sua autoconfiança era tão elevada que, às vezes, pensava que o problema estava exatamente no excesso de autoestima. No entanto, depois de alguns encontros, ela reconheceu que seus problemas estavam diretamente ligados a essa questão.

Bárbara parecia uma pessoa elétrica. Tinha várias atividades. Sua agenda nunca tinha um espaço livre, e isso nunca foi um problema, ao contrário, orgulhava-se de levar uma vida muito dinâmica. Sentia-se importante por isso e andava sempre com um ar imponente. Realmente parecia uma pessoa muito segura de si, autoconfiante. O que ela não tinha consciência é que esse perfil não era totalmente autêntico, e sim uma estratégia para conquistar o respeito, o reconhecimento e a admiração das pessoas.

Ela queria acreditar que estava verdadeiramente bem consigo mesma, sem perceber que pagava um preço alto para esconder suas angústias. O desgaste de energia era grande para manter o ativismo e, assim, disfarçar a insatisfação. Era necessário uma intensa e constante atividade para sustentar seu personagem.

Bárbara temia se conhecer e ser autêntica por não confiar em si, por não acreditar que teria um bom resultado em ser ela mesma. Ela havia criado uma bela máscara, porque precisava encobrir o que pensava ser feio.

A mãe de Bárbara, seu espelho mais marcante, era uma pessoa exigente e crítica, que tinha o propósito de fazer da filha uma moça brilhante, perfeita, merecedora dos aplausos e elogios de todos. Para conquistar esse objetivo, realçava os mínimos erros da filha, em uma vigilância permanente. Jamais apontava ou reconhecia os acertos. A mãe de Bárbara era um espelho que só refletia as imperfeições. Era preciso

RESSIGNIFICAR O PASSADO

muita mudança para corresponder às expectativas dela, para tornar real a filha idealizada por ela. Bárbara cresceu aprendendo que precisava se empenhar muito para ser diferente, para agir corretamente. Quando cometia algum erro, tratava escondê-lo a sete chaves.

Sua busca pelo reconhecimento da mãe estendeu-se aos demais relacionamentos, de maneira que foi deixando-se levar para cada vez mais longe de si mesma e para mais perto do que acreditava que os outros gostariam que ela fosse. Ela já não sabia mais se suas escolhas eram baseadas em sua própria vontade ou na dos outros, no que queria fazer ou no que acreditava que as pessoas esperavam que ela fizesse. Ela se tornou refém das expectativas dos outros.

Bárbara realmente conseguia agradar muitas pessoas. Sua vida parecia um castelo perfeito, mas frágil, prestes a desmoronar. Era uma filha exemplar, uma profissional respeitada e uma mãe dedicada, mas não conseguia se entregar verdadeiramente a um relacionamento. Uma relação muito próxima ameaçava a sustentação de suas máscaras.

A convivência com o marido se tornava cada dia mais conflituosa, principalmente por ele ser muito parecido com sua mãe. Ele agia da mesma forma, reclamando, cobrando e criticando todo o tempo. Exigindo que Bárbara continuasse esforçando-se para ser melhor. Ela revivia com o marido as mesmas lutas que tinha com a mãe na infância. Esgotada, ela olhava para todas as direções, menos para dentro de si.

Contudo, conseguiu compreender algumas coisas que lhe deram coragem para abrir mão das máscaras e aliviar o peso. Entendeu que a imagem idealizada por sua mãe era inatingível. Por mais que se esforçasse, jamais chegaria perto.

REVENDO CAMINHOS

Continuar tentando só traria frustração e decepção. E ela não tinha que corresponder àquela imagem.

Percebeu que a visão negativa que tinha de si mesma estava baseada em uma interpretação equivocada. Que ser ela mesma não a desqualificava nem a faria alguém menos merecedora de amor, aceitação e reconhecimento. Percebeu o quanto as máscaras pesavam. Notou que abrir mão delas não significaria deixar de ser competente ou renunciar aos seus talentos. Eles eram realmente seus, e não uma fraude. Não desistiu de sua agenda de compromissos, mas aprendeu a equilibrá-la. Livrou-se do excesso de peso e de uma vida dirigida pela necessidade de corresponder à expectativa do outro. Sentiu-se mais livre para fazer suas escolhas pelos motivos certos.

As máscaras obstruem o caminho que nos levam ao conhecimento de quem verdadeiramente somos, ameaçando nossa integridade. Rejeitamos a nós mesmos para não sermos rejeitados pelos outros. Abrimos mão de ser o que somos para ser o que acreditamos que os outros querem que sejamos. Para evitar a infelicidade causada pela rejeição do outro, rejeitamos a nós mesmos, causando uma infelicidade ainda maior e um enorme sentimento de solidão.

Se não somos capazes de nos amar e nos aceitar, nem o amor de uma multidão será o bastante para nós. Quando nossos espelhos não refletem uma boa imagem, sentimos a necessidade de criar um novo rosto. Optamos pelo disfarce em lugar de um crescimento verdadeiro. As máscaras nos parecem uma estratégia mais fácil do que amadurecer, crescer, aprimorar e desenvolver. Infelizmente, o mais fácil tem sido a solução mais atraente. Não queremos construir.

RESSIGNIFICAR O PASSADO

Queremos encontrar pronto. Contudo, o fácil e rápido também podem se desfazer fácil e rapidamente.

O poema *Reverência ao destino* compara o fácil ao difícil de uma forma belíssima:

Falar é completamente fácil, quando se tem palavras em mente que expressem sua opinião.

Difícil é expressar por gestos e atitudes o que realmente queremos dizer, o quanto queremos dizer, antes que a pessoa se vá.

Fácil é julgar pessoas que estão sendo expostas pelas circunstâncias.

Difícil é encontrar e refletir sobre os seus erros, ou tentar fazer diferente algo que já fez muito errado.

Fácil é ser colega, fazer companhia a alguém, dizer o que ele deseja ouvir.

Difícil é ser amigo para todas as horas e dizer sempre a verdade quando for preciso. E com confiança no que diz.

Fácil é analisar a situação alheia e poder aconselhar sobre esta situação.

Difícil é vivenciar esta situação e saber o que fazer. Ou ter coragem pra fazer.

Fácil é demonstrar raiva e impaciência quando algo o deixa irritado.

Difícil é expressar o seu amor a alguém que realmente te conhece, te respeita e te entende. E é assim que perdemos pessoas especiais.

Fácil é mentir aos quatro ventos o que tentamos camuflar.

Difícil é mentir para o nosso coração.

Fácil é ver o que queremos enxergar.

Difícil é saber que nos iludimos com o que achávamos ter visto. Admitir que nos deixamos levar, mais uma vez, isso é difícil.

Fácil é dizer "oi" ou "como vai?".

Difícil é dizer "adeus". Principalmente quando somos culpados pela partida de alguém de nossas vidas...

Fácil é abraçar, apertar as mãos, beijar de olhos fechados.

Difícil é sentir a energia que é transmitida. Aquela que toma conta do corpo como uma corrente elétrica quando tocamos a pessoa certa.

Fácil é querer ser amado.

Difícil é amar completamente só. Amar de verdade, sem ter medo de viver, sem ter medo do depois. Amar e se entregar. E aprender a dar valor somente a quem te ama.

Fácil é ouvir a música que toca.

Difícil é ouvir a sua consciência. Acenando o tempo todo, mostrando nossas escolhas erradas.

Fácil é ditar regras.

Difícil é segui-las. Ter a noção exata de nossas próprias vidas ao invés de ter a noção da vida dos outros.

Fácil é perguntar o que se deseja saber.

Difícil é estar preparado para escutar esta resposta.
   Ou querer entender a resposta.

Fácil é chorar ou sorrir quando der vontade.

Difícil é sorrir com vontade de chorar ou chorar de rir, de alegria.

Fácil é dar um beijo.

Difícil é entregar a alma sinceramente, por inteiro.

Fácil é sair com várias pessoas ao longo da vida.

Difícil é entender que pouquíssimas delas vão te aceitar como você é e te fazer feliz por inteiro.

Fácil é ocupar um lugar na caderneta telefônica.

Difícil é ocupar o coração de alguém. Saber que se é realmente amado.

Fácil é sonhar todas as noites.

Difícil é lutar por um sonho.

Eterno, é tudo aquilo que dura uma fração de segundo, mas com tamanha intensidade, que se petrifica, e nenhuma força jamais o resgata.

A MÁSCARA DO PODER E DO SUCESSO

Escondemo-nos atrás de muitas máscaras. Mostramo-nos fortes para não revelarmos nossas fraquezas; independentes, para ocultarmos a insegurança; altivos, para encobrirmos o sentimento de menos-valia. Usamos disfarces como defesa e autoproteção, apesar de eles nos oferecerem um falso resultado, de serem incapazes de nos proporcionar verdadeira autoconfiança e amor-próprio.

Silvana é empresária, casada e mãe de uma menina. É uma mulher alta, elegante e com uma postura arrogante, prepotente e autoritária. Diz que não tem nenhuma dificuldade por ser bem-sucedida em tudo que se dispõe fazer. Sua força, determinação e coragem lhe dão a certeza de ter vencido todos os seus desafios.

É uma mulher capaz e talentosa, porém usa a arrogância como muralha para manter as pessoas a certa distância.

Ela foi uma criança rejeitada. Passou por humilhações e agressões com um pai ignorante e perverso. Além disso, um irmão mais velho também se sentia no direito de oprimi-la. Aos quatorze anos, saiu de casa com o firme propósito de jamais retornar. E assim ela fez.

Viveu um longo período de desafios. Conseguiu trabalho como doméstica, na casa de uma família, onde passou a morar. Trabalhava durante o dia e estudava à noite. Sua jornada foi realmente dura. Sem dúvida, foi uma criança forte para ter sobrevivido a tantas pressões e uma adolescente corajosa para sair de casa e cuidar da própria vida sozinha e tão cedo. Foi ousada por chegar aonde chegou.

No entanto, além de coragem e ousadia, Silvana também trazia na bagagem muito ódio e ressentimentos. Sua disposição para vencer tinha muitas motivações. Além da necessidade de sobrevivência e de muitos sonhos, havia o sentimento de vingança e o desejo de controle para evitar ser agredida e humilhada novamente.

É vista como uma mulher orgulhosa, que sente-se superior a qualquer pessoa. Porém, no íntimo, é alguém que procura manter seus medos e inseguranças fora do alcance de si mesma e de todos. Uma mulher em constante estado de alerta, que intimida para não ser intimidada.

Construiu uma poderosa blindagem à sua volta, o que prejudicou seus relacionamentos. Os muros que impedem alguém de entrar também impedem de sair. Se nos anestesiamos para não sentirmos a dor, também nos tornamos insensíveis ao prazer. O isolamento que nos protege da agressão também nos protege do afeto.

RESSIGNIFICAR O PASSADO

O sucesso profissional e financeiro é a máscara que esconde seus medos. Ela não acredita que precisa de ajuda. Nega-se a enfrentar um passado que está convicta de ter matado e enterrado naquela pequena e distante cidadezinha do interior. Por não acreditar nas pessoas, não tem coragem de desarmar-se, de abrir o coração e de amar sem reservas. Seu casamento está longe de ser o encontro de duas vidas que se entregam.

Ela vê as pessoas como inimigos em potencial e a vida como um campo de batalha, o que, sem dúvida, é um desgaste desnecessário, um desperdício de energia. Se toda essa força fosse usada para combater seu verdadeiro inimigo, ou seja, seus próprios temores, certamente ela seria mais feliz.

Silvana tem coragem para lutar, mas não para desarmar-se. É uma guerreira disposta a combater qualquer ameaça desde que esta venha de fora. Na aparência, é uma mulher determinada, disposta a tudo. No íntimo, é uma menina com medo de sua própria história. É ousada para sair do interior e ir para uma cidade grande, mas não para conhecer-se internamente. É capaz de administrar uma empresa, mas não seus próprios sentimentos. Seus fantasmas internos lhe causam mais pavor do que os grandes desafios da sua vida.

As máscaras construídas por Silvana aderiram à pele; já são parte integrante dela, de maneira que não tem consciência de que são máscaras. Esse é o grande perigo. O encontro consigo mesmo se torna mais difícil de acontecer. Sem reconhecimento, não é possível haver mudanças.

As máscaras sempre estiveram em uso, não é uma criação atual. No entanto, nos dias de hoje, têm se tornado algo cada vez mais normal. Muitos dizem que elas são uma questão de sobrevivência, que precisamos delas para encontrarmos nosso lugar no mundo. Grande engano. As máscaras são instrumentos de defesa e também um recurso de manipulação. Elas escondem e distorcem a verdade como verniz que encobre as imperfeições. Se trouxessem benefícios, a humanidade não estaria tão doente da alma como está. Se fossem um recurso realmente necessário, não teriam despertado tanta indignação em Jesus, que as definiu como hipocrisia: "Ai de vocês, mestres da lei e fariseus, hipócritas!" (Mateus 23.23).

Os fariseus eram um grupo de religiosos judeus muito conservadores e apegados às tradições que viveram no tempo de Jesus. Eram considerados homens honrados e fiéis a Deus, mas na realidade se utilizavam da devoção como disfarce. Usavam roupas, títulos e posição para serem respeitados e admirados. Jejuavam e oravam publicamente para impressionarem as pessoas. Queriam mostrar o que não eram, mas Jesus tirou-lhes as máscaras.

> "Ai de vocês, mestres da lei e fariseus, hipócritas! Vocês limpam o exterior do copo e do prato, mas por dentro eles estão cheios de ganância e cobiça" (**MATEUS 23.25**).

> "[...] Vocês são como sepulcros caiados: bonitos por fora, mas por dentro estão cheios de ossos e de todo tipo de imundície." (**MATEUS 23.27**).

O orgulho dos fariseus os impediu de se humilharem e verem a verdade. E a eles Jesus disse: "Ai". As máscaras nos distanciam da verdade, e a consequência disso é o sofrimento.

RESSIGNIFICAR O PASSADO

O PODER E A CONQUISTA PELA
ACEITAÇÃO E PELO AMOR

Muitos dedicam a vida à conquista de poder, posição e dinheiro, sem a consciência de que procuram amor, aceitação e reconhecimento. Cresceram com um grande vazio, por não terem sido amados e reconhecidos quando mais precisavam. E vivem, sem êxito, em função dessa busca para preencherem esse espaço. Na tentativa de serem importantes e reconhecidos, buscam um lugar de destaque, de situações que os coloquem em evidência e lhes proporcionem a chance de serem aplaudidos. Quando alcançam esse lugar percebem que continuam frustrados. O sucesso conquistado não trouxe o amor perdido da infância. São admirados, mas nem por isso se sentem amados.

Chegam ao lugar que desejavam, porém não encontram o bem que procuravam. Uns, por não suportarem a permanência do vazio, lançam-se em uma atitude suicida. Outros continuam buscando, criando novos alvos e desejando lugares mais altos, convencendo a si mesmos de que encontrarão o que esperam mais adiante. Sem perceber, perseguem uma miragem. Não estão lutando por sonhos ou ideais, mas por compensações que jamais irão suprir o que suas almas almejam.

Evidentemente, não estou dizendo que há algo de errado em buscar independência financeira, sucesso e reconhecimento no que se faz. Embora a busca pelo sucesso possa ser para alguns uma compensação ou estratégia de autoafirmação, não significa que seja algo doentio ou que não deva ser desejado. A ilusão é acreditar que aí está a cura para o vazio interior, de que é daí que vem nosso valor e nossa força.

Não provamos nosso valor e nossa força com bens ou títulos. A conquista é interna. Somos fortes quando somos

191

capazes de reconhecer nossos erros, nossas fraquezas e nossas inseguranças com humildade; quando conquistamos a capacidade de admitir falhas e nos dispomos a aprender com elas; quando não tememos mudar de opinião ou de recomeçar, de chorar, se arrepender e pedir perdão, de assumir quem verdadeiramente somos.

A Bíblia nos ensina que quando somos fracos, então somos fortes (2Coríntios 12.10). Quando abrimos mão das muletas, deixamos cair as máscaras e nos rendemos. Render-se, nesse sentido, é uma atitude de coragem e o ponto de partida para um recomeço honesto pela conquista da verdadeira força.

A ARROGÂNCIA É ENGANOSA

Um homem, certa vez, chegou a um departamento público precisando urgentemente de um documento. A mulher que deveria atendê-lo lixava as unhas enquanto conversava despreocupadamente com uma amiga ao telefone. Ansioso, ele tentou por várias vezes esclarecer suas necessidades, mas foi ignorado completamente. A atitude da atendente não era a de uma prestadora de serviços, mas de alguém que estava sendo importunada. Irritada com a insistência do rapaz, a mulher fechou o vidro que os separava e só o atendeu quando resolveu desligar o telefone, alguns minutos depois.

Pessoas com essa postura não avaliam seu próprio comportamento. Além da falta de compromisso, de responsabilidade com a função e com as pessoas que necessitam de seu trabalho, não percebem suas próprias frustrações. Suas inseguranças são reveladas na forma como exercem seu cargo e no mal uso do poder que sua função lhe concede. A arrogância, às vezes, é um disfarce para ocultar o sentimento de

RESSIGNIFICAR O PASSADO

menos-valia. Ela não precisa necessariamente de títulos ou cargo de nível elevado para se manifestar. Para alguns, não é preciso da posição de juiz ou presidente para sentir-se superior. O simples fato de estar do lado de dentro de um balcão em um departamento público já é o bastante.

Essa arrogância não prejudica apenas os outros, mas a própria pessoa. A lei da semeadura não costuma falhar. Colhemos o que plantamos.

Não passou muito tempo, essa mesma mulher foi fazer uma viagem e chegou ao aeroporto atrasada, segundos depois de fechar o portão de embarque. Nervosa e ofegante, depois de tanto correr, ela veio disposta a argumentar com o funcionário e convencê-lo a deixá-la entrar. Afinal, foram meros segundos de atraso. Contudo, ao olhar para o funcionário da companhia, perdeu a coragem e voltou sem dizer uma palavra. Era o mesmo homem apressado que ela havia destratado poucos dias antes, quando era ela quem estava no "poder".

A vida se movimenta, muitas vezes como uma roda gigante, mudando-nos sempre de lugar. Em um momento, detemos a solução; em outro, necessitamos dela.

Deus é o único que se mantém inabalável. O que detém o poder supremo e permanente. Para os homens, seja qual for a posição alcançada, ela é sempre relativa e temporária. Por isso, precisamos reconhecer o perigo de cair nesta armadilha, na ilusão trazida por tal poder temporário.

A função que ocupamos não é permanente nem suficiente para definir quem somos ou o valor que temos. Um juiz, por exemplo, é inegavelmente a autoridade máxima em um tribunal, porém o poder a ele conferido não será válido em qualquer situação. Imaginemos uma cena em que esse juiz está sozinho, dirigindo seu carro importado, vestido com seu

193

REVENDO CAMINHOS

terno italiano, passando por uma avenida meio deserta e bastante perigosa. Em um determinado momento, algo foge ao seu controle: o pneu do carro fura e o obriga a parar. Ele nunca havia trocado um pneu antes nem imaginou que um dia precisaria fazê-lo. Em uma situação como essa, basta ligar para um reboque. No entanto, isso pode levar um tempo significativo para quem está naquele lugar de extremo risco. Com toda a certeza, um marginal não terá o mínimo respeito nem se intimidará com as credenciais do juiz. Consciente da ameaça e bastante assustado, ele sai do carro, olha para um lado e para o outro e vê, a uns cem metros aproximadamente, algo que lhe parece uma miragem: uma pequena borracharia. Ele se dirige ao local sem perder tempo e encontra um homem com pouco estudo, vestido em um macacão velho e sujo de graxa, mas que naquela situação é, sem dúvida, a maior autoridade no assunto de pneu furado.

Podemos conquistar posições elevadas, mas é uma insanidade acreditar que elas são inabaláveis ou que nos farão alguém superior e inatingível. Uma tempestade derruba sem cerimônia casebres e mansões. Um vírus tira a vida de um mendigo e de um presidente com a mesma impiedade e desconsideração. Somos todos iguais, independentemente do lugar que ocupamos ou do que conquistamos. Seja qual for o poder conquistado, ele dependerá das circunstâncias. A falta de lucidez do arrogante a esse respeito pode lhe custar muito caro.

O profeta Obadias recebeu uma mensagem profética de Deus a respeito do povo de Edom, um povo arrogante e prepotente, confiante em suas fortalezas e seus sábios, que hostilizava o povo de Israel. A mensagem era a seguinte:

194

RESSIGNIFICAR O PASSADO

"Veja! Eu tornarei você pequeno entre as nações. Será completamente desprezado! A arrogância do seu coração o tem enganado, você que vive nas cavidades das rochas a e constrói sua morada no alto dos montes; que diz a você mesmo: 'Quem pode me derrubar?'. Ainda que você suba tão alto como a águia e faça o seu ninho entre as estrelas, dali eu o derrubarei", declara o SENHOR (**OBADIAS 1.2-4**).

A arrogância do nosso coração tem nos enganado. Não há lugar tão alto e seguro de onde não possamos cair. Por maiores que sejam nossas conquistas, elas não são permanentes nem nos garantem imunidade, invencibilidade ou superioridade.

Salomão diz:

Para tudo há uma ocasião certa; há um tempo certo para cada propósito debaixo do céu: Tempo de nascer e tempo de morrer, tempo de plantar e tempo de arrancar o que se plantou, tempo de matar e tempo de curar, tempo de derrubar e tempo de construir, tempo de chorar e tempo de rir, tempo de prantear e tempo de dançar, tempo de espalhar pedras e tempo de ajuntá-las, tempo de abraçar e tempo de se conter, tempo de procurar e tempo de desistir, tempo de guardar e tempo de jogar fora, tempo de rasgar e tempo de costurar, tempo de calar e tempo de falar, tempo de amar e tempo de odiar, tempo de lutar e tempo de viver em paz (**ECLESIASTES 3.1-8**).

Tudo de bom que recebemos e tudo o que é perfeito vêm do céu, vêm de Deus, o Criador das luzes do céu. Ele não muda, nem varia de posição, o que causaria a escuridão (**TIAGO 1:17, NTLH**).

195

REVENDO CAMINHOS

"Antes de nascerem os montes e de criares a terra e o mundo, de eternidade a eternidade tu és Deus." (**SALMOS 90.2**).

Em alguns momentos da vida, somos aqueles que possuem. Em outros, os que carecem. Em um tempo, damos ordens; em outro, as obedecemos. Há momentos em que ajudamos; em outros, necessitamos de ajuda. Há momentos em que somos os primeiros e há aqueles em que somos os últimos. Em um tempo, ensinamos; em outro, aprendemos. Hoje, podemos ser o patrão; amanhã, o empregado. Hoje, o médico, e amanhã, o paciente. Hoje, o juiz, amanhã, o réu.

Alguns homens fortes e determinados passaram uma boa parte da vida dando ordens, cheios de poder e autoridade. No entanto, terminaram seus dias totalmente submissos, em uma cadeira de rodas, dependendo da boa vontade de outros para as realizar as funções mais simples da vida, aquelas que mesmo uma criança é capaz de fazer sozinha.

Nada é permanente e imutável, somente Deus. É preciso humildade para não pensarmos a nosso respeito nada além do que nos convém. Como disse o apóstolo Paulo aos Romanos:

Por isso, pela graça que me foi dada digo a todos vocês: Ninguém tenha de si mesmo um conceito mais elevado do que deve ter; mas, ao contrário, tenha um conceito equilibrado, de acordo com a medida da fé que Deus lhe concedeu. (**ROMANOS 12.3**).

É preciso sabedoria e equilíbrio para não usarmos equivocadamente a autoridade, para não nos utilizarmos dela para autoafirmação nem a negligenciarmos. Tanto a soberba

RESSIGNIFICAR O PASSADO

quanto a negligência são danosas; tanto o agir com arrogância, no abuso da função quanto não assumir a responsabilidade que a função exige.

Aquele juiz tinha consciência de que, naquela situação trágica, o borracheiro era autoridade no assunto. Naquele momento seu título não faria diferença. Contudo, isso não significa que ele não assumirá seu poder quando estiver no tribunal. Nesse lugar e nesse momento, o juiz tem o direito e o dever de exercer plenamente e com responsabilidade todo a autoridade que sua função lhe concede.

Não sermos arrogantes não significa sermos negligentes com nossas responsabilidades. Onde estivermos, precisamos assumir o que nos foi confiado. O equívoco é associar o nosso valor pessoal e a nossa identidade unicamente ao que realizamos, à posição que ocupamos, ao cargo que exercemos.

Em um encontro de casais onde estive realizando uma palestra, um senhor com patente de general fazia parte da equipe que organizava o encontro. Ele foi designado para trabalhar no grupo da cozinha. Quem estava no comando desse setor era um excelente cozinheiro, porém um homem muito simples, sem estudo e nenhum título.

No momento de designar e distribuir as tarefas de cada um, o cozinheiro ficou um pouco constrangido. Disse ao general que não se sentia à vontade em lhe dar qualquer função. E a resposta do general foi simples:

— No meu trabalho eu dou ordens; aqui, eu as obedeço. São lugares diferentes e funções distintas. Contudo, o homem é o mesmo, assim como seu valor e sua importância. Deus espera de nós que sejamos responsáveis e dedicados para realizarmos da melhor forma que pudermos o trabalho que exercemos, qualquer que seja o lugar que ocupamos.

REVENDO CAMINHOS

O Apóstolo Paulo disse: "Tudo o que fizerem, façam de todo o coração, como para o Senhor, e não para os homens" (Colossenses 3.23).

O caminho para excelência está em nos dedicarmos às nossas funções de todo o coração, sem resalvas. Não para nos engrandecermos ou parecermos melhor do que somos. Não para nos afirmarmos ou alimentar nossa vaidade. Fazer tudo como ao Senhor é fazer por um propósito que está além de nossa realização pessoal.

Cada um, com a função que ocupa, é uma parte de um plano maior. O que realizamos, não o fazemos apenas para nós mesmos, para satisfação de nossos próprios desejos. Não estamos isolados, não somos uma multidão de ilhas. Toda e qualquer escolha que fizemos, o que realizamos ou deixamos de realizar e a maneira como fazemos influenciam um universo que vai muito além de nossos próprios sonhos e projetos.

Aquilo que fazemos é parte de nós. Quando amamos e nos identificamos com nosso trabalho, nossa função faz parte de quem nós somos. O perigo está no fato de nos esquecermos de que ela é somente parte, e não todo; de que não somos apenas o que fazemos. O perigo é confundir valor pessoal com função.

Aqueles que reconhecem a si mesmos apenas no exercício da função correm o risco de sentirem-se perdidos e desvalorizados quando têm de deixá-la. Se por algum motivo, como acidente, enfermidade, aposentadoria, foram obrigados a abandonar seu cargo, sentem-se como se perdessem a identidade. A perda da função leva à perda do sentido da vida e de seu valor pessoal.

198

Algumas mulheres identificam-se de tal maneira com seu lugar de mãe, de administradora do lar e cuidadora da família que não sabem o que são fora desse lugar. Assumem a maternidade como a razão de suas vidas e, quando os filhos crescem, se casam e vão embora, elas perdem a motivação para viver. Queixam-se, por anos, do excesso de trabalho e responsabilidade para cuidar de uma casa e uma família, mas quando a missão está cumprida e a casa mais vazia, não sabem o que fazer com a liberdade. Na tentativa desesperada de não perderem o sentido de sua vida, continuam interferindo na vida dos filhos mesmo depois que eles se casam. Não conseguem se ver fora da função.

Somos mais do que aquilo que realizamos, assim como valemos mais do que os bens que possuímos. Quando descobrimos esse valor essencial e o verdadeiro sentido de nossa vida, nos sentimos vitoriosos e sabemos quem somos, independentemente do que temos e do que fazemos.

Creio que o apóstolo Paulo descobriu esse tesouro. Ele disse:

> Sei o que é passar necessidade e sei o que é ter fartura. Aprendi o segredo de viver contente em toda e qualquer situação, seja bem alimentado, seja com fome, tendo muito, ou passando necessidade. Tudo posso naquele que me fortalece. (**FILIPENSES 4.12,13**).

AS DIFICULDADES DO OUTRO MASCARAM AS NOSSAS

Aprendemos a disfarçar e ocultar nossas fragilidades de várias formas, até mesmo atrás das fragilidades de outras pessoas.

Fábio trouxe a esposa ao consultório com a intenção de apoiá-la a fazer terapia. Ele se mostrou companheiro, disposto a contribuir e fazer o que fosse possível para que ela melhorasse. No entanto, seu apoio não durou muito tempo. Permaneceu até que, depois de alguns encontros com ele, suas próprias dificuldades também foram percebidas. A partir daí, ele começou a criticar o tratamento.

Seu discurso inicial era de que, desde que se conheceram, ele fez o que pôde para ajudar e fazer a esposa feliz. No entanto, apesar de todo o seu empenho, não estava tendo sucesso devido aos problemas emocionais dela, que vinha de uma família doente e totalmente desestruturada. Segundo ele, essa era a origem de todo o descontrole dela e, consequentemente, a causa dos problemas familiares atuais.

Fábio não estava totalmente errado. A história de sua esposa era real, assim como o descontrole emocional que ela tinha. Contudo, nem tudo era como ele queria que fosse. Ele também tinha sérias dificuldades e limitações que influenciavam o relacionamento deles, mas ele não conseguia enfrentá-las. Preferia se esconder atrás do comportamento desequilibrado da esposa. Para ele, era conveniente que ela fosse a problemática. Ele precisava do desequilíbrio dela para que o seu não fosse evidenciado.

Fábio também teve uma história difícil que contribuiu para que ele se tornasse uma pessoa insegura, com a autoestima muito baixa. Ele, porém, conseguiu encobrir essas dificuldades com o sucesso financeiro.

Quando a esposa estava em crise, ele se colocava disponível para ajudá-la. Procurava ser o melhor marido possível, presente, paciente e compreensivo. Assim que ela começava

RESSIGNIFICAR O PASSADO

a apresentar sinais de melhora, sutilmente ele se afastava afetivamente. Se tornava mais frio e distante, provocando uma nova crise e levando-a ao descontrole novamente.

Fábio fazia tudo por ela, desde que ela continuasse assumindo o lugar de doente, mesmo que isso lhe consumisse tempo e energia. Esse desgaste era menos doloroso do que enfrentar a si mesmo. Os problemas de uma pessoa podem ser usados para ocultar os de outras que não conseguem enfrentar os seus.

QUANTO MAIS NEGAMOS SENTIMENTOS, MAIS ATIRAMOS PEDRAS

A dificuldade de reconhecer nossos sentimentos nos leva a projetá-los nas pessoas à nossa volta. Jesus aconselhou: "[...] tire primeiro a viga do seu olho, e então você verá claramente para tirar o cisco do olho do seu irmão" (Mateus 7.5).

Todos os dias, de segunda a sexta-feira, às 18 horas, um certo homem saía do trabalho cansado e indignado por odiar sua profissão e seu estilo de vida. No percurso para casa, ele passava em frente ao portão de um vizinho e o via na varanda, deitado em sua rede. Essa cena se repetia dia após dia, deixando-o cada vez mais irritado, até que ele não conseguiu se conter.

Uma tarde, parou em frente à casa do vizinho e perguntou, cheio de indignação: "Você sabia que preguiça é pecado?" E o vizinho respondeu prontamente: "É... Inveja também."

O que nos incomoda no comportamento de outra pessoa pode revelar nossas frustrações. Quanto maior a frustração, maior a dificuldade de lidar com as pessoas. Quanto mais irritado estamos conosco, mais nos irritamos com os outros.

201

Certa vez, um grupo de escribas e fariseus levou até Jesus uma mulher pega em adultério. Perguntaram o que ele teria a dizer, lembrando-lhe de que a Lei de Moisés mandava que, em casos como aquele, a mulher deveria ser apedrejada.

Jesus sabia perfeitamente que aqueles homens não estavam defendendo a moral e os bons costumes. Eles eram movidos por outros sentimentos. Antes de responder, Jesus inclinou-se e começou a escrever com o dedo na terra. Ele estava dando um tempo para abrandar a ira daqueles homens furiosos e falsos moralistas. Como continuavam insistindo na pergunta, Jesus respondeu-lhes: "Se algum de vocês estiver sem pecado, seja o primeiro a atirar pedra nela" (João 8.7). Depois de ouvirem esta resposta, acusados pela própria consciência, foram se retirando um por um.

Nessa passagem, Jesus fala sobre um mecanismo de defesa muito usado por todos nós: a projeção, uma defesa para evitar a dor psíquica. É quando transferimos para outras pessoas algo que pertence a nós, mas que consideramos inaceitável, que rejeitamos, que negamos reconhecer.

Muitas pessoas são extremamente críticas. Estão sempre a postos, procurando defeitos nos outros. Elas precisam transferir para alguém a raiva de si mesmas. Necessitam que os outros sejam pecadores para que elas se sintam mais santas; que os outros sejam maus para que elas tenham a ilusão de serem boas. Precisam realçar os erros dos outros, para que os seus sejam amenizados. Elas precisam atirar pedras. E, às vezes, a raiva é tão grande que parece que vão faltar pedras.

No primeiro contato com algumas pessoas, antes de sabermos qualquer coisa a seu respeito, é comum pensarmos:

RESSIGNIFICAR O PASSADO

"não fui com a cara dela". Quantas vezes rejeitamos alguém sem lhe dar a mínima chance de se fazer conhecida porque algo naquela pessoa não nos agrada? A achamos antipática, esnobe, esquisita, seja lá o que for. Provavelmente, o que percebemos nela nos remete a alguma dificuldade nossa, talvez a algo que nos pertence, mas que não conseguimos reconhecer ou aceitar.

Pessoas que se sentem humilhadas e inferiorizadas por sua condição financeira menos favorecida às vezes veem uma outra pessoa como esnobe pelo simples fato desta ter um padrão de vida mais elevado. As que sentem raiva de si mesmas por sua timidez, dificuldade de se expor e se comunicar consideraram o extrovertido como espalhafatoso, escandaloso. Costumam dizer: "Odeio gente muito feliz". Aquelas que têm dificuldade de lidar com seu excesso de peso, só percebem as outras com o mesmo problema e as critica por comerem exageradamente. Quando não conseguimos resolver nossas questões, transferimos esse incômodo para os outros.

O que não toleramos em outra pessoa pode dizer mais sobre nós mesmos do que sobre o outro. Portanto, se antes de simplesmente rejeitarmos as pessoas questionássemos os sentimentos que elas nos causam, poderíamos compreender mais sobre nós mesmos. Nas palavras de Augusto Cury: "Um Eu imaturo enxerga a pequenez dos outros, mas um Eu inteligente enxerga primeiramente a sua própria pequenez" (Cury, 2011, p. 43).

Resistimos em reconhecer a existência de algum sentimento ruim em nós e, erroneamente, acreditamos que seremos mais belos negando ou escondendo o que consideramos feio. Alimentamos a ilusão de que escondendo o que rejeitamos, nós o eliminamos. Contudo, não é tão simples assim. Quanto mais sufocamos os sentimentos negativos, mais força eles têm sobre nós, tornando-nos reféns de nós mesmos e especialistas em atirar pedras nos outros.

Não é nada fácil encararmos as coisas que consideramos feias, dolorosas e que nos causam raiva e vergonha. No entanto, é enfrentando-as que nos libertamos delas. Nesse caso, o primeiro passo é o reconhecimento e a aceitação.

Aceitar não significa desistir e se entregar, acomodar-se ou aprender a gostar do que não gostamos. Ao contrário, é o começo de uma mudança. Para nos tornarmos uma pessoa melhor, é preciso partir do que somos e não do que idealizamos ser.

Jesus ensina a confessar nossos pecados, ou seja, a revelar nossos sentimentos para que, assim, possamos nos arrepender. Para que haja mudança, é preciso haver arrependimento. E só pode haver arrependimento se houver consciência do erro. Conscientizamo-nos, arrependemo-nos e mudamos. Esse é o processo de transformação. Um processo que, além de gerar mudança, promove o perdão.

A raiva, antes alimentada contra nós mesmos, quando dissolvida é substituída pela compaixão, um sentimento que é estendido aos demais. Se não nos odiamos mais, não há porque odiarmos alguém. As pedras se tornam desnecessárias. Não há mais motivos para arremessá-las. Quanto melhor nos sentirmos em relação a nós mesmos, melhor nos sentiremos em relação ao próximo.

Vanessa dizia que ficava muito irritada com qualquer pessoa que lhe pedisse algum favor. Sua reação imediata era negar. Não tinha tempo nem de avaliar se poderia ou não

RESSIGNIFICAR O PASSADO

atender ao pedido. Aos poucos, quando aquele sentimento aversivo passava, ela pensava melhor e, sempre que podia, mudava de opinião e atendia ao pedido.

Ela não era uma pessoa egoísta nem intransigente. Contudo, agia impulsivamente dizendo "não" de imediato, porque sentia raiva, sem saber o motivo. Quando lhe perguntei que palavra definiria o sentimento que essa situação lhe despertava, a resposta foi "abuso".

Vanessa jamais imaginou que havia uma ponte ligando as experiências de infância às suas respostas atuais, mas a ligação era direta. Ela foi uma criança tímida, medrosa, insegura e não conseguia se defender das agressões dos colegas. Fazia tudo para agradar e ser aceita como parte do grupo. Os colegas beneficiavam-se de sua fraqueza e a controlavam.

Sem perceber, ela ainda guardava muita raiva deles e mais ainda de si mesma. Guardava muita revolta por não ter se defendido, reagido e dito "não" quando deveria ter dito. Uma dificuldade que a levou a ser vítima de vários tipos de abuso.

Vanessa acreditava que essas lembranças haviam sido esquecidas no passado. Ficou surpresa ao perceber que elas ainda estavam vivas, presentes, e que exerciam fortes influências em seu comportamento. Ela compreendeu que cada pedido de algum amigo era imediatamente sentido como abuso. E os "nãos", ditos tão prontamente, eram uma vingança, um acerto de contas. Era uma maneira de sentir-se forte, como acreditava não ter sido na infância. Como se mostrasse a si mesma que, agora, conseguia se defender e evitar o abuso.

As pedras que atiramos hoje são para atingir alvos do passado.

APRENDEMOS A ESCONDER EMOÇÕES

É importante e saudável que os pais tenham liberdade e sinceridade de expressar o que sentem em relação ao comportamento de um filho, assim como de corrigi-lo. Contudo, isto é diferente de depreciá-lo. A depreciação não leva uma criança a avaliar suas ações, mas a sentir-se inadequada. Há grande distância entre corrigir um comportamento e fazer julgamentos.

Alguns pais, ao corrigirem um filho, passam-lhe uma imagem depreciativa. Quando a criança faz algo que os irrita, ao invés de lhes dizer que tal atitude os deixa irritados, eles chamam a criança de "irritante". Ao invés de lhe chamar a atenção pelas tarefas que ficaram inacabadas, eles a definem como "irresponsável". Se a criança deixa alguma coisa cair, é chamada de "desastrada". Conceituam a criança a partir de uma atitude e de comportamentos isolados.

Esses conceitos negativos despertam o medo e impedem a livre expressão. Desde muito cedo, aprendemos a esconder as emoções e negar os sentimentos. Antes de aprendermos a dar nome a eles, aprendemos a disfarçá-los. Antes de aprenderem que medo, raiva e decepção são sentimentos, as crianças descobrem que eles são ruins e proibidos, que devem negá-los e escondê-los. Antes de compreenderem o que sentem e pensam, aprendem que não devem pensar ou sentir tais coisas, porque é feio.

Desde muito cedo a maioria das crianças aprende a distorcer a verdade e a trocar a autenticidade pelos disfarces. É comum, em festa de aniversário, a criança estar ansiosa para receber os convidados, principalmente pelos presentes

RESSIGNIFICAR O PASSADO

que espera ganhar. Tudo vai bem até a chegada de uma daquelas tias sem noção, que entrega o presente, toda sorridente, e fica esperando a criança abrir para dizer que gostou. O aniversariante rasga o pacote com todo o entusiasmo até descobrir o que está dentro. Não é nenhum dos inúmeros brinquedos que ele gostaria de ganhar, e sim um pijaminha de malha estampadinha de bichinhos.

Com aquela cara de decepção, sem acreditar no que está vendo, a criança fica paralisada por alguns instantes, olhando o pijama. Antes que ela deixe mais evidente seus sentimentos, sua mãe entra em cena rapidamente. Com o entusiasmo forçado, que é especialidade de adulto, ela tenta salvar a situação, ou melhor, salvar a tia de um constrangimento, e diz para o filho: "Que lindo, filho! Diz para a titia que você adorou o presente, que você estava mesmo precisando de um pijaminha novo!".

Provavelmente não gostamos de ter vivido uma experiência assim, mas a transmitimos para a geração seguinte. Ensinamos a criança a reconhecer e considerar os sentimentos dos outros, e a negar os seus próprios sentimentos.

Uma criança que aprende a supervalorizar o outro e negligenciar-se, quando adulto, não consegue se defender de abusos, insultos e injustiças.

Ivo viveu uma infância de muitas privações em uma família com mais seis irmãos. As poucas coisas que possuíam eram frutos de doações. Quando um dos filhos se encontrava em algum atrito com um colega, a mãe lhe obrigava a ceder, a não se defender. Ela lhes passou a mensagem de que eles eram inferiores e que o direito era sempre do outro por ele ter uma condição social e econômica melhor.

207

Ivo não foi incentivado a dizer o que sentia nem a lutar pelo que queria, uma lição que trouxe perdas incontáveis. Foi vítima de injustiça no trabalho, mas não se defendeu, preferindo perder o emprego. Foi lesado financeiramente, mas renunciou. Sabia que suas opiniões estavam certas, porém não lutou por elas.

Apesar de ser um homem inteligente e talentoso, não conseguia vencer. Ivo aprendeu a suportar o abuso e se sujeitar à exploração. Seu consolo era crer que estava agradando a Deus. Seu comportamento era visto por ele como virtude. Não percebia que suas atitudes não eram resultado do amor genuíno pelo outro ou por obediência a Deus, mas de um sentimento de menos-valia, ou seja, de falta de amor por si mesmo.

Uma criança precisa internalizar valores morais e sociais, aprender a valorizar o outro, compreender que, em algumas situações, podemos e devemos ceder, e que isso não é sinal de fraqueza. No entanto, ela também precisa reconhecer suas necessidades e aprender a defender-se. Quando uma criança cresce importando-se apenas com seus direitos e necessidades, ela espera que o mundo se renda a seus pés. Por outro lado, quando negligencia seus direitos e necessidades, ela se rende aos pés do mundo. O respeito pelo outro não deve excluir o respeito próprio.

Alguns pais anulam o sentimento dos filhos e supervalorizam os seus.

Wilson adora cavalos e tem paixão por sua linda fazenda. Porém, seu primeiro filho, Nil, não se identifica nem um pouco com esse estilo de vida rural. Ao contrário, gosta de uma vida urbana, de modernidade e aparelhos eletrônicos.

RESSIGNIFICAR O PASSADO

Para Wilson, foi uma grande decepção. Ele esperou, ansioso, que o filho crescesse e fosse seu companheiro de cavalgada. Por não conseguir aceitar esta diferença entre eles, o rejeitou claramente.

Nil se tornou uma criança insegura. Ele tem dez anos e sente que está errado por não corresponder ao desejo do pai, mas não consegue ser diferente, por isso se isola. Passa horas em seu quarto, sozinho, principalmente quando o pai está em casa. Ele procura ficar longe para evitar situações que o lembram de que não é querido.

Sua irmã, Michele, três anos mais nova, tornou-se claramente a preferida. Ela recebe todo carinho, atenção e admiração do pai. Desde bem pequena, ela já o acompanhava nos fins de semana para a fazenda, passeios a cavalo e rodeios.

Não podemos afirmar com certeza que ela tenha o mesmo gosto e afinidade que o pai ou se percebeu bem cedo que para ser amada e aceita precisaria ter. Não sabemos se ela gosta de fazenda e de cavalos ou se não suportaria ser rejeitada também. Se essa for a verdade, Wilson prejudicou não somente a autoestima de seu filho, como também de sua filha, mesmo demonstrando todo o amor por ela. Afinal, ele deixou claro a mensagem de que para ser aceita era preciso corresponder às expectativas dele.

Negar os próprios sentimentos é negar a si mesmo, perder a identidade e abrir mão de ser feliz. Exigir de alguém tal sacrifício não é amor, é egoísmo. É não querer ver o outro, e sim a si mesmo refletido no outro.

5 RECONSTRUÇÃO DA AUTOESTIMA

Vimos até aqui que a construção da autoestima está relacionada principalmente às experiências da infância, ao relacionamento familiar, ao fato de uma criança ter sido ou não amada, aceita e suprida em suas necessidades físicas e emocionais. Vimos também que essas experiências contribuem para a formação da autoimagem, influenciam os relacionamentos, as escolhas, o jeito de viver e de ver a vida.

Compreendemos que não revemos nossa história passada por permanecermos presos a ela ou por encontrarmos culpados, ou ainda, justificativas para o que fazemos ou deixamos de fazer. Olhamos para o passado para compreendê-lo e mudar a história de hoje e de amanhã.

Entendemos que o que foi vivido não pode ser apagado. Não é possível voltar e mudar a história, mas podemos compreender o que nos tornamos em consequência do que vivenciamos. Podemos rever conceitos, valores e crenças, superar limitações e gerar mudanças a partir de um novo significado dessas experiências.

RECONSTRUÇÃO DA AUTOESTIMA

Esse trabalho de ressignificação não pode ser entregue à ação do tempo, como muitas vezes pensamos. Não é raro ouvirmos frases do tipo: "Com o tempo, as coisas melhoram", ou "O tempo cuidará desse problema". É verdade que é preciso esperar para uma dor ser sanada, um problema ser solucionado, um processo ser desenvolvido. No entanto, o tempo não se encarrega sozinho de todas as questões. Esperar simplesmente pode ser uma escolha acomodada, assim como achar que Deus é quem vai fazer todo o trabalho. Dizemos com frequência que "Se Deus quiser, tudo vai mudar". É certo que Deus quer o melhor para nós e que Ele é soberano sobre todas as coisas. É certo também que dependemos totalmente dele. Contudo, Deus não deseja trabalhar sozinho. Ele nos capacitou, nos deu consciência, inteligência, recursos e instrumentos. Certamente, Ele espera de nós atitude, participação e responsabilidade. Deus não quer apenas fazer por nós: Ele quer fazer em parceria conosco.

Para que possamos fazer a nossa parte devidamente, é necessário despertar nossa consciência e renovar nossa visão.

No início da criação, Deus disse:

> "Façamos o homem à nossa imagem, conforme a nossa semelhança. Domine ele sobre os peixes do mar, sobre as aves do céu, sobre os grandes animais de toda a terra e sobre todos os pequenos animais que se movem rente ao chão" (**GÊNESIS 1.26**).

Deus deu ao homem o direito e o poder de dominar sobre o que está à sua volta, tudo que se refere ao mundo externo. No entanto, Ele também deu a ordem de dominar seu universo interior.

REVENDO CAMINHOS

Ele disse a Caim em Gênesis 4.7: "[...] o pecado o ameaça à porta; ele deseja conquistá-lo, mas você deve dominá-lo".

Um dos frutos do Espírito é domínio próprio (Gálatas 5.23). Paulo ensina o homem a mudar começando pela renovação da mente (Romanos 12.2) e a examinar-se a si mesmo (1Coríntios 11.28). Todas essas mensagens falam de conhecimento e domínio do universo interior.

Durante toda a história, a humanidade tem levado a sério a questão de dominar o que está à sua volta, sobre explorar o universo exterior. Contudo, no que diz respeito à conquista interna, talvez não possamos dizer o mesmo.

Um tempo atrás, li uma matéria sobre a astrônoma canadense Sara Seager, a maior especialista em exoplanetas (planetas que estão em órbitas de outras estrelas, além do Sol). Ela busca encontrar algum planeta como a Terra, em que tenha alguma forma de vida. O que Sara conhece sobre mundos distantes, a maioria de nós não tem a mínima noção de que exista.

Por muito tempo, Sara conhecia muito mais sobre o movimento do universo do que sobre a dinâmica de sua própria casa. Como disse Felipe Pontes, jornalista da revista Época: "[...] o supermercado [para Sara], então, parecia mais distante que Plutão"[4] Seus olhos estavam voltados para o espaço até que foi bruscamente chamada a olhar para Terra. Seu marido, Michael Wevrick, que trabalhava meio período e cuidava dos filhos e da casa para que ela pudesse se dedicar às suas pesquisas, faleceu de câncer

---

[4] Fonte: https://epoca.globo.com/vida/noticia/2013/08/cacadora-de-bextra-terrestresb.html

RECONSTRUÇÃO DA AUTOESTIMA

aos 47 anos. Uma perda que a deixou muito abalada e exigiu dela muitas mudanças.

Apesar de não ter abandonado o trabalho nem desistido de sua busca pelo conhecimento de outros mundos, ela foi obrigada a olhar para sua casa, sua família, e rever sua rotina. Teve de aprender sobre um universo bem mais próximo, do qual ela estava muito distante.

É mais ou menos o que acontece conosco. Somos atraídos para fora muito mais do que para nosso interior. E, às vezes, é preciso que algo nos choque, mude a direção do nosso olhar e nos traga de volta. A experiência de Sara nos mostra que, por mais distante que esteja o nosso foco, nós podemos retornar, sem que para isso tenhamos de abrir mão dos interesses de fora.

Podemos nos ocupar mais em conhecer nosso universo interior sem renunciar o exterior. Paulo disse:

> Não se amoldem ao padrão deste mundo, mas transformem-se pela renovação da sua mente, para que sejam capazes de experimentar e comprovar a boa, agradável e perfeita vontade de Deus (**ROMANOS 12.2**).

Paulo nos chama a atenção para o conformismo, tão enraizado em nós. O ser humano tem uma capacidade extraordinária de se adaptar, o que é certamente muito positivo e torna possível nossa sobrevivência. Contudo, é preciso diferenciar adaptação de comodismo. Este nos causa sérios prejuízos, nos leva a nos conformarmos com situações e a tornar um hábito e considerar normal o que deveria ser confrontado e modificado.

Muitos permanecem sem amor dentro de casa, em um relacionamento infeliz e mentiroso durante toda sua existência, vivendo um dia após o outro sem provocar nenhum movimento para enfrentar e mudar a situação.

Outros, mesmo conhecendo a vontade de Deus, adaptam-se a um estilo de vida completamente pecaminoso, onde o pecado deixa de ser um acidente e se torna rotina, sem se incomodarem ou perturbarem seu espírito.

Pessoas talentosas passam anos de suas vidas conformadas com um trabalho muito aquém de sua capacidade, como se estivessem dormentes, abandonadas por si mesmas.

Certamente o despertar da consciência foi uma necessidade real em qualquer tempo da história. No entanto, as palavras de Paulo cabem tão bem em nosso século, que parece que ele estava olhando para o futuro quando foi inspirado a dizê-las. Necessitamos urgentemente atender ao alerta de Paulo. Não haverá verdadeira realização sem mudança, e esta não acontecerá sem consciência, atitude e responsabilidade.

ASSUMA A RESPONSABILIDADE

Tito era um rapaz de 32 anos quando o conheci. Solteiro, desempregado e há anos vivendo em um estado de completo abandono. Não tinha lugar para morar e dependia da ajuda da família, passando um tempo na casa de cada um. Quando suas crises de mal humor tornavam a convivência insuportável na casa de um dos irmãos, ele tinha de mudar-se e morar com o outro. E assim foi levando a vida, mês após mês e ano após ano, acomodado a um estado precário, culpando a todos que podia por seu fracasso.

RECONSTRUÇÃO DA AUTOESTIMA

Ele foi levado ao consultório pelos dois irmãos mais novos que se preocupavam muito com ele, mas que haviam chegado ao limite. O colocaram contra a parede e exigiram que ele se tratasse, caso contrário, ninguém mais o iria acolher. Por pressão, ele iniciou o tratamento.

Tito tinha o desânimo estampado no rosto. Usava uma camisa amassada, um chinelo de dedo bem gasto, o cabelo despenteado e a barba sem fazer. No primeiro dia em que nos vimos, ele permaneceu um bom tempo em silêncio, sentado no sofá com as mãos entre os joelhos e a cabeça baixa. Não agia como alguém consciente de que precisava de ajuda. Muito pelo contrário, parecia um adolescente que só estava ali por ter sido obrigado.

Quando resolveu falar, fez um longo discurso, que parecia já ter dito muitas e muitas vezes a outras pessoas, relatando os motivos pelos quais nada dava certo em sua vida. As demissões dos inúmeros empregos, segundo ele, foram sempre pelas condições de trabalho, intransigência do patrão ou traição dos colegas. Uma lista interminável de responsáveis, na qual ele certamente não estava incluído. Ele era a vítima de tudo e de todos, começando por sua mãe.

Segundo Tito, ela foi a principal responsável nesse processo de derrota. Extremamente dominadora, autoritária e crítica, desde a infância dele ela vigiava todos os seus movimentos. Corrigia sua postura, sua maneira de falar, de comer, de andar e escolhia suas roupas, mesmo depois de grande. Ele sentia-se vigiado a cada minuto. Era sufocado pela mãe, mas não tinha coragem para enfrentá-la. Via-a como alguém forte, temível e imbatível.

Aos dezoito anos, ele decidiu romper com tudo, deu um grito de libertação e saiu de casa. No entanto, essa não foi

uma decisão madura e responsável, foi um movimento deses-
perado e desorientado, motivado pela revolta. Seu principal
desejo não era conquistar independência, mas agredir sua
mãe. Para isso, começou a beber, fumar, usar drogas e trocou
os amigos de infância pelos baderneiros e marginais da cidade.

Durante várias sessões, ele contava e recontava a mesma
história sobre como sua mãe havia destruído sua vida. Eu era
mais uma pessoa que ele pretendia convencer de que não
era o responsável, mas a vítima, naquela situação caótica
em que se encontrava. Qualquer tentativa de conscientizá-lo
sobre suas próprias escolhas era prontamente rejeitada.

Depois de várias semanas questionando em vão o discurso
dele, um dia decidi ser mais direta. Sem minimizar seu sofrimento nem negar ou desqualificar sua história e seus motivos, procurei ser bem clara sobre o que ele estava fazendo
com a própria vida. Sobre a escolha mais cômoda de culpar
os outros e fugir de sua responsabilidade. Tentei mostrar para
que direção ele estava deixando-se levar, enquanto se ape-
gava aos motivos do passado. Do preço que ele havia decidido pagar, destruindo sua vida para agredir sua mãe.

Acreditei que poderia ajudá-lo a despertar, mas acho que
exagerei na dose, fui clara e direta demais. Ele ficou alguns
instantes olhando para mim em silêncio. A raiva estava visível em seu olhar e na expressão de seu rosto. Comecei a ficar
preocupada com o que ele poderia estar pensando em fazer.
Ainda faltavam uns vinte minutos para terminar a sessão
quando ele se levantou sem dizer uma palavra. Tito ficou
parado na minha frente alguns segundos e depois se dirigiu
até a porta. Pensei comigo: "Dos males, o menor". E antes
que ele saísse, eu disse: "Até a próxima semana". Ele respondeu, sem olhar para trás: "Até nunca mais!".

RECONSTRUÇÃO DA AUTOESTIMA

Confesso que fiquei assustada e preocupada. Naqueles vinte minutos que restavam, antes de atender a próxima pessoa, fiquei paralisada, tentando entender o que havia acontecido. Achei que pudesse ter sido muito rude com ele, e não sabia ao certo qual efeito isso poderia ter causado nele.

Os dias foram passando e realmente Tito não voltou mais. Dois meses depois, seu irmão me procurou e, para minha grande surpresa, ele foi agradecer pelo tratamento. Disse que Tito havia cuidado da aparência, conseguido um emprego e estava assumindo a sua vida. Gloria a Deus! Fiquei imensamente feliz e aliviada com a notícia.

Tito não percebia que, na tentativa de atingir a mãe, a pessoa mais atingida e prejudicada era ele mesmo. Ele sacrificou a própria vida para punir a mãe, como muitas pessoas fazem quando se sentem vítimas de outras.

Ele acreditou que com sua rebeldia estava livrando-se do controle de sua mãe. No entanto, permanecia refém. A raiva e o ressentimento que nutria o controlavam, o mantinham prisioneiro, impedindo que ele seguisse em frente. Certamente a mãe dele sofreu muito vendo o sofrimento do filho. No entanto, a pessoa mais prejudicada foi ele mesmo.

A raiva e o ressentimento nos fazem buscar culpados ao invés de soluções. Eles nos mantêm prisioneiros das situações que nos magoaram e nos condenam a um sofrimento contínuo.

Não podemos esperar mudanças se não estamos dispostos a assumir a responsabilidade que nos cabe. Isso tem contribuído para muitos fracassos. Casamentos têm sido desfeitos porque o marido e a esposa não ouvem um ao outro em busca do que cada um pode fazer de melhor para o relacionamento. Eles procuram argumentos que provem a culpa maior do outro. Cada um tem necessidade de defender a si mesmo, de provar que está sendo mal compreendido e injustiçado.

Ambos não agem como um time, mas como adversários. Discutem, procurando desestabilizar o outro com várias armas como agressão, insultos, ironia, ou desprezo. Atacam as fraquezas um do outro trazendo à tona situações passadas, que não têm nenhuma relação com a atual, atitudes que demonstram total falta de compromisso e responsabilidade com o relacionamento. Nenhum deles avalia sua contribuição para a frustração do outro, nem seu pouco investimento afetivo na relação. Ter razão se torna mais importante do que a busca por harmonia e uma boa convivência.

Pais culpam os filhos antes de examinarem a si mesmos. Muitos acusam os filhos de interesseiros, de recorrerem a eles apenas quando precisam de algo. Contudo, não avaliam se não foram eles mesmos que os ensinaram a agir assim, quando substituíram por presentes o tempo e o carinho que deveriam ter lhes dado. Queixam-se da rebeldia dos filhos, sem avaliar a cota de afeto que disponibilizaram para eles quando mais necessitaram. Reclamam do comportamento agressivo do filho, sem se darem conta do exemplo que têm sido para eles, ou se seu comportamento, enquanto pai, não foi agressivo a maior parte do tempo. Ensinam uma lição com palavras, mas passam outra com o comportamento. Como diz Ralph Emerson: "Suas atitudes falam tão alto que não consigo escutar o que você diz".

Filhos já adultos ainda se queixam dos pais, sem refletir se não estão exigindo mais do que os pais podem oferecer, agindo como se ainda estivessem fixados na fase egocêntrica, à espera de pais perfeitos que os compreendam e satisfaçam

RECONSTRUÇÃO DA AUTOESTIMA

suas necessidades, a tempo e à hora. São filhos que parecem que só conseguirão ver os pais de outra forma depois que tiverem seus próprios filhos.

Um jovem me disse que tinha muita revolta em relação à sua mãe. A via como chata e controladora. Depois que sua filha nasceu, o que antes ele chamava de perseguição passou a ser entendido como preocupação. O que via como controle, hoje ele chama de cuidado e proteção. Seu amor por sua filha o ensinou a amar sua mãe. Nossos filhos nos ensinam a perdoar nossos pais.

Uma amiga, após ler meu livro *O poder da palavra dos pais*, enviou-o para sua mãe de presente depois de ter marcado com caneta hidrocor todas as situações em que ela reconheceu que sua mãe havia errado em relação a ela.

Hoje ela também tem uma filha. E somente agora, com seus próprios erros e dificuldades, apesar de toda sua dedicação, pode compreender as falhas que a mãe cometeu. Todo o amor que ela tem pela filha não foi capaz de impedir que ela também cometesse seus próprios erros.

Todos erramos. Não há um justo sequer (Romanos 3.10). Não vamos conseguir realizar mudanças efetivas focando o erro do outro ou esperando que os outros mudem e nos deem licença para sermos felizes.

Muitas pessoas precisam manter seus algozes para permanecerem no confortável lugar de vítima. Afinal, enquanto existir um vilão a quem culpar e uma justificativa para o fracasso, não é necessário se responsabilizar com mudanças. Quem assume a responsabilidade consigo mesmo reage e escreve sua própria história, além disso, não deixa o roteiro de sua vida nas mãos de outros para depois queixar-se do desfecho.

NÃO SOMOS ONIPOTENTES

Ser responsável não significa que fomos os causadores ou que, de alguma forma, escolhemos viver tudo o que vivemos. Não tivemos escolhas ou participação em muitas situações dolorosas, como um assalto, um abuso, um acidente, a falência financeira dos pais, a perda de um familiar, de um amigo. Não escolhemos passar por experiências como essas e tantas outras. Contudo, podemos escolher como enfrentá-las, como reagir a elas.

Não tivemos a chance, por exemplo, de escolher em que família nasceríamos, mas podemos decidir como viver com a família que temos. Não escolhemos a condição financeira em que viemos ao mundo, mas podemos nos acomodar ou lutar para mudar essa condição. Não criamos uma série de situações pelas quais fomos obrigados a passar, mas a forma como passamos por elas, isso sim, podemos escolher.

Ser responsável não significa ter o domínio e controle sobre todas as circunstâncias. Com certeza não somos onipotentes. Muitas vezes somos invadidos, sim, pelo desejo de dominar e iludidos de que possuímos esse poder. Enganamos a nós mesmos. Podemos desejar, sonhar e planejar, mas não podemos prever, assegurar e determinar os acontecimentos.

Somos limitados em muitas situações. Ainda assim, confiamos mais quando algo está sob nossa direção, diante de nossos olhos e à altura de nossas mãos. Quando isso não acontece, o medo assume o comando, e nos desesperamos.

Cremos que encontraremos descanso e paz quando tudo estiver em nosso controle, no lugar e da forma que planejamos, quando acumularmos bens materiais que nos garantam

RECONSTRUÇÃO DA AUTOESTIMA

estabilidade, quando os filhos estiverem vivendo da maneira que sonhamos, como se houvesse um tempo e uma situação ideal, em que nada mais pudesse nos preocupar. Até podemos conquistar tal circunstância, porém não temos o poder de mantê-la.

Não controlamos as forças da natureza nem evitamos uma tempestade e seus danos. Cuidamos da saúde, porém não impedimos que as doenças nos surpreendam. Educamos nossos filhos, planejamos o futuro deles, mas não há garantias de que eles seguirão a direção que lhes indicamos. Participamos da escolha de nossos governantes, mas não prevemos o que farão quando estiverem no poder, mesmo que tenham feito promessas antecipadamente.

Acreditar na possibilidade de controle absoluto pode ser delírio de grandeza, arrogância, falta de humildade e de consciência das próprias limitações. Aqueles que acreditam ter o poder nas mãos, quando estão em uma situação em que não conseguem encontrar a solução, pensam que a solução não existe. Quando não conseguem encontrar respostas para um problema, acreditam que não há respostas.

O fato de não solucionarmos uma questão não significa que não haja solução. Significa que não sabemos como fazer. Só por que não vemos algo, não quer dizer que esse algo não exista.

O povo de Israel se desesperou várias vezes enquanto atravessava o deserto. Eles não viam solução para inúmeras situações. Contudo, as soluções vinham, e de formas inusitadas, fora dos padrões e das possibilidades pensadas pela mente humana. Não havia comida no deserto, e o pão caiu do céu. Não havia onde comprar roupas, e as que eles tinham não se desgastaram. Não havia passagem entre o mar e faraó, e o caminho surgiu entre as águas.

Os discípulos de Jesus se preocuparam diante da impossibilidade de alimentarem uma multidão, com cinco pães e dois peixes. Uma viúva procurou o profeta, em desespero, com a impossibilidade de pagar uma dívida com apenas um pouco de azeite. O fato é que o pão se multiplicou e alimentou, com sobra, a multidão. O pouco azeite jorrou até que não houvesse mais vasilhas para armazená-lo.

Nenhum homem ou mulher conseguiu visualizar estas possibilidades, mas Deus as viu e concretizou as soluções. Nós somos limitados, Ele não. Para nós, o mar é uma imensidão; para Deus, não é mais que uma gota.

Fomos capacitados para pensar, planejar e agir. Podemos e devemos tomar decisões, fazer escolhas e buscar a realização do que planejamos. Contudo, não temos o controle de tudo, não evitamos o inesperado. A dor e a alegria, geralmente, chegam de surpresa. Portanto, a paz que almejamos não depende somente de nosso domínio, mas também da entrega. Não apenas de nossa capacidade de pensar e agir, mas de confiar e nos render. O controle absoluto está nas mãos de Deus, e somente nele há garantias de segurança, proteção e paz. A Bíblia diz: "Entregue o seu caminho ao Senhor; confie nele, e ele agirá" (Salmos 37.5).

Salomão disse que há tempo para todas as coisas (Eclesiastes 3.1-8), inclusive para agir e para esperar. Podemos e devemos usar todos os recursos dados por Deus para vivermos com excelência. No entanto, há momentos em que precisamos descansar e esperar o agir de Deus. O mais difícil é identificar cada um desses momentos.

RECONSTRUÇÃO DA AUTOESTIMA

Algumas pessoas precisam lutar contra o comodismo, contra o medo de assumir responsabilidades; outras, contra a necessidade de controle, a falta de fé.

"Se não for o SENHOR o construtor da casa, será inútil trabalhar na construção. Se não é o SENHOR que vigia a cidade, será inútil a sentinela montar guarda." (Salmos 127.1).

NÃO SE CULPE

Assumir a responsabilidade não significa sentir-se culpado ou torturar-se com acusações e punições. A culpa paralisa, condena e prende a pessoa ao passado. A responsabilidade liberta, direciona para o futuro e produz mudança. A confusão entre culpa e responsabilidade começa na infância com a forma de correção equivocada. Quando uma criança comete um erro, ao invés de ouvir sobre o que é certo e errado em relação à situação ocorrida, geralmente ela ouve algo do tipo: "Como você foi capaz de fazer isto? Você não se envergonha do que fez? Como pode ser tão má?". Não lhe é ensinado o que deve ou não ser feito, mas a envergonhar-se do que fez. Isso não gera mudança de comportamento, mas uma necessidade de punição que se leva para a vida toda.

Ouvi relatos de muitas pessoas que se sujeitaram a uma vida cheia de amarguras por não se considerarem merecedoras de algo melhor, por entender que precisavam ser punidas por falhas do passado, acreditando que a punição era uma forma de pagamento pelos erros e de vigilância para evitarem-se novas falhas. Mulheres que não se permitiam ser felizes por sentirem-se culpadas pelo sofrimento da mãe. Por terem a ouvido, durante muitos anos, dizer que se sujeitou a

223

um relacionamento infeliz por causa dos filhos. Se não fosse por eles, teria resolvido a vida de outra forma.

Cultivamos mágoas e ressentimentos não somente em relação a outras pessoas, mas em relação a nós mesmos. Criticamos e culpamos a nós mesmos, equivocadamente, por que fomos tímidos, frágeis, obesos, inseguros, por termos sofrido abusos ou feito escolhas erradas. Condenamo-nos por erros sem avaliarmos as circunstâncias. Não nos perdoamos por situações que não provocamos e por atitudes de quando não tínhamos forças nem recursos para agir diferente.

É natural sentir-se culpado por fazer o que não deveria ser feito ou por deixar de fazer o que deveria, algo que tenha causado dor ou prejuízo tanto a nós quanto a outras pessoas. Esse sentimento inicial demonstra saúde mental. Demonstra que nos importamos e que desejamos agir corretamente. A consciência de nossos erros nos entristece, mas faz parte do processo de arrependimento. Contudo, permanecer na culpa deixa de ser saudável. O reconhecimento de um erro deve levar ao arrependimento e a uma atitude responsável de mudança, não à autopunição.

Não temos o poder de condenar-nos ou absolver-nos, e ainda não estamos em julgamento. O que podemos fazer de mais honesto por nós mesmos é reconhecer nossos erros, nos arrepender e mudar. A história está registrada, não vai se apagar, mas ainda não chegou ao seu final. Temos novas possibilidades. Podemos construir algo novo.

A culpa nunca traz solução, e sim novos problemas, como autopunição, medo, depressão, destruição da autoestima e tantos outros sofrimentos. Leva à estagnação da vida e rouba-nos o direito de recomeçar. A culpa não permite correção, apenas castigo e violência contra si mesmo.

RECONSTRUÇÃO DA AUTOESTIMA

Bianca Toledo, em seu livro *Milagres invisíveis*, diz:

> Você sempre vai poder escolher entre o arrependimento e
> o remorso. O remorso é gerado pela culpa e mantido pela
> acusação. Ele tem compromisso com o castigo e não com a
> mudança. Ele é movido pelo mal e especialista em punição
> (2014, p. 94).

Judas, atormentado pela culpa de ter traído Jesus, tirou a
própria vida. Pedro, depois de chorar amargamente de angústia e arrependimento por ter negado o Senhor, amadureceu,
cresceu espiritualmente e foi capaz de viver pelo evangelho.

Se Judas tivesse sido envolvido pelo arrependimento, e não
pela culpa, seu destino poderia ter sido outro. A cruz de Cristo,
o seu sacrifício, dá a nós acesso ao perdão. Portanto, autopunição é uma forma de não reconhecimento do seu sacrifício.

NÃO CULPE DEUS

A morte é uma das certezas absolutas que temos na vida.
No entanto, isso não torna menos difícil seu entendimento,
enfrentamento e aceitação. Para os que confiam em Deus e
acreditam na salvação, ela é vista de uma forma diferente.
No entanto, não sem dor e sofrimento. Muitas pessoas têm
dificuldade de lidar com a morte. Consumidas pela revolta,
elas culpam a Deus.

Após a morte do pai — um pastor com 65 anos de idade
e 40 anos de ministério —, um jovem se revoltou contra
Deus. Ele o acusava de ser injusto por ter permitido que seu
pai tivesse sido vítima de um câncer depois de ter passado

a maior parte de sua vida servindo à causa de Jesus. No seu entendimento, a morte do seu pai demonstrava o descaso de Deus diante de uma vida de dedicação. Era vista como um castigo não merecido.

Certamente, a ótica pela qual vemos todas as coisas não é a mesma pela qual Deus vê. Para nós, a morte é perda, para Deus é ganho. "Para o SENHOR é preciosa a morte dos seus fiéis." (Salmos 116:15).

A morte nos separa desse mundo e das pessoas, mas nos aproxima de Deus. A visão limitada da realidade espiritual é que nos leva aos ressentimentos e julgamentos equivocados.

Li o artigo de um médico que me deixou muito emocionada e me fez entender melhor o que Jesus quis dizer quando falou que, para entrarmos no Reino de Deus, precisamos ser como crianças.

O dr. Rogério Brandão conta:[5]

> Como médico cancerologista, já calejado com longos 29 anos de atuação profissional (...) posso afirmar que cresci e modifiquei-me com os dramas vivenciados pelos meus pacientes. Não conhecemos nossa verdadeira dimensão até que, pegos pela adversidade, descobrimos que somos capazes de ir muito mais além.
>
> Recordo-me com emoção do Hospital do Câncer de Pernambuco, onde dei meus primeiros passos como profissional... Comecei a frequentar a enfermaria infantil e apaixonei-me pela oncopediatria. Vivenciei os dramas dos meus pacientes, crianças vítimas inocentes do câncer.

---

[5] Fonte: http://oncopediatria.tumblr.com/post/48284959785/depoimento

RECONSTRUÇÃO DA AUTOESTIMA

Com o nascimento da minha primeira filha, comecei a me acovardar ao ver o sofrimento das crianças.

Até o dia em que um anjo passou por mim! Meu anjo veio na forma de uma criança já com onze anos, calejada por dois longos anos de tratamentos diversos, manipulações, injeções e todos os desconfortos trazidos pelos programas de químicos e radioterapias. Mas nunca vi o pequeno anjo fraquejar. Vi-a chorar muitas vezes; também vi medo em seus olhinhos; porém, isso é humano!

Um dia, cheguei ao hospital cedinho e encontrei meu anjo sozinho no quarto. Perguntei pela mãe. A resposta que recebi, ainda hoje, não consigo contar sem vivenciar profunda emoção.

— Tio, — disse-me ela — às vezes minha mãe sai do quarto para chorar escondido nos corredores... Quando eu morrer, acho que ela vai ficar com muita saudade. Mas, não tenho medo de morrer, tio. Eu não nasci para esta vida!

Indaguei:

— E o que morte representa para você, minha querida?

— Olha tio, quando a gente é pequena, às vezes, vamos dormir na cama do nosso pai e, no outro dia, acordamos em nossa própria cama, não é? (Lembrei das minhas filhas, na época crianças de seis e dois anos, com elas, eu procedia exatamente assim.)

— É isso mesmo.

— Um dia eu vou dormir e o meu Pai vem me buscar. Vou acordar na casa Dele, na minha vida verdadeira!

Fiquei "entupigaitado", não sabia o que dizer. Chocado com a maturidade com que o sofrimento acelerou, a visão e a espiritualidade daquela criança.

227

REVENDO CAMINHOS

— E minha mãe vai ficar com saudades — emendou ela.

Emocionado, contendo uma lágrima e um soluço, perguntei:

— E o que saudade significa para você, minha querida?

— Saudade é o amor que fica!

Hoje, aos 53 anos de idade, desafio qualquer um a dar uma definição melhor, mais direta e simples para a palavra saudade: é o amor que fica!

Meu anjinho já se foi, há longos anos. Mas, deixou-me uma grande lição que ajudou a melhorar a minha vida, a tentar ser mais humano e carinhoso com meus doentes, a repensar meus valores. Quando a noite chega, se o céu está limpo e vejo uma estrela, chamo pelo "meu anjo", que brilha e resplandece no céu.

Imagino ser ela uma fulgurante estrela em sua nova e eterna casa. Obrigado anjinho, pela vida bonita que teve, pelas lições que me ensinaste, pela ajuda que me deste. Que bom que existe saudade! O amor que ficou é eterno.

O fato de acreditarmos na vida eterna e de que após a morte teremos um encontro face a face com Deus, certamente não elimina a dor da perda, mas deveria eliminar a revolta.

Deus tem sido alvo de ressentimentos, não apenas em relação à morte. Aquelas situações difíceis, que há muito têm sido motivo de oração, contudo sem resposta — pelo menos pelo ponto de vista de quem está pedindo —, são responsáveis por muitos ressentimentos contra Deus.

Já ouvi muitos relatos carregados de raiva, dizendo que Deus pode, que para Ele basta uma palavra para mudar as circunstâncias, mas Ele não faz simplesmente porque não

RECONSTRUÇÃO DA AUTOESTIMA

quer. Como se Deus estivesse alheio à nossa dor e ao nosso desespero. Como se não considerasse nosso sofrimento.

Uma mulher se queixava de que a sua volta havia somente aproveitadores, pessoas que abusavam de sua generosidade. Ela ajudava a todos, acreditando ser o que Deus esperava dela. Não compreendia por que o Senhor permitia tal situação, por que não mudava o comportamento das pessoas, já que se preocupava tanto em fazer a vontade dele.

Levou muito tempo para que ela compreendesse que estava equivocada. Que suas atitudes eram fruto de suas dificuldades emocionais, e não do desejo de fazer a vontade de Deus; que não era o Senhor que deveria tirar aquelas pessoas de sua volta ou modificá-las, mas ela mesma é quem precisava de mudança. Ela é quem precisava amadurecer, crescer e aprender a dizer "não", a colocar limites em seus relacionamentos.

Deus se importa imensamente conosco. Para Ele, nosso amadurecimento é mais importante do que as circunstâncias, as quais Deus pode modificar a qualquer momento. No entanto, o propósito maior é nosso crescimento. As circunstâncias são, muitas vezes, consequências de nossas escolhas e instrumentos de Deus para nos amadurecer. Quando alcançamos o que devemos alcançar, as circunstâncias também mudam.

Oramos, jejuamos e clamamos a Deus por algo novo. Um relacionamento, um emprego, uma aprovação em um concurso, enfim. No entanto, esquecemo-nos de pedir uma renovação em nós mesmos. Pedimos coisas novas, mas não nos preparamos para receber o que pedimos.

Jesus disse: "[Não] se põe vinho novo em vasilha de couro velha; se o fizer, a vasilha rebentará, o vinho se derramará e a vasilha se estragará. Ao contrário, põe-se vinho novo em vasilha de couro nova; e ambos se conservam" (**MATEUS 9.17**).

Não poderemos receber muitas das bênçãos que pedimos enquanto não estivermos preparados para isso. Caso contrário, a bênção recebida pode ser desperdiçada.

Uma jovem de 32 anos me pediu ajuda. Estava divorciada há cinco anos. Seu desejo sempre foi o de ter sua família, seu marido e seus filhos. Passou por longas noites acordada, chorando e clamando a Deus para realizar seu sonho. Dizia não saber mais como pedir e não entendia o motivo pelo qual Deus não a ouvia. E se ouvia, por que demorava tanto a atendê-la? Com a demora de Deus, sentia seus sonhos se frustrarem, seus planos fracassarem.

Iniciamos um processo terapêutico, onde ela pôde conhecer mais a si mesma. Perceber suas fraquezas, inseguranças e sentimento de menos-valia. Compreender dificuldades que, há anos, vinham limitando sua vida e que, certamente, contribuíram para o fracasso de seu casamento anterior.

Depois de alguns meses de trabalho e de muitas mudanças ocorridas dentro dela, ela conheceu um rapaz e, seis meses depois, estavam casados. Deus administra o tempo de maneira a não o desperdiçá-lo, mas sim aproveitá-lo para o nosso amadurecimento.

A ótica pela qual vemos a vida é limitada e nos leva a conclusões equivocadas. O que será que um recém-nascido nos diria se ele pudesse descrever sua percepção sobre o momento de seu nascimento?

Ele foi retirado, de uma forma abrupta, de um ambiente confortável, sem grandes mudanças e alterações, onde

RECONSTRUÇÃO DA AUTOESTIMA

permaneceu por nove meses. Assim que saiu da barriga da mãe, se deparou com uma luz forte do centro cirúrgico, algo totalmente agressivo em comparação ao lugar em que estava. O médico, quando necessário, o pegou pelos pés e o colocou de cabeça para baixo, lhe deu um tapinha no bumbum para que ele chorasse e abrisse os pulmões. Algumas vezes, é preciso sugar a secreção que pode estar obstruindo o nariz e a garganta, com algum objeto frio, estranho e ameaçador.

Durante todo esse processo, que deve ser assustador, seu pai, aquele homem que deveria protegê-lo, estava ali, profundamente emocionado. Feliz, assistindo a tudo, fotografando ou filmando, com um sorriso cheio de orgulho. Em nenhum momento, esse pai fez qualquer movimento na tentativa de impedir que seu filho passasse por todo aquele processo "agressivo". Pelo ângulo de visão do recém-nascido, o comportamento do pai poderia ser julgado como descaso e falta de amor. Ele poderia pensar: "Se este aí vai ser o meu melhor amigo, nem quero conhecer meus inimigos". No entanto, do ponto de vista do pai, todos os procedimentos foram necessários para a sobrevivência e a vida do filho.

Há uma distância gigantesca entre a estrutura, os recursos e o poder de compreensão do recém-nascido e de seu pai. Infinitamente maior é a distância dos nossos pensamentos e dos pensamentos de Deus.

> "Pois os meus pensamentos não são os pensamentos de vocês, nem os seus caminhos são os meus caminhos", declara o SENHOR. "Assim como os céus são mais altos do que a terra, também os meus caminhos são mais altos do que os seus caminhos; e os meus pensamentos, mais altos do que os seus pensamentos" (ISAÍAS 55.8-9).

É difícil sim compreendermos a morte, a dor, o sofrimento. E se quisermos encontrar os verdadeiros culpados pelas nossas dores, teremos mais dificuldade ainda. Precisaremos percorrer toda a história da humanidade até Adão e Eva. E mesmo que isso fosse possível, de nada adiantaria. Contudo, uma coisa é certa: Deus promete jamais se ausentar nem desamparar aqueles que andarem em seus caminhos e cumprirem seus mandamentos.

"Ninguém conseguirá resistir a você todos os dias da sua vida. Assim como estive com Moisés, estarei com você; nunca o deixarei, nunca o abandonarei" (Josué 1.5).

"Seja forte e corajoso! Não se apavore nem desanime, pois o Senhor, o seu Deus, estará com você por onde você andar" (Josué 1.9).

O propósito de Deus para o homem foi sempre o melhor e mais nobre. Quem desviou a história foi o próprio homem. E, mesmo assim, o Senhor não nos deixou. Ele continua pronto a nos socorrer, amparar e salvar. Portanto, nenhum de nós jamais encontrará justificativa para culpar Deus por qualquer motivo.

RECUPERANDO A IDENTIDADE

Muito tem sido feito para que, a cada dia, nos tornemos menos conscientes e mais influenciáveis, para nos deixarmos convencer por mensagens que nos invadem a todo o tempo, contaminando a nossa mente e nos levando a um tipo de torpor.

Somos chamados para fora e para longe de nós mesmos, de maneira que perdemos aos poucos nossa identidade. Somos influenciados a estar cada dia mais insatisfeitos

RECONSTRUÇÃO DA AUTOESTIMA

com nossa aparência e com o que temos. Precisamos nos enquadrar em determinados moldes para sermos amados e aceitos. Somos bombardeados com modelos de perfeição e beleza, de maneira a nos sentirmos cada vez mais e mais fora dos padrões.

Estamos acomodados, deixando-nos enlouquecer, sem refletirmos. Trabalhamos muito para termos muito mais do que precisamos para viver, na tentativa de mantermos um padrão quase insustentável, iludidos com a ideia de que, assim, seremos mais admirados e respeitados. Para mantermos esse padrão, investimos quase todo o nosso tempo, afastando-nos de quem amamos, deixando de fora as coisas mais importantes, perdendo a saúde e sofrendo de ansiedade generalizada. E para aliviar o efeito causado por todo esse estresse gerado por um estilo louco de vida, tomamos um remédio para nos acalmar à noite, e outro para nos deixar ativos pela manhã. E a cada dia nos tornamos mais dependentes deles, buscando paliativos e soluções rápidas em vez de aprendermos a enfrentar nossos problemas e mudar nosso estilo de vida.

Nossa insatisfação movimenta um grande e lucrativo mercado. O nosso desejo de ser importante e especial é explorado todo o tempo. Somos influenciados a crer que, comprando determinado produto, como o carro tal, um novo modelo de celular, uma roupa de grife, ou aquele perfume que leva o nome de um artista famoso, todos caríssimos, nos sentiremos especiais e únicos, sem refletir que a empresa não construiu um único aparelho celular, um único carro, um único frasco de perfume e que não somos a única pessoa no mundo que deseja ser especial e única.

Compramos coisas não somente porque nos são úteis, necessárias, ou simplesmente porque gostamos, mas também

REVENDO CAMINHOS

porque acreditamos que elas nos valorizarão. Essa é a motivação. Determinados produtos nos são apresentados de maneira a nos fazer acreditar que eles irão agregar algum valor a nós. Um determinado carro nos fará ser vistos como pessoas seguras, bem-sucedidas, inteligentes e de bom gosto. Uma marca de roupa exclusiva e cara, que poucos terão acesso, nos tornarão especiais. Um determinado perfume nos tornará atraentes ou um batom nos destacará em uma festa, como aconteceu à celebridade do anúncio.

Acreditamos na sensação de poder que determinada aquisição nos fará sentir. Uma ilusão de pouca duração. De posse do bem almejado, o efeito se esvai rapidamente e o vazio e a insegurança começam a vir à tona novamente, nos impulsionando à busca de uma nova aquisição. Ou seja, nossa baixa autoestima contribui para alimentar o consumismo, e esse sistema procura manter nossa baixa autoestima, nos iludindo e nos desviando da verdadeira solução, a fim de continuar se alimentando.

Para não nos tornarmos presas dessa loucura, não teremos de abrir mão de conquistas e aquisições materiais. Podemos usufruir de tudo o que pudermos e quisermos para ter mais conforto e melhorar nossa vida. Podemos adquirir coisas porque gostamos delas. Usufruir do que está disponível para ter mais praticidade. A loucura é perder valores essenciais e a própria saúde, como se nossa importância e nosso valor pessoal estivessem atrelados a todas essas aquisições. Jesus não precisou de uma coroa de diamantes para provar que era rei. A loucura é perder-se na ilusão de que tudo que nos é oferecido e que nos tem atraído, é suficiente para alimentar a sede e a fome de nossa alma. Contudo, Jesus nos deixou o ensinamento: nem só de pão viverá o homem.

234

RECONSTRUÇÃO DA AUTOESTIMA

Não temos que ser pessoas passivas, acomodadas e inertes. Somos capazes de lutar, progredir e conquistar. A preguiça, o marasmo, a falta de motivação nos fazem mal e não fazem parte dos planos de Deus para nós. No entanto, a aceitação e gratidão também são ingredientes imprescindíveis para uma vida feliz.

Podemos, sim, conquistar coisas melhores. Apesar disso, se não somos capazes de gostar de nós mesmos, independentemente do que possuímos, se nunca conseguimos estar felizes com o que já temos, jamais teremos o suficiente para nos sentirmos felizes e amados, por mais que conquistemos tudo o que desejamos. O problema não está nos bens que adquirimos ou em outras conquistas, mas em como nos relacionamos com tudo isso. Os bens materiais nos servem ou nós servimos a eles? Quem está no domínio? Quem é o servo?

Nossas carências e dificuldades emocionais são usadas contra nós. E a perda não é apenas financeira. Ou seja, não apenas gastamos dinheiro tentando comprar uma satisfação, compensar frustrações ou fugindo da solidão. Perdemos tempo, valores, pessoas, fé e uma vida de melhor qualidade.

Nos deixamos envolver por mensagens que se utilizam de mentiras, que matam e roubam os valores mais importantes, destroem nossos relacionamentos mais preciosos. Penso que, se satanás não está por trás desse sistema enlouquecedor, então o sistema é satânico por natureza. De uma forma ou de outra, sem perceber, estamos deixando de assumir o controle de nossa vida, abrindo mão de tudo que temos de maior valor e nos distanciando do que realmente importa.

Com certeza não é o estilo de vida em abundância que Jesus tem para nós. Nossa verdadeira identidade está

235

escondida atrás de muitas máscaras e adornos. Está, muitas vezes, soterrada sob os escombros de traumas, humilhações, vergonha, culpa, dores sofridas de várias formas. Tentamos negar e mascarar nossas inseguranças, fraquezas, sentimentos de inferioridade e vazio interior com o que o mercado oferece. Ao invés de enfrentar e buscar soluções, nós buscamos disfarces e compensações, nos tornando mais vulneráveis à manipulação em uma sociedade que se utiliza destas fraquezas. O verdadeiro sentimento de valor próprio não depende dos acessórios que usamos.

O valor que temos já está inerente a nós. Não precisamos de coisas para sermos alguém. Podemos estudar, crescer, aprimorar e conquistar, sem esquecermos que, em Deus, já somos amados, aceitos e reconhecidos como únicos, desde que estávamos sendo gerados.

REFERÊNCIA PERFEITA

Aprendemos a reconhecer nosso valor e a definir quem somos, a partir do olhar do outro, porém esse não é um espelho totalmente confiável. Ele foi distorcido por suas próprias indefinições e conflitos. É o olhar de quem não conhece nem a si mesmo. Jesus mostrou que, muitas vezes, somos "cegos guiando cegos".

Certamente o olhar do outro nos ajuda. Ele percebe coisas a nosso respeito que fogem à nossa percepção, porém não nos definem. Não somos apenas e simplesmente o que o outro percebe.

Uma pessoa míope não enxergará de forma definida o rosto de alguém à sua frente, o que não quer dizer que esse

RECONSTRUÇÃO DA AUTOESTIMA

rosto esteja disforme. Os olhos do outro não são espelhos confiáveis para refletir o que realmente somos. No entanto, não ser reconhecido, aprovado e valorizado pelo outro não é prova de falta de valor.

Somos capazes de refletir e de autoexaminarmos, de olhar para dentro de nós mesmos e nos conhecermos. Somos a única criatura de Deus aqui na terra capaz de refletir sobre si mesma. Essa capacidade precisa ser usada sem economia, mas não podemos ser arrogantes a ponto de achar que podemos perceber, responder, explicar ou compreender tudo. Somos mais do que nossa percepção e capacidade de reflexão podem alcançar.

Nosso olhar está contaminado por nossa história, por bloqueios, sentimentos negativos e tantos outros obstáculos. Não perceberemos sozinhos todo o mistério que nos envolve. O que vemos e entendemos a nosso próprio respeito é apenas parte do que somos. Podemos nos comparar a uma ilha ou a um iceberg. A parte visível, que fica acima da água, representa a menor parte da montanha. A maior parte está submersa. O que vemos e o que sabemos a nosso respeito representa a parte visível. O restante nós desconhecemos.

Em um processo terapêutico trabalhamos para trazer à tona algo mais do que está submerso. Para trazer um pouco mais de luz a essa grande parte escura que influencia nosso agir, pensar e sentir. No entanto, por mais valioso que seja esse trabalho, ele não desvenda todos os nossos segredos. Nenhum instrumento terapêutico foi, ou tem sido, suficiente para explicar e revelar todos os mistérios sobre quem somos.

Contudo, o fato de não nos conhecermos não significa que não somos conhecidos por ninguém. Há um olhar perfeito,

REVENDO CAMINHOS

sem mácula, puro e que nos vê além do que somos capaz de perceber. Nós olhamos a aparência, o superficial. Ele vê o profundo. " O SENHOR não vê como o homem: o homem vê a aparência, mas o SENHOR vê o coração" (1Samuel 16.7).

Ele também é o referencial, o espelho perfeito e capaz de nos revelar uma imagem fiel de nós mesmos. Um olhar livre de obstáculos, que nos percebe com profundidade e totalidade.

> O coração é mais enganoso que qualquer outra coisa e sua doença é incurável. Quem é capaz de compreendê-lo? "Eu sou o SENHOR que sonda o coração e examina a mente, para recompensar a cada um de acordo com a sua conduta, de acordo com as suas obras" (**JEREMIAS 17.9,10**).

Ele é o referencial e a direção para conhecermos nossa verdadeira identidade. Jesus é um espelho sem manchas, sem equívocos, sem falhas. Ele não tem dúvidas sobre quem nós somos nem sobre quem Ele é.

Jesus deixou sua glória e nasceu como homem. Viveu dentro dos limites que um corpo humano e que uma vida terrena impõem. Contudo, desde criança ele tinha consciência de sua identidade. Aos doze anos, ele foi juntamente com Maria e José na festa da Páscoa, que acontecia anualmente em Jerusalém. Na volta para casa, depois de um dia inteiro de viagem, Maria e José perceberam que Jesus não estava, como eles imaginavam, junto com os parentes e amigos. Então, eles voltaram à Jerusalém para procurá-lo e depois de três dias o encontraram no templo, conversando com os doutores. A Bíblia nos conta a história:

RECONSTRUÇÃO DA AUTOESTIMA

> Depois de três dias o encontraram no templo, sentado entre os mestres, ouvindo-os e fazendo-lhes perguntas. Todos os que o ouviam ficavam maravilhados com o seu entendimento e com as suas respostas. Quando seus pais o viram, ficaram perplexos. Sua mãe lhe disse: "Filho, por que você nos fez isto? Seu pai e eu estávamos aflitos, à sua procura". Ele perguntou: "Por que vocês estavam me procurando? Não sabiam que eu devia estar na casa de meu Pai?" (**LUCAS 2.46-49**).

Jesus, desde criança, sabia quem era e o que veio fazer. Ele sabia de onde vinha, qual era sua missão e para onde voltaria. Não tinha dúvidas a respeito de sua identidade. Já adulto, Ele foi até o rio Jordão para ser batizado por João Batista e, assim que saiu da água, o Espírito de Deus desceu em forma de pomba e uma voz que veio do céu disse: "Este é o meu filho amado em quem me comprazo". Naquele momento, Deus também confirma a identidade de Jesus para os que estavam presentes e para todos nós, hoje.

Jesus ama e conhece a cada um de nós melhor e mais profundamente do que nós mesmos. Sabe quem somos, o valor que temos e qual o propósito de nossa vida aqui. Conhece cada célula de nosso corpo e onde fica a fronteira entre a alma e o espírito. Lugar que talvez nunca venhamos a conhecer. Conhece todos os elementos que compõem nosso corpo, nossa alma e espírito, e os caminhos que nos levam à nossa essência, porque Ele mesmo criou a essência e o caminho.

Jesus se identifica como EU SOU, porque Ele é imutável, perfeito, completo, definido. Nós estamos em processo contínuo de crescimento e mudança. Ele sabe quem somos hoje e o que podemos vir a ser. Ele pode nos revelar. Quanto mais

239

próximos dele estivermos, mais fortalecida estará nossa identidade e mais próximos estaremos da verdade sobre nós mesmos. Conhecer Deus, saber quem Ele é, nos ajuda a saber quem somos. Da mesma forma que, quanto mais sentirmos e compreendermos seu amor por nós, mais conscientes estaremos do nosso real valor.

A Bíblia toda é uma declaração de amor à humanidade. Um reconhecimento do quanto Ele nos ama e nos valoriza. E o sacrifício de Jesus foi o marco mais visível dessa prova. A cruz é a prova real e concreta do seu amor por nós e do valor que Ele nos dá. E o reconhecimento desse sacrifício e de Jesus como Salvador muda nossa condição de criatura para a de filhos de Deus.

A nossa essência está ligada à essência de dele. Viver fora dessa verdade é caminhar fora da rota. Voltar à essência é retomar o caminho para reconhecer a pessoa que nascemos para ser.

Ele é o Criador. E o conhecimento profundo de nós mesmos depende da ajuda de quem nos conhece profundamente. Precisamos dele para sabermos quem realmente somos. Necessitamos do amor dele para reconhecermos nossa importância.

Um novo olhar para nossas experiências pode mudar a interpretação que fizemos delas, nos trazendo uma nova consciência e uma mudança de vida. Contudo, através do olhar perfeito de quem nos fez, nos conhece e nos ama, poderemos saber quem realmente somos. No espelho de Deus, poderemos ver refletida nossa real imagem.

Conhecer a nós mesmos sem conhecê-lo é como tentar descrever a mensagem revelada em uma obra de arte sem conhecer o artista. A interpretação pode ser pura divagação.

RECONSTRUÇÃO DA AUTOESTIMA

É no artista que está a revelação da obra. Um olhar através do espelho de Deus nos ajudará não somente a nos ver como somos, mas a nos tornar quem temos potencial para ser.

COMO DEUS NOS VÊ

[...] mas aqueles que esperam no SENHOR [...] Voam alto como águias (ISAÍAS 40.31).

Há uma história, contada no livro de Leonardo Boff (1997, p. 30), que diz que um camponês encontrou na floresta um filhote de águia e o capturou. Colocou-o no galinheiro, junto às galinhas, comendo o que elas comiam, vivendo como elas. Esse filhote cresceu e se tornou uma águia linda, mas se comportava como galinha.

Cinco anos depois, este camponês recebeu a visita de um naturalista, que ficou admirado ao ver uma águia no galinheiro, como se fosse uma galinha, e decidiu salvá-la. O camponês lhe disse que a tentativa seria em vão. Apesar de suas asas de quase três metros e meio de extensão, aquela águia acreditava que era uma galinha.

Inconformado, o naturalista disse que ela era, e continuaria sendo, uma águia, porque tinha um coração de águia e um dia voltaria a voar como tal.

Colocou-a no braço, a ergueu dizendo que ela era uma águia, que seu lugar era no céu e que ela deveria voar. A águia olhou ao redor, viu as galinhas ciscando e pulou para junto delas.

Na tentativa seguinte, ele subiu com ela no telhado da casa e fez a mesma coisa. Mas, novamente, a águia viu as galinhas e pulou para junto delas.

REVENDO CAMINHOS

No dia seguinte, o naturalista levou a águia para o alto de um morro, longe das casas e das galinhas, ergueu a águia nos braços, com os olhos voltados para o sol e repetiu o que havia dito nas outras tentativas. Depois de alguma resistência, ela abriu suas asas, ergueu-se soberana e começou a voar, cada vez mais alto e nunca mais voltou.

Essa história é uma metáfora da nossa condição. Somos águias, mas fomos criados para acreditar que somos galinhas (no bom sentido, é claro). Fomos criados cheios de medos, inseguranças e fragilidades. Traumas de infância, humilhações, abandono, rejeição nos levaram a crer que somos "galinhas". Contudo, fomos feitos à imagem e semelhança do Deus Todo-poderoso, temos o DNA do Criador. Há em nós o sopro de vida dado por Ele. Nele temos o que necessitamos, mas se não cremos, essa verdade não terá efeito em nós, porque não tomaremos posse dela.

Em Deus, descobrimos nosso verdadeiro potencial. Ele nos conhece e confia em nós. Sua confiança está no fato de Ele mesmo ter-nos feito, com potencialidades, dons e talentos.

Somos capazes de voos muito altos, porque Ele mesmo nos capacitou para isso. Segundo a sua Palavra, nós podemos todas as coisas nele, que nos fortalece. O que não podemos por força própria, podemos pela força dele.

Ele não define quem somos através do lugar que ocupamos na família ou na sociedade, pelo que possuímos ou perdemos, pelo que aprendemos ou deixamos de aprender, pelas humilhações ou pelos privilégios.

Davi era o filho menos considerado de sua família. Seu pai tinha planos e expectativas em relação aos outros filhos, menos em relação a ele. Era o menor sob a ótica do pai e dos

RECONSTRUÇÃO DA AUTOESTIMA

irmãos. Foi nele, porém, que Deus viu o potencial necessário para ser o rei de Israel. Deus vê o que mais ninguém pode ver.

Em seu livro *Quem é Você – Águia ou galinha* (2012), o Pastor Jorge Linhares, assim como outros autores e outros livros, faz algumas comparações entre o comportamento da águia e da galinha. Como cada uma reage diante de algumas situações e como usa os recursos que lhes foram dados. Entre essas comparações, está a maneira de usar as asas e como se comportam diante da tempestade — uma ilustração que nos ajuda a perceber como nós agimos diante de algumas circunstâncias, como usamos os nossos próprios recursos.

Eu fui criada no interior, em uma casa com quintal sempre cheio de galinhas. Feita com quiabo, pela minha mãe, elas eram uma maravilha. Porém, no quintal, era irritante sua pouca habilidade para lidar com as asas. Elas as batiam desajeitadamente, soltando penas para todos os lados, parecendo não ter nenhuma coordenação motora. Um verdadeiro estardalhaço; e o pior: para apenas subirem uns poucos centímetros do chão.

Ao contrário da galinha, a águia usa as asas com maestria. Com poucos movimentos, sem barulho e de forma elegante, ela ganha o céu. Respeitosamente, ela conquista grandes alturas. Com classe, segurança e formosura, demonstra superioridade na arte de voar, sem o propósito de se exibir.

Deus nos capacitou, nos deu inteligência, força e talentos para conquistar grandes alturas. No entanto, nem sempre reconhecemos esses recursos ou sabemos utilizá-los. Muitas vezes, os usamos como a galinha: fazendo muito barulho e obtendo pouco resultado.

Muitos de nossos projetos vão por água abaixo antes mesmo de serem iniciados, porque fazemos muito barulho

243

em relação a eles. Contamos nossos planos para todo mundo, e o resultado é que nada construímos. A energia que deveria ser usada na sua realização foi perdida na divulgação antecipada. Agimos como se tentássemos convencer os outros de algo, quando nós mesmos não estamos convencidos. Quem usa as asas como águia não faz barulho. Fala menos e realiza mais. Quem sabe que é capaz, faz o que tem que ser feito e deixa que as outras pessoas fiquem sabendo pelos resultados.

Muitos justificam o fracasso como sendo vítima da inveja do outro. Como se a inveja fosse uma força que interferisse diretamente em nossos planos, sem a nossa participação ou consciência.

Ouvi certa vez uma história — ou estória, não posso afirmar — sobre um piloto de avião, ex-combatente de guerra. Já aposentado, depois de alguns anos, decidiu tentar realizar um antigo sonho: fazer um pequeno voo em um dos aviões que ele havia pilotado quando estava no exército. Depois de muito empenho para conseguir uma autorização, ele fez uma revisão no pequeno bimotor e levantou voo. A emoção foi intensa. À medida que o avião ganhava o céu, seu coração parecia não se conter dentro do peito. Em poucos minutos, anos de história passaram em sua mente, como um filme. No entanto, não levou muito tempo para que a preocupação e o medo roubassem o lugar da alegria.

A uma determinada altura ele percebeu um movimento abaixo de seus pés. Havia um buraco, onde um rato tentava roer a mangueira que levava combustível até o motor. A situação passou de uma aventura emocionante para a expectativa de uma tragédia. A solução possível, ao olhar de qualquer pessoa, poderia ser de recuar imediatamente,

RECONSTRUÇÃO DA AUTOESTIMA

descer e tentar pousar o mais rápido possível. Porém, não haveria tempo suficiente. Antes de o avião chegar ao solo, o pior já teria acontecido.

Apesar da gravidade da situação, aquele experiente e confiante piloto não se deixou abater, não se permitiu desistir. Ao invés de descer, ele decidiu subir o mais alto que seu bimotor fosse capaz de suportar. Nem a ameaça, nem o desespero conseguiram tomar espaço em sua mente. Ele continuou subindo, mais e mais, até que o movimento abaixo de seus pés cessou. O rato morreu. O ar rarefeito de elevadas altitudes o matou sufocado. Não foi o rato que definiu o desfecho da história, mas a escolha do aviador.

Da mesma forma, a inveja de outros pode ter a intenção de um roedor, de destruir nossos projetos. Contudo, se ao invés de recuar decidirmos subir e vencer, nossa vitória inutilizará a inveja, não importa por intermédio de quem ela venha ou onde ela esteja escondida.

O que nos faz fracassar não é o poder destruidor do invejoso, mas nossa escolha em recuar. Contudo, para evitar que nossas forças sejam minadas por palavras contrárias, o mais sábio é agir como a águia, silenciosamente.

Deus nos ensina algo sobre isso no primeiro capítulo do Evangelho de Lucas, onde conta a história de Zacarias, sacerdote do Senhor casado com Isabel, que era estéril. Enquanto Zacarias estava no santuário para queimar o incenso e o povo do lado de fora orava, o anjo Gabriel lhe apareceu dizendo que sua esposa lhe daria um filho, a quem ele daria o nome de João. Contudo, Zacarias questionou o anjo, dizendo que ele era velho e que Isabel havia passado da idade de gerar filhos. Então o anjo Gabriel lhe disse:

245

"[...] Sou Gabriel, o que está sempre na presença de Deus. Fui enviado para transmitir a você estas boas-novas. Agora você ficará mudo. Não poderá falar até o dia em que isso acontecer, porque não acreditou em minhas palavras, que se cumprirão no tempo oportuno" (**Lucas 1.19-20**).

Zacarias só voltou a falar depois que o filho nasceu.

Ele questionou porque avaliou a situação baseando-se nas possibilidades humanas. E se isso aconteceu mesmo ele tendo ouvindo do próprio anjo, provavelmente as pessoas que estavam do lado de fora do santuário também duvidariam caso ele revelasse o acontecido. O questionamento das outras pessoas poderia acrescentar mais dúvida ainda ao coração de Zacarias. Para evitar que ele mesmo murmurasse e que desse oportunidade para ouvir murmurações, Deus o calou até que a promessa se cumprisse.

O muito falar pode minar as forças e a fé. O que é bem diferente de pedir conselhos sobre o que pretendemos fazer. Aprender com quem sabe, buscar informação e pedir conselhos certamente contribui para o êxito de um projeto. "Sem diretrizes a nação cai; o que a salva é ter muitos conselheiros." (Provérbios 11.14).

O problema está no movimento, na divulgação antecipada, no estardalhaço que muitas vezes fazemos antes de concretizarmos algo.

COMO ENFRENTAMOS AS TEMPESTADES

"Porque ele faz raiar o seu sol sobre maus e bons e derrama chuva sobre justos e injustos" (**Mateus 5.45**).

RECONSTRUÇÃO DA AUTOESTIMA

O Sol se levanta e as tempestades caem para todos, independentemente da idade, da classe social, da raça ou do credo. Todos passamos por elas, de uma forma ou de outra. O que difere é a atitude de cada um diante delas. Ninguém está imune a crises e tribulações. Elas fazem parte da vida e contribuem para nosso crescimento.

Vivenciamos sucessos e fracassos, ganhos e perdas, mas o mais importante é o que fazemos com eles, a forma como os aproveitamos para crescer e realizar o propósito para o qual nascemos e vivemos.

Desistir ou enfrentar depende do olhar de cada um e faz toda a diferença no desenrolar de cada história. Para uns, uma porta fechada é um obstáculo que indica o fim da linha. Para outros, um sinal de que a vitória está em outra direção, ou que há algo a aprender enquanto busca a superação do obstáculo.

A galinha enfrenta a tempestade encolhida, com a cabeça baixa, entre as asas. O sentimento que desperta nos outros é de piedade. Sua atitude demonstra fraqueza e impotência.

A águia, ao contrário, se lança de encontro ao vento, para que sua força a eleve acima das nuvens que provocam a tempestade, demonstrando coragem e determinação.

Deus nos vê como águia. Ele conhece os recursos que nos deu. Sabe do que somos capazes. Quando nos vemos a partir de nossas limitações agimos como galinhas: inseguros, frágeis, vítimas da tribulação; mas a partir dos olhos Deus focamos as possibilidades.

O apóstolo Pedro, depois de ter conseguido a proeza de andar sobre as águas, afundou por medo do vento. Desviou o olhar de onde vinha sua força. Não é fácil manter o foco na

247

direção certa quando a tempestade nos assusta. No entanto, quando conseguimos manter os olhos em quem nos garante, nós permanecemos e o vento passa.

Pedro afundou, sim, por perder o foco, porém não podemos deixar de ressaltar que ele ousou sair do barco. E, por isso, mesmo que por pouco tempo, ele experimentou a incrível sensação de sentir o mar embaixo de seus pés. Algo que, imagino, ele jamais tenha se esquecido e que os outros, que escolheram a segurança do barco, só puderam imaginar.

Encolher-se em uma atitude de defesa traz a falsa sensação de proteção, de blindagem, roubando-nos a chance de experimentar e ir além. Evidentemente, há muitas situações que não podemos e não devemos enfrentar, pois nos expõem ao perigo. Diante de um assalto, não se deve reagir. Se percebemos o sinal de uma forte chuva, devemos buscar abrigo. Atitudes de defesa não significam covardia, mas prudência.

O nosso instinto de preservação nos leva a agir assim. Como contrair a mão rapidamente, ao sentir o calor do fogo, ou fechar os olhos quando qualquer coisa se aproxima de nosso rosto. Em situações dessa natureza, a defesa é prudente, útil e necessária. Contudo, em outras, é limitadora e nos leva a perdas significativas.

O filme *Dança com lobos* começa com uma cena muito marcante. O cenário é de uma guerra, na qual os dois exércitos inimigos permaneceram por muito tempo, cada um de um lado da trincheira, acuados, evitando o enfrentamento. Ambos, por medo do confronto, permaneceram na posição de defesa.

No entanto, enquanto se protegiam não puderam evitar um perigo e um prejuízo maior. Os soldados estavam

RECONSTRUÇÃO DA AUTOESTIMA

morrendo de fome, doença e falta de socorro para os feridos. De um lado e do outro, as perdas aumentavam a cada instante, mas ninguém tinha coragem para enfrentar a situação e decidir a batalha.

Até que um dos soldados, seriamente ferido, levantou-se. Com os pés quase moídos, calçou a bota, pegou seu cavalo e, em uma atitude parecida com delírio, foi para o meio do campo de batalha e instigou o confronto — um comportamento aparentemente louco, mas que definiu a situação.

Os dois lados se enfrentaram e a guerra teve seu desfecho. Evidentemente, muitos soldados foram mortos e feridos. Porém, por mais perdas que tenham acontecido, teria sido devastador para ambos se os dois exércitos permanecessem imóveis, apenas se protegendo do confronto.

A tentativa de nos proteger pode trazer um sofrimento muito maior. Agimos como se estivéssemos acuados, atrás de trincheiras, negando enfrentar as dificuldades, evitando alterações e mudanças até que uma crise nos lança no campo de batalha, nos impõe o confronto e nos desafia a enfrentarmos nossos limites. Quando isso acontece e nós enfrentamos a situação, podemos nos superar, crescer e nos tornar pessoas melhores.

Os desafios não são apenas parte inevitável da vida, mas também ferramenta de Deus para nos aperfeiçoar. O que para nós pode parecer um lugar seguro, para Deus é lugar de estagnação, de limitação, e sua proteção jamais nos paralisa.

Nossa tendência é buscar a segurança do cais e evitar as incertezas da viagem. Contudo, somos como os navios que estão seguros no porto, mas foram construídos para navegar. O porto é lugar de abastecimento, de reparos, não de permanência.

REVENDO CAMINHOS

Quando insistimos em nos manter por mais tempo que o necessário, Deus move as águas e permite que a tempestade arrebente as correntes e solte as âncoras. Pode ser assustador, mas isso tem um propósito.

Há uma história muito conhecida que fala de um mestre que viajava com seu discípulo. Chegando a uma região muito pobre, entraram em uma casa onde morava uma família que vivia de forma muito precária. O mestre e seu discípulo foram muito bem recebidos pelo dono da casa, que se desculpou por não poder oferecer mais do que um copo de leite. É que eles possuíam apenas uma magra vaquinha, cujo leite em parte era consumido pela família e em parte era trocado por alimentos na cidade.

Depois que se despediram e se afastaram um pouco da casa, o mestre ordenou que seu discípulo voltasse e matasse a vaquinha, empurrando-a do barranco. Mesmo assustado e sem entender, o discípulo obedeceu. Com muito pesar, ele matou a vaquinha, empurrando-a morro abaixo, e os dois seguiram seu caminho.

Dois anos mais tarde, depois que o mestre havia morrido, o discípulo voltou àquele mesmo lugar. Ele nunca havia conseguido esquecer o que fez. Ao chegar, foi surpreendido pelo que viu. No lugar do casebre, havia uma grande e bela casa. E a família pobre agora era formada por prósperos produtores. O rapaz indagou os motivos de tamanha transformação, e o dono da casa contou que tudo aconteceu após uma tragédia, depois que a sua vaquinha, que era a única fonte de renda da família, caiu no barranco e morreu. No início, eles ficaram desesperados e passaram por muita fome, mas depois tiveram de buscar outras alternativas para continuarem

250

RECONSTRUÇÃO DA AUTOESTIMA

vivendo. Nessa busca, descobriram que a terra era muito fértil e, daí, começaram a plantar e prosperar.

Foi preciso perder para ganhar. Sair do conforto para crescer. A dificuldade gera a necessidade de buscar soluções e, consequentemente, amplia a visão. O despertar da consciência, muitas vezes, vem após uma crise. Antes, é como se vivêssemos em um estado constante de sonambulismo. Quando fazemos por muito tempo uma mesma coisa e nos acomodamos a uma situação, ela se torna automática. Perdemos a consciência do que estamos fazendo e simplesmente repetimos as mesmas ações. Algumas vezes isso se torna útil, como quando aprendemos a dirigir. No início, precisamos estar ligados a cada movimento, detalhe e gesto. Com a prática, essas atitudes se tornam automáticas. Dirigimos sem pensar no que estamos fazendo, de maneira que podemos conversar com alguém do lado, ouvir uma música etc.

O problema é quando algumas situações, das quais deveríamos estar conscientes, também passam para o automático, de maneira que perdemos a noção de seu valor. Um exemplo disso é deixar de valorizar e perceber a importância da família porque a temos todos os dias; nos esquecermos do quanto a vida é preciosa porque estamos bem de saúde; realizarmos o trabalho com descaso e sem entusiasmo, porque nos sentimos seguros no emprego.

As tempestades nos tiram do conforto, nos alertam, nos movem e mostram novos mares. Muitas vaquinhas precisam ir para o brejo durante a nossa vida para nos despertar para novas possibilidades e nos mostrar novos horizontes. Algumas vezes é um emprego que se perde ou uma sociedade que se desfaz, uma falência que nos pega de surpresa, uma pessoa que nos abandona, enfim. Há muitas situações que são, a princípio, sentidas como perda, fracasso ou tragédia, mas na verdade são mudanças que acontecem não para nos enfraquecer, mas para revelar nossa força, novos dons, talentos e capacidades. Não para afundar o barco, mas para mudá-lo de direção. Novas terras foram descobertas porque o vento forte e incontrolável mudou a direção do navio.

Quando as crises nos abatem e nos encolhemos, com pena de nós mesmos, como galinhas, perdemos as oportunidades ocultas na tempestade. Quando nos lançamos como a águia, saímos do lugar de conforto para alcançar outros mais altos. Sentir pena de si mesmo torna mais difícil a caminhada, além de atrasar o processo.

Deus aproveita as dificuldades pelas quais passamos para transformar e aprimorar nosso caráter. Creio que Ele espera que, ao passarmos por nossas tempestades, possamos não apenas buscar novas soluções, mas perceber o que estamos aprendendo a partir das dificuldades e quem estamos nos tornando enquanto as superamos.

Viver como águia não nos torna imunes ou isentos das crises nem nos dá garantias de estabilidade, mas nos torna mais habilitados, a cada desafio; não nos garante o sucesso em todos os voos, mas nos ensina a crescer com o fracasso, sem nos depreciarmos pelas falhas.

Não é um caminho fácil. Certamente não é algo que conseguiremos realizar da noite para o dia. Contudo, cada pequeno passo dado aumentará o respeito próprio. E este aumentará a força para prosseguir, o impulso e a coragem para nos comprometermos com novos passos em direção a nos tornarmos a pessoa que Deus nos potencializou para ser.

RECONSTRUÇÃO DA AUTOESTIMA

DEUS REVELA NOSSAS CAPACIDADES SEM OCULTAR NOSSOS DEFEITOS

Certa vez, Jesus chegou à praia, onde havia dois barcos e alguns pescadores lavando suas redes. Ele entrou no barco de Pedro, pediu que se afastassem um pouco e falou à multidão que o seguia. Assim que terminou, pediu a Pedro que jogasse a rede. Os pescadores haviam trabalhado a noite toda, e a pesca tinha sido um fracasso. Pedro, contudo, confiando na palavra de Jesus, lançou-a novamente e o resultado foi uma pesca maravilhosa e surpreendente.

O interessante é que Jesus chegou à praia no momento em que eles lavavam a rede, e não antes disso. Enquanto ele falava, os pescadores terminavam o serviço. Ele sempre chega no tempo certo.

Quem já teve a oportunidade de ver as redes sendo retiradas do mar ou de um rio deve ter ficado surpreso com a quantidade de lixo que elas trazem. São coisas estranhas que não deveriam estar no fundo dos rios e dos mares. Em muitos lugares, a pesca é prejudicada pelo lixo jogado nas águas. Os peixes não conseguem sobreviver. Não pode haver vida em águas sujas. Os pescadores precisam lavar as redes e consertar-lhes os danos, antes da próxima pesca. Caso contrário, o trabalho se torna inviável. Uma rede obstruída pelo lixo ou danificada não pode ser usada novamente.

Se sondarmos nosso interior, certamente encontraremos muitos resíduos lançados durante nossa vida, coisas desagradáveis que achávamos estar encobertas pelas águas do tempo para sempre, mas em algum momento são trazidas à tona. Quando isso acontece, incomodados com a sujeira, tentamos jogá-la de volta para o fundo sem limparmos a rede — uma

253

escolha motivada pela economia emocional. Queremos nos poupar da dor, evitar o desgaste, fugir do conflito, enfim, tentamos nos economizar. Uma tentativa que podemos chamar de "economia porca", por causar um prejuízo existencial incalculável. Nossa vida vai se tornando estéril devido a tanto lixo escondido.

O propósito de Jesus é nos ajudar a enfrentar a verdade para nos libertar e nos abençoar. Enquanto Ele falava à multidão, esperava os pescadores lavarem suas redes, para lhes proporcionar uma pesca maravilhosa. Enquanto Ele fala conosco, aguarda que lavemos nossas redes, porque planeja nos proporcionar verdadeiros milagres. Ele não deseja que nossa mente e nosso coração sejam redes cheias de entulhos. Ele nos ama, apesar da sujeira que guardamos. Porém, não deseja que permaneçamos dessa forma.

Deus nos revela seu amor, o quanto nos valoriza e acredita em nós. Ele nos criou à sua imagem e semelhança, nos deu domínio sobre tudo na terra e no mar, e entregou sua vida para que fôssemos salvos. Demonstrou que vê em nós o que ninguém mais vê. Afirmou que todo aquele que nele crê poderá fazer mais do que ele fez enquanto esteve aqui. Enfim, Ele realçou o melhor de nós. Contudo, não omitiu nem escondeu nosso lixo interior, antes revelou nossa natureza ruim, os erros, fraquezas, limitações, tendências e sentimentos negativos.

> "Pois do interior do coração dos homens vêm os maus pensamentos, as imoralidades sexuais, os roubos, os homicídios, os adultérios, as cobiças, as maldades, o engano, a devassidão, a inveja, a calúnia, a arrogância e a insensatez"
> (**MARCOS 7.21**).

RECONSTRUÇÃO DA AUTOESTIMA

Somos sua imagem e semelhança, mas também somos frutos da queda e herdeiros do pecado original. O bem e o mal fazem parte de quem somos. No Evangelho de Lucas há o registro de um detalhe importante e muito significativo sobre o quão profundo Jesus nos conhece, sobre seu objetivo em despertar nossa consciência e nos dar a oportunidade de lavarmos nossas redes para que o Espírito dele possa fluir através de nós.

Ele explicava a seus discípulos todas as coisas que haveria de lhe acontecer em breve e que todos iriam se dispersar quando esse momento chegasse. Ao ouvi-lo, Pedro afirmou com muita convicção que jamais deixaria Jesus, que qualquer um poderia abandoná-lo, mas ele não. No entanto, Jesus lhe afirmou que não era bem assim. Que, na verdade, Pedro o negaria três vezes, antes que o galo cantasse.

Não demorou muito para que Jesus fosse levado prisioneiro e todos fugissem como Ele havia previsto, inclusive Pedro, que o seguiu de longe. Naquela mesma noite, quando estava em um pátio, perto do lugar onde Jesus se encontrava preso, o discípulo foi reconhecido como seguidor do Mestre. Com medo, imediatamente negou conhecê-lo. Em seguida, uma outra pessoa o reconheceu e depois outra. Enquanto ele ainda falava, negando pela terceira vez fazer parte do grupo que andava com Jesus, o galo cantou.

Nesse momento, o olhar de Jesus e de Pedro se encontraram, conforme declara o evangelho:

O Senhor voltou-se e olhou diretamente para Pedro. Então Pedro se lembrou da palavra que o Senhor lhe tinha dito: "Antes que o galo cante hoje, você me negará três vezes". Saindo dali, chorou amargamente (**LUCAS 22.61-62**).

Foi um impactante encontro de olhares que mexeu profundamente com Pedro. Nesse momento, ele foi surpreendido por uma consciência tão clara a respeito de si mesmo que sua alma foi tocada. Ele não sabia, mas ainda havia muito lixo em sua rede.

Apesar disso, o olhar de Jesus não foi um olhar de rejeição ou repreensão, de decepção ou condenação. Foi um olhar de amor, aceitação, compreensão e compaixão. Jesus é Senhor da história. Ele conhece os fatos antes deles acontecerem, por isso não se decepciona. Ele sabia o que podia esperar de Pedro naquele tempo, assim como sabe o que pode esperar de nós a cada momento.

Aquela não foi uma revelação com objetivo de humilhar ou criticar seu discípulo, mas de trazer consciência, arrependimento, libertação e salvação. O alvo de Jesus é transformação. Ele revela quem somos para que nos tornemos quem podemos ser.

Pedro amava Jesus e não estava mentido quando afirmou sua fidelidade. Ele realmente acreditava que seria capaz de segui-lo independentemente dos perigos que viessem a acontecer. Mas a verdade vai muito além do que vemos, pensamos e sentimos. Não nos conhecemos como Ele nos conhece. Ele sabe como reagiremos, antes de agirmos. Conhece nossas palavras antes de pensarmos em dizê-las.

Por meio das experiências, Ele mostra quem realmente somos, trazendo à tona o que desconhecemos a nosso respeito. Só sabemos o tamanho de nossa fé quando passamos pelas tribulações; o quanto somos fortes, quando enfrentamos lutas; se temos domínio próprio, diante do confronto; o quanto o amamos e estamos dispostos a obedecê-lo, diante das tentações.

RECONSTRUÇÃO DA AUTOESTIMA

Jesus revelou as fraquezas de Pedro naquele momento, porque acreditava no seu potencial futuro. Não o via como discípulo vacilante, inseguro e impetuoso que todos conheciam, mas um líder firme, decidido e equilibrado, que ele realmente veio a ser.

Jesus revela o que é ruim para nos dar a chance de sermos melhores; mostra o que nos prende para nos dar a oportunidade de nos libertarmos.

Consciência e arrependimento são os primeiros passos para mudança. Se nos arrependemos, o inimigo deixa de ter direito de nos acusar e requerer punição contra nós. Pedro enfrentou o doloroso processo e foi transformado, enquanto Judas fugiu, refém da culpa e foi tragado pela morte.

TERCEIRA PARTE

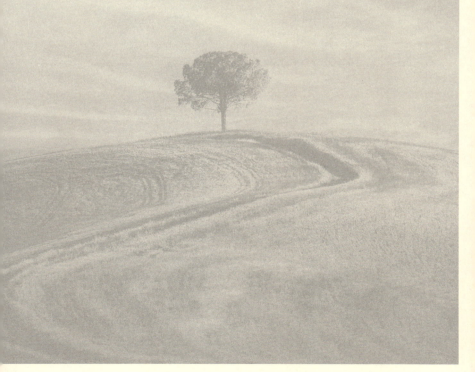

6 OLHANDO O FUTURO

NEM SEMPRE CONSEGUIMOS OLHAR PARA O PASSADO

Até aqui relatei muitas situações que demonstram como a compreensão das experiências do passado podem gerar mudanças no presente e, consequentemente, na direção e nos caminhos do futuro. Podemos compreender o modo de agir de uma pessoa conhecendo sua história, seu mapa de mundo construído na infância.

Acredito no poder revelador da história e desse mapa. Na maioria das vezes, essa foi a chave para eu compreender as dificuldades de uma pessoa e conseguir ajudá-la. Isso, porém, não significa que só conseguimos auxiliar alguém por esse caminho.

Encontrei algumas pessoas que não estavam dispostas a me fornecer essas informações, e nem por isso o trabalho com elas se tornou impossível.

Ricardo, um jovem de dezoito anos, parecia muito ansioso ao me ligar em uma tarde, pedindo ajuda com urgência.

261

REVENDO CAMINHOS

Ele veio por indicação de um amigo seu, que eu havia atendido meses antes. Consegui falar com ele naquele mesmo dia, depois do meu último horário.

Ele estava muito angustiado. Era o mais novo de seis irmãos e o único que morava com os pais. Havia recebido uma proposta para ir para outra cidade, onde estavam três de seus irmãos, e ele teria oportunidade e ajuda para estudar e ter uma profissão — seu maior desejo. Parecia uma decisão simples, se não fosse pelo seu desespero por sentir-se culpado de deixar os pais sozinhos e por tantas outras preocupações, como ter que ajudar o irmão mais velho com seus problemas conjugais.

Ricardo tinha muita vontade de seguir sua vida, realizar seus sonhos, mas era impedido por um sentimento exagerado de responsabilidade pela família e culpa por não conseguir solucionar os problemas à sua volta. Sua angústia já vinha de algum tempo, porém naquele momento ele estava em pânico porque tinha que decidir e não conseguia.

Suas razões não eram suficientes para impedir sua saída de casa. Seus pais não eram inválidos nem tão idosos. Eles ainda trabalhavam e cuidavam de si mesmos. Seu irmão tinha problemas familiares, sim, como todos têm. Portanto, os motivos reais para tanto sofrimento não eram esses. Contudo, ele não conseguia mudar o foco. Negava-se a questionar qualquer outra coisa ou responder qualquer pergunta que eu fizesse no sentido de compreender melhor sua história de vida. Ele queria apenas uma solução e havia deixado bem claro que não estava disposto a voltar ao consultório.

Procurei alguns caminhos para ajudá-lo a pensar sobre dificuldades que ele não estava percebendo. Sobre alguns

OLHANDO O FUTURO

motivos que poderiam estar por trás de toda a sua preocupação e angústia, mas não fui bem-sucedida. Ele parecia não me ouvir. Fiquei preocupada com o que poderia acontecer caso ele saísse transtornado como estava.

Então, depois de várias tentativas fracassadas, fiquei algum tempo olhando para ele, em silêncio, pedindo a Deus que me desse alguma estratégia diferente.

Ricardo havia demonstrado ter muita fé e temor a Deus. Várias vezes disse que temia tomar uma decisão errada, que pudesse desagradar a Deus. Então, de repente, cheguei para frente do sofá, olhei bem fixo para Ricardo e perguntei:

— Você realmente se preocupa com o que Deus pensa a seu respeito?

Ele estava de cabeça baixa, balançando as pernas e apertando os dedos. Assim que fiz essa pergunta, ele parou, olhou para mim com um ar de assustado, e disse:

— Claro que sim! Eu não suportaria fazer algo que Deus não gostasse.

Na verdade, eu não havia pensado na pergunta e nem sabia ao certo onde essa história poderia chegar, mas consegui que ele me olhasse e me ouvisse. Já era um bom começo. Decidi seguir por esse caminho, mesmo sem certeza do resultado.

Eu perguntei:

— O que você acha que Deus está pensando sobre tudo que está acontecendo com você agora, e sobre todas as suas preocupações?

Ele disse que minha pergunta era estranha. Honestamente, eu também achei, mas prossegui, crendo que era a resposta de Deus para mim. Eu não pretendia dar a ele mais um motivo para sentir-se culpado. Pelo contrário, minha intenção era

263

lhe oferecer alívio para todo aquele peso desnecessário que ele impunha a si mesmo.

Então continuei. Disse que estava tentando imaginar o que Deus pensa quando nós, mesmo sem querer, achamos que podemos ser como Ele e fazer o que Ele faz, porque, na realidade, era algo assim que estava acontecendo.

Eu lhe disse:

— Você desejava estar em uma determinada cidade estudando e trabalhando, mas também queria estar na casa de seus pais e próximo de seu irmão mais velho, como se fosse onipresente. Contudo, somente Deus tem esse poder. Você queria solucionar as suas dificuldades, a dos seus pais e de seu irmão, como se você fosse onipotente, mas só Deus o é. Você está tentando assumir a responsabilidade de salvador da família toda, mas esse lugar pertence a Jesus. Você é forte, com certeza, mas não é Deus. E além de tudo isso, você age como se fosse o único capaz na família. Como se os outros fossem frágeis, incompetentes e sem nenhuma habilidade ou condição para conduzirem a própria vida. Eu creio que você está equivocado a respeito de Deus, de você mesmo e dos outros.

Enquanto eu falava ele permanecia me olhando e me ouvindo atentamente. Havia parado de sacudir as pernas e apertar os dedos. Quando terminei, ficamos em silêncio, olhando um para o outro por alguns segundos, tempo que pareceu uma eternidade. Eu não sabia exatamente que efeito as minhas palavras tinham causado. Sabia apenas que havia conseguido chamar a atenção dele e lhe tirar daquele estado de total descontrole e desespero.

Quando, enfim, ele falou, percebi o alívio em sua voz e consequentemente, dentro de mim.

264

OLHANDO O FUTURO

Resumindo, ele disse que nunca havia pensado por esse ângulo, mas fazia todo o sentido. Que à medida que eu falava, tudo foi ficando mais claro. Sem se dar conta, era exatamente o que ele estava fazendo. Agora, mais calmo e aliviado, tivemos a chance de falar sobre algumas de suas inseguranças e medos que estavam escondidos atrás de todas essas preocupações. Medo do novo, da possibilidade do fracasso e da responsabilidade em assumir a própria vida. Suas exageradas preocupações eram um freio inconsciente para evitar as mudanças. Ele tinha muitos planos, mas se sabotava por medo de realizá-los.

Ricardo saiu com um sentimento muito diferente daquele de quando chegou, graças a Deus. Retornou, na semana seguinte, apenas para me dizer como estava e que decisões havia tomado. Contou-me com otimismo que sua passagem já estava comprada e os planos traçados.

Certamente, havia muito mais a fazer por ele se houvesse oportunidade. No entanto, não significa que não tenha sido possível ajudá-lo.

O ser humano é um mistério ainda indecifrável.

REESCREVENDO O FUTURO

Nossa forma de pensar é linear, ou seja, na ordem passado--presente-futuro. O passado influenciou o presente e o presente influenciará o futuro. É assim que as ciências exatas compreendem a realidade: causa-efeito. Procuramos as causas de alguns problemas nos fatores hereditários, assim como nos traumas de infância. Comportamentos de hoje são explicados a partir de experiências passadas. É o que venho expondo até aqui.

265

REVENDO CAMINHOS

É nessa forma de pensar que me baseio, pelo menos na maior parte do meu trabalho como psicóloga. Encontro no passado das pessoas respostas e explicações para seu comportamento de hoje. No entanto, essa não é a única forma de compreender ou de buscar essas respostas.

A chamada ciência do espírito acredita que os objetivos nos impulsionam, que as atitudes de hoje são influenciadas pelas expectativas em relação ao futuro, ou seja, os sonhos, os objetivos, as crenças em relação ao futuro nos movem para fazer o que fazemos hoje. Crê que podemos mudar o presente modificando a visão em relação ao futuro, ou seja, que a maneira de ver e o futuro influencia a forma de viver o presente.

Essa é a posição defendida por Victor Frankel. Segundo ele, o homem vive em busca de um sentido, e a doença está relacionada à falta de sentido. Médico, psicoterapeuta, professor de neurologia e psiquiatria, também foi o fundador da terceira escola de psicoterapia de Viena, a logoterapia, uma análise existencial que leva em conta o homem como um ser psíquico, físico e espiritual.

Victor Frankel sobreviveu aos campos de concentração nazistas, onde perdeu o pai, a mãe e a irmã. Ele passou por experiências dramáticas que lhe deram a certeza do quanto a vida depende da esperança, da expectativa positiva e da fé, de que o sofrimento só pode ser suportado se houver uma razão, um sentido para continuar vivendo.

Ele conta que os prisioneiros que perdiam o interesse pela vida, que não conseguiam acreditar no futuro, entregavam-se, desistiam de viver. Imóveis e indiferentes à fome, às ameaças dos nazistas ou à tentativa de ajuda dos companheiros, simplesmente ficavam prostrados até morrerem.

OLHANDO O FUTURO

Ele afirma:

> Não existe situação na vida que realmente não tivesse sentido. Isto se deve ao fato de que os aspectos aparentemente negativos da existência humana, particularmente aquela tríade trágica constituída de sofrimento, culpa e morte, também podem ser transformados em algo positivo, num mérito, quando são enfrentados com a atitude e postura corretas (Frankl, 1992, p. 72).

Muitas pessoas defendem uma posição e excluem a outra. Uns acreditam que somos influenciados pelas experiências do passado, e outros, que somos influenciados pela expectativa do futuro. Não podemos negar que as duas fazem parte da nossa realidade. Não somente as causas, mas também as finalidades nos movem e influenciam o nosso agir no presente. Somos influenciados tanto por nossa história, pelas experiências vividas, como somos motivados por nossos sonhos, objetivos e esperanças.

Os cientificistas buscam as causas, os finalistas, os fins. No entanto, como diz Paul Watzlawick, em seu livro *A realidade inventada*:

> [...] todo cientificista toca a sua vida conforme os fins, e todo finalista tem de se submeter às leis causais, seja para tomar cuidado na hora de acender o fogo, seja apenas para escapar às consequências de uma pedrada (1994, p. 93).

A vida é um grande mistério. Por mais que nossa visão seja ampliada, não decifraremos todos os seus desígnios.

REVENDO CAMINHOS

E, se limitarmos nosso entendimento com uma visão parcial, teremos de nos contentar com uma pequena parte da verdade. Perderemos mais se não soubermos integrar os conhecimentos. Nem os causalistas nem os finalistas detêm toda a verdade.

No livro *A doença como caminho* (2003, p. 49), os autores Thorwald Dethlefsen e Rüdiger Dahlke dizem:

> Essa polaridade obriga-nos a seguir nosso caminho em meio ao mundo de opostos até aprendermos a integrar tudo o que precisamos a fim de mais uma vez tornarmos "perfeitos como o Pai no Céu é perfeito".

Nem os finalistas podem afirmar que não são influenciados por suas experiências passadas, nem os causalistas podem negar que são movidos por expectativas. Pode parecer estranho dizer que algo criterioso e objetivo como a ciência possa ser movido por algo subjetivo como as crenças. No entanto, não podemos nos esquecer de que as teorias, por mais lógicas que sejam, são produto da observação do homem. Este, por mais criterioso que seja, é movido por seus valores, crenças e opiniões. Isso é inerente ao ser humano.

Verdades científicas não são imutáveis. A ciência é objetiva, mas não é absoluta.

Ela não trabalha com o incontestável e, sim, com o provável. Muitas "verdades" defendidas no passado hoje são negadas. As crenças mudam, e as verdades científicas também. Posições defendidas há algumas décadas atrás hoje são consideradas ultrapassadas. Doenças consideradas incuráveis há alguns anos, hoje são facilmente tratadas.

OLHANDO O FUTURO

A procura das causas e a tentativa de encontrar uma razão para os acontecimentos são naturais, fazem parte de nosso cotidiano. Quando alguém morre em um acidente, por exemplo, as especulações são sobre os motivos. Morreu por excesso de velocidade, por não usar o cinto de segurança ou por ter ficado preso nele. Buscamos a origem, a causa, e não a finalidade. No entanto, será que apesar de vários fatores se apresentarem como causas plausíveis, ele não aconteceria de qualquer maneira?

Quantos acidentes ocorrem, com perda total do veículo, e o passageiro sai ileso? Enquanto outros morrem em decorrência de uma situação aparentemente sem efeito, como uma simples queda.

Depois da tragédia com as torres gêmeas nos Estados Unidos, foi feita uma reportagem com as pessoas que deveriam estar naquele lugar, naquele momento e por algum motivo não chegaram. Uma se atrasou porque o filho adoeceu naquela noite. A outra, porque o pneu do carro furou. Alguém perdeu o transporte porque o telefone tocou na hora de sair. Enfim, imprevistos aconteceram.

Contudo, será que podemos afirmar que realmente essas foram as causas que levaram essas pessoas a não estarem no trabalho naquele dia e hora? Ou essas pessoas não eram para estar lá? Ou seja, houve uma causa ou um sentido, uma finalidade?

Judas traiu Jesus. Essa foi a causa que levou Jesus a morte? Certamente não. Já havia um plano feito por Deus e era preciso que houvesse um traidor. Judas ocupou o lugar do causador, porém, havia uma finalidade em todo o processo.

Jesus não foi vítima de Judas, e sim o executor de um projeto. A Palavra de Deus nos afirma que há uma finalidade,

269

um sentido para tudo. "O Senhor faz tudo com um propósito; até os ímpios para o dia do castigo" (Provérbios 16.4).

O que nos influencia realmente: as causas ou as finalidades? Onde estão as respostas: no passado ou no futuro? Na causa ou no sentido? Na origem ou na expectativa? Certamente em ambas. Causa e sentido fazem parte de nossa existência. Se excluirmos uma delas, perderemos parte da verdade. E mesmo que levemos em conta as duas posições, ainda assim não teremos como desvendar os mistérios da vida nem teremos respostas para a maior parte de nossas questões.

Como diz William Shakespeare: "Há mais mistérios entre o céu e a terra, do que sonha a nossa vã filosofia".

NÃO HÁ VIDA SE NÃO HOUVER UM SENTIDO

Não há como negar o poder das expectativas e de um sentido em nossa vida. Aquele que tem esses objetivos tem mais força para resistir aos obstáculos. Os que perdem o sentido, também perdem essa força.

Muitos homens na história, para salvar suas vidas, viram-se obrigados a renunciar a esse sentido. Foram coagidos a negar o que acreditavam, a abrir mão de suas expectativas para continuarem vivendo. No entanto, sabiam que se aceitassem a renúncia não teriam mais motivos para viver. O sentido de suas vidas representava a força que os impulsionavam. Por isso, optaram por abrir mão da própria vida.

Sócrates preferiu a morte a negar suas crenças. Assim como muitos cristãos, que preferiram a morte a renunciarem sua fé. O teólogo John Stott, em seu livro *A cruz de Cristo*, conta sobre um bispo de Esmirna chamado Policarpo que preferiu a morte na fogueira a negar a fé em Jesus (Stott, 2006).

OLHANDO O FUTURO

Sadraque, Mesaque e Abede-Nego foram três jovens que, pelo mesmo motivo, desafiaram o rei Nabucodonosor e foram lançados em uma fornalha. Assim como Daniel, que foi condenado à cova dos leões. Não se vive com excelência se não houver um sentido para viver.

Sem fé, expectativas ou sentido, não se investe na vida, assim como um paciente não se mobiliza para a cura.

Por quase quatro anos, eu fiz parte de uma equipe de cardiologia de um hospital e assistia aos pacientes durante o pré e o pós-operatório. Foi uma experiência diferente da que eu tinha em consultório. Isso me ensinou o quanto as expectativas em relação ao futuro podem fazer diferença, influenciar comportamentos e contribuir tanto para a doença quanto para a recuperação da saúde.

Antes de serem operados, a maioria dos pacientes recebia informações sobre o processo pelo qual seriam submetidos, desde a preparação para cirurgia aos cuidados necessários na recuperação. O fato de serem informados sobre o que iriam enfrentar trazia mais calma e confiança. O resultado era um pós-operatório mais tranquilo. O desconhecido assusta, amedronta e cria expectativas piores que a realidade.

Era possível perceber a diferença da reação entre os que passavam pelo processo e os que não obtinham essas informações. Alguns, por terem sido internados no fim de semana, ou pela urgência do precedimento cirúrgico, não tinham tempo hábil para receberem o mesmo cuidado. Esses, quando retornavam da cirurgia, ficavam bem mais agitados que os outros que haviam sido informados.

Um dos pacientes contou sobre uma operação à qual foi submetido dois anos antes, em outro hospital. Naquela

271

ocasião, ele não havia recebido nenhuma orientação antes ou depois da cirurgia. Assim que recebeu alta, foi para casa sem saber o que poderia fazer e o que deveria evitar. Não havia sido informado a respeito de seu estado atual nem do que poderia esperar a partir da cirurgia. Inseguro e imaginando o pior, sua recuperação levou vários meses. Bem mais do que deveria.

No setor de cardiologia em que trabalhei, recebíamos pacientes de várias cidades, com situações econômica e cultural distintas e com diferentes histórias de vida.

No entanto, um sentimento havia em comum a todos eles: o medo. Alguns se preocupavam com a possibilidade de não poder voltar às suas atividades diárias; outros, com a cicatriz no peito. No entanto, de maneira mais ou menos evidente, todos compartilhavam a expectativa de que o pior pudesse acontecer. A possibilidade e o temor da morte faziam parte do imaginário de todos. Alguns demonstravam esse medo abertamente; outros procuravam se controlar para não se deixarem dominar pelo desespero ou para não preocupar a família.

Era compreensível que a cirurgia trouxesse consigo uma ameaça, mas algumas vezes essas expectativas eram bem piores do que a realidade. O primeiro encontro com cada paciente era realizado individualmente. Eu visitava cada um, separadamente, em seu quarto ou em seu leito, quando eles estavam na enfermaria. Nesse momento, principalmente, por várias vezes, eu ouvi a mesma queixa: "Por que isto aconteceu justamente comigo?".

Depois de algum tempo, decidi mudar minha estratégia em relação ao meu primeiro contato. Troquei o encontro individual pelo coletivo. Duas vezes por semana eu realizava

OLHANDO O FUTURO

um trabalho em conjunto. Reunia os pacientes ainda não operados com os que já estavam em fase de recuperação. E, quando possível, convidava para a reunião alguém que havia sido operado, mas já estava de alta e de volta às suas atividades.

Eles recebiam as informações sobre todo o processo cirúrgico e, por meio dos outros pacientes, percebiam o que poderiam esperar do pós-cirurgia. Era um encontro que, além de trazer as informações necessárias, os ajudava a amenizar seus temores. Proporcionava-lhes, também, a oportunidade de falar um pouco sobre sua vida, seus sentimentos e suas expectativas em relação ao futuro. E como se tratava de uma cirurgia de coração, havia uma preocupação maior, um sentimento mais forte e muito a dizer a respeito.

O coração é um órgão que envolve uma riqueza simbólica especial, fazendo com que a enfermidade relacionada a ele gere muita angústia. É considerado como o órgão da vida e, simbolicamente, o local onde guardamos as nossas emoções. É o primeiro que se forma e o último que morre. Vários órgãos e funções do corpo têm expressões simbólicas diferentes em culturas diversas. Encontradas nas religiões, nas artes, nos mitos e nos rituais, o coração é um dos órgãos mais destacados em todas elas e em todas as épocas.

Há muitas expressões que fazem parte do nosso dia a dia envolvendo o coração. Por exemplo, quando você sente que não deve fazer determinada coisa, diz: "Meu coração não está pedindo". Essa frase me é bem familiar. Foi a que meus irmãos e eu mais ouvimos da minha mãe durante a adolescência. Quando estamos assustados, dizemos: "Meu coração parece que vai sair pela boca". Quando estamos com medo: "Estou com um aperto no coração".

273

Em um desses trabalhos em grupo, esse simbolismo ficou evidenciado de uma forma comovente. Havia um paciente que permanecia calado, de cabeça baixa, com as mãos entre os joelhos e os ombros caídos, enquanto todos os outros participavam mais ativamente. Seu rosto expressava preocupação e uma tristeza profunda. Era um homem simples, de origem humilde. Não sabia ler nem escrever. Tinha 65 aos de idade, casado, com seis filhos e vários netos. Vivia do que plantava em sua pequena propriedade.

"Meu coração me dizia" que havia algo a mais que o angustiava, além das preocupações compartilhadas por todos. Insisti que ele participasse, mas ele relutava em dizer qualquer coisa. No entanto, eu estava disposta a ficar naquela sala, o tempo que fosse preciso, até que ele "abrisse o seu coração".

Depois de quase uma hora, ele contou com timidez a sua história. Desde o dia em que ficou sabendo da necessidade da cirurgia, vinha sofrendo calado. Um medo enorme tomou conta dele e foi aumentado à medida que se aproximava o dia da internação. A família, preocupada, tentou entusiasmá-lo, sem resultado. Acreditavam que ele estava apavorado pelo fato de nunca ter sido internado nem mesmo ter adoecido antes. Ele não se lembrava de ter tomado um único analgésico que fosse, nem sentido uma simples dor de cabeça em toda a sua vida.

No entanto, sua angústia não era pelos motivos que a família ou eu estávamos imaginando. Ele não se preocupava com a anestesia nem com a cicatriz no peito, como alguns. Ele não se preocupava sequer com a possibilidade da morte, como todos. Sua preocupação era de natureza muito diferente.

Depois de vencer sua dificuldade de falar, ele contou com uma simplicidade comovente:

OLHANDO O FUTURO

— Eu tenho muito medo de abrirem meu peito. Tenho muito medo dos médicos tocarem no meu coração, no lugar onde está guardado os meus sentimentos. Eu tenho medo deles mexerem no meu coração e apagarem o amor que eu tenho pela minha família. Eu fico pensando que vou acordar da anestesia, vou olhar para eles e não vou sentir mais o que eu sinto hoje. Eu não quero mais viver se for para perder o amor que eu tenho por eles.

O silêncio imperou na sala. Por alguns minutos, ninguém se atreveu a dizer uma única palavra. Foi preciso aguardar até que fosse desfeito o nó que ficou preso na garganta de todos. A inocência, a simplicidade e o amor daquele homem nos tocou, nos comoveu profundamente.

Passada a emoção mais forte, eu consegui lhe explicar da forma mais detalhada que pude, como todo o processo aconteceria. Depois, perguntei se ele já havia ouvido falar sobre transplante de coração. Ele respondeu que sim. Então, eu lhe disse que a emoção não ficava guardada no coração. Se fosse assim, essa cirurgia não poderia ser realizada, porque a pessoa que recebesse o coração transplantado deixaria de ter seus próprios sentimentos para sentir o que estava guardado no coração do doador.

Tentei ser o mais clara e convincente possível, e ele compreendeu. Aliviado, sorriu com a simplicidade de uma criança. Seus ombros levantaram-se, como se tivesse sido retirado deles um peso enorme. Sua nova postura nos passou a mensagem de que ele havia recuperado as forças de tal forma que nenhum perigo mais seria capaz de ameaçá-lo.

O resultado de sua cirurgia foi excelente, e sua recuperação foi a melhor possível.

275

As causas de sua enfermidade poderiam estar no passado, no fator hereditário, nos hábitos alimentares ou na tensão da vida diária. No entanto, os motivos de sua angústia estavam relacionados às expectativa em relação ao futuro. Sem fé e sem uma expectativa positiva, realmente torna-se difícil investir na vida e mobilizar-se para a cura. Com a perda da esperança, o organismo se entrega e não responde ao tratamento.

Alexander Lowen disse que "[...] a fé está arraigada nos processos biológicos profundos do corpo [e] a perda de fé é a chave dos problemas do homem moderno" (1983, p. 16).

QUANDO SE PERDE O SENTIDO DA VIDA

A esperança que se retarda deixa o coração doente
(**PROVÉRBIOS 13.12**).

A senhora Maria José, de 68 anos, estava muito deprimida quando foi internada, motivo que impossibilitou que sua cirurgia fosse realizada na data prevista. Ela não aceitou participar dos trabalhos de grupo, não tinha motivação para sair do quarto nem para conversar.

Viúva há alguns anos, morava com sua única filha, que era divorciada, e os dois netos adolescentes. Sua família dava verdadeiro sentido à sua vida. Depois que perdeu o marido, todo seu tempo foi dedicado ao cuidado deles, até que se desentenderam.

Magoada, depois de uma discussão com a filha e os netos, ela foi morar sozinha em uma pequena cidade onde tinha alguns amigos. Sua esperança era de que a companhia deles suprisse sua carência e diminuísse sua tristeza. Sentindo-se profundamente rejeitada, acreditava que sua família não a

OLHANDO O FUTURO

queria por perto novamente e que sua presença já estava atrapalhando a vida deles.

Ela não gostaria de ter sido levada para o hospital quando sentiu-se mal. Nem mesmo achava necessário fazer uma cirurgia, afinal, a vida não tinha mesmo mais sentido. Não conseguia ver o porquê de passar por todo esse sacrifício se já não havia mais nada de importante para fazer. Contudo, como havia sido levada para o hospital, pensava que talvez essa fosse sua oportunidade de "ir embora" de uma vez. Ela passou a ver a cirurgia como uma fuga, uma solução, uma oportunidade para morrer.

Sua operação foi adiada por cinco dias devido ao seu estado depressivo. Durante esse período, nós conversamos muito, e ela pôde me contar detalhadamente os conflitos vividos com a filha e os netos. A filha tinha um namorado e ficava fora quase todos os finais de semana. Os netos, segundo ela, tinham liberdade além da que deveriam. Saíam com quem queriam e voltavam quando bem entendiam.

Incomodada, ela tentava aconselhá-los e fazer com que agissem de forma diferente, mas eles se aborreciam e rejeitavam seus conselhos. Ela não concordava com o modo de vida deles, e eles não aceitavam sua interferência. Ela cuidava da casa, da alimentação deles e de suas roupas com todo o carinho. Era o que mais gostava de fazer, porém, pela forma como eles reagiam, ela achava que eles não a amavam mais, que não percebiam seu amor, nem reconheciam sua dedicação.

No decorrer dos nossos encontros, ela compreendeu que o modo de vida de sua filha e dos netos era muito diferente da forma como ela viveu. Não era coerente com os valores que ela havia preservado durante a vida. E ela não conseguia

REVENDO CAMINHOS

aceitar isso. Na tentativa de ajudar e proteger, ela interferia, tentando modificá-los e impondo-lhes sua forma de pensar. Contudo, eles não cediam e não admitiam sua interferência. Reação que ela entendia como rejeição e falta de reconhecimento pelos seus cuidados.

Ela compreendeu que tudo não havia passado de um mal-entendido e que poderia ser resolvido com um diálogo aberto e franco. Reconheceu que a rejeição não era dirigida a ela, mas sim às suas críticas. Percebeu que era amada por eles, assim como os amava e que não poderia exigir que eles vivessem de acordo com seus padrões. Entendeu o quanto era difícil para três gerações viverem juntas e para que isso pudesse dar certo, seria necessário muito respeito e aceitação das diferenças.

Esse entendimento reascendeu suas esperanças, trouxe um novo ânimo e a motivou a fazer planos para uma vida nova. Sua cirurgia foi bem-sucedida, e ela cooperou ativamente para recuperação. Enquanto esteve internada, mostrou-se bastante animada. Caminhava nos corredores do hospital todos os dias de braços dados com a filha, que ficou todo o tempo ao seu lado. A vida voltou a ter sentido. Sentir-se novamente pertencente à família trouxe de volta uma razão para continuar vivendo.

Não podemos criar um sentido para a vida de outras pessoas, mas podemos ajudá-las a encontrá-lo.

FÉ E EXPECTATIVA: O PODER DO DIAGNÓSTICO E DO PROGNÓSTICO

Em seu livro *Amor, medicina e milagres* (1989), o médico-cirurgião Dr. Bernie Siegel fala sobre o poder das expectativas no tratamento de pacientes com câncer. Ele diz que, em sua opinião,

OLHANDO O FUTURO

75% dos efeitos colaterais da radiação e da quimioterapia resultam dos pontos de vista negativos dos pacientes, alimentados por uma espécie de hipnose destruidora empregada pelos médicos.

Quando ele prepara um paciente para quimioterapia, ele não determina o que vai acontecer, como reações de vômito, náuseas etc. Ele diz que essa é uma possibilidade, porém também existe a possibilidade de as pessoas se sentirem bem, sentirem sono e dormirem. Segundo ele, muitos realmente dormem e não sentem nenhum daqueles sintomas ruins geralmente previstos.

Quando as pessoas esperam que algo aconteça, o organismo se predispõe a sentir o que ela espera. Em seu livro, ele fala sobre uma experiência realizada na Inglaterra, na qual deram solução salina a um grupo de pacientes com câncer, dizendo que era quimioterapia. Em consequência, 30% das pessoas perderam o cabelo.

Se as expectativas podem influenciar de tal forma o movimento interno do organismo, podemos imaginar a força do diagnóstico e, principalmente, do prognóstico, na recuperação de um doente. Afinal, alguns prognósticos têm o peso de uma sentença.

Simonton, oncologista americano, considera três fatores como fundamentais no tratamento de um paciente: as expectativas e as crenças do paciente, de sua família e, em terceiro lugar, do médico (Siegel, 1989).

Uma palavra positiva e de esperança de um médico pode ser um poderoso remédio; a confiança que um paciente tem no profissional faz com que as declarações feitas tenham a força de uma profecia.

Não se trata de ter que mentir para um paciente. Um médico não pode ocultar o diagnóstico, mas a forma como ele é transmitido pode fazer muita diferença. Quanto ao prognóstico, talvez tenha de ser tratado com muito cuidado. Mesmo com todo o conhecimento e experiência, será que podemos afirmar, por exemplo, qual o tempo de vida que resta a alguém? São incontáveis as pessoas que desafiaram as estatísticas e estão vivendo muito bem, apesar do prognóstico desastroso.

Depois de esperar com muita ansiedade e felicidade o nascimento da filha, uma mãe sofreu um abalo emocional. Apenas a fé em Deus a manteve firme. Sua filha nasceu com um problema muito sério. O médico que a acompanhou disse que não havia esperança, que a criança viveria no máximo dois anos, mas sem enxergar, falar, ouvir nem andar. Foram dias de muita dor e sofrimento, contudo, ela não se deu por vencida, não perdeu a fé. Continuou orando e crendo no agir de Deus. Aos seis meses sua filha já não parecia a mesma. Cresceu e foi uma criança saudável, sem nenhuma limitação. Hoje ela tem 25 anos e vive normalmente. Contrariando o prognóstico, ela enxerga, anda, fala e faz tudo que foi previsto que não faria. Deus não se submete às estatísticas.

Um médico não deve enganar um paciente. No entanto, uma coisa é dizer que ele não tem mais recursos, outra é dizer que o problema não tem solução. Uma coisa é informar sobre as condições atuais, outra, é determinar o destino.

Um jovem me relatou, depois de uma palestra que ministrei em uma escola, a história triste de sua mãe. Eles descobriram que ela estava com câncer. O médico da família era um excelente profissional, além de ser um homem de muita fé.

OLHANDO O FUTURO

Ele não mentiu para a paciente. Explicou exatamente o que estava acontecendo e disse que aquele era um grande desafio, mas que, se ela estivesse disposta, eles o enfrentariam juntos.

A atitude do médico não foi mentirosa, mas animadora e esperançosa, de maneira que renovou o ânimo da paciente. Durante dois anos ela levou o tratamento muito bem. Tinha uma vida praticamente normal, fazendo quase tudo o que fazia antes. Muitos de seus conhecidos nem sabiam que ela estava doente porque ela procurou levar uma vida o mais normal possível.

No fim do segundo ano, seu médico iria fazer uma viagem de um mês e a recomendou para um colega, para que ele a acompanhasse durante esse período. No primeiro dia de consulta, ela levou o prontuário com todas as informações necessárias a respeito de seu caso. Depois de ler com atenção, o médico substituto disse a ela que não entendia o que estava acontecendo, que seu caso era tão grave que ela já deveria ter morrido há dois anos.

A partir daquele momento, a esperança, que antes era o seu principal combustível, chegou ao fim. O desânimo e o medo tomaram conta daquela paciente de tal forma que, quando seu médico voltou de viagem, a encontrou em coma, sem nenhuma chance de recuperação. Quando a esperança morre é difícil manter a vida.

7 FINAL

ONDE ESTÁ A CHAVE: NO PASSADO OU NO FUTURO?

"A distinção entre passado, presente e futuro é apenas uma ilusão teimosamente persistente" (Albert Einstein).

Tudo acontece no momento presente. Esse é o tempo que temos. O passado já foi, e o futuro ainda não veio. Contudo, tanto as experiências vividas quanto as que esperamos viver, de alguma maneira, estão conosco no hoje, influenciando no agora.

É importante conhecer o caminho percorrido para desatar os nós que nos prendem e prejudicam nosso hoje e o nosso amanhã. É importante alimentarmos a fé e a esperança no futuro como combustível para nos mover e gerar força para prosseguirmos. Excluir a importância de um ou outro é comprometer a possibilidade de uma vida plena. Porém, mesmo considerando tudo isso, ainda não decifraremos todos os desígnios nem responderemos a todas as perguntas.

FINAL

Há muito, cientistas, filósofos e pessoas comuns vêm buscando resposta para essas questões: "De onde vim?", "Para onde vou?" e "O que estou fazendo aqui?". Respostas diferentes surgiram no decorrer da história. E no mundo do "tudo é relativo", a explicação é que depende de cada um, ou seja, de que há muitas respostas e muitos caminhos que nos levam à verdade.

Certamente somos livres para acreditar no que quisermos e seguir a direção que escolhermos. O que não quer dizer que todos levarão ao lugar certo. Se existem muitas respostas, então muitas devem estar equivocadas, porque não podemos ter vindo de vários lugares; há apenas uma origem, assim como não podemos voltar para tantos lugares diferentes. Essa diversidade de teorias e explicações demonstra o anseio da nossa alma de encontrar um sentido, uma direção, uma explicação. Mas não pode haver tantas verdades ou tantas respostas para uma só pergunta.

A luz para todos esses mistérios é Jesus Cristo. Ele é o princípio, o meio e o fim de todas as coisas. Por meio dele, tudo foi criado e isso nos inclui. Fomos feitos por Ele. Esta é a nossa origem: "Façamos o homem...".

Nosso destino é a vida eterna. "Porque Deus tanto amou o mundo que deu o seu Filho Unigênito, para que todo o que nele crer não pereça, mas tenha a vida eterna" (João 3.16).

O sentido de estarmos aqui é aprendermos a trilhar no caminho do Senhor, crescermos em sabedoria, aprimorarmos nosso caráter e nos tornarmos mais parecidos com Ele, para que assim possamos viver com excelência, rompendo com as estruturas construídas a partir dos valores depreciativos deste mundo e aprendendo os valores ensinados por Cristo, como "Sejam santos, porque eu sou santo" (1Pedro 1.16).

Fomos feitos à imagem e semelhança de Deus. Essa é nossa imagem verdadeira. Nossa identidade e autenticidade estão na nossa semelhança com Ele, uma imagem que foi manchada e distorcida pelo pecado, pela desobediência, pelo afastamento de sua presença. Ele é o caminho da restauração, que nos levará de volta a Deus e a nós mesmos; à nossa origem e ao nosso destino; à nossa essência e identidade. Ele é o espelho perfeito. Quando refletirmos a sua imagem, podemos estar certos de que descobrimos a nós mesmos.

Nele está a revelação de todos os mistérios. Ele é o dono da vida e do tempo. Nele está o começo, o meio e o fim. A história não está solta ou por conta do acaso. Ela foi contada por Ele, do início ao seu desfecho, da Criação ao Juízo Final. E está sujeita a Ele, que tem o poder, o domínio e o controle sobre tudo o que há.

Sejam quais forem as experiências do passado, os fracassos vividos, os erros cometidos, nele tudo pode ser renovado. Um passado de dor não representa uma sentença. Uma infância sofrida não determina o destino. Nas mãos dele, as dores vividas são transformadas em matéria-prima para novas realizações: "As coisas antigas já passaram; eis que surgiram coisas novas" (2Coríntios 5.17).

Ele é capaz de anular os efeitos de uma vida de desamparo e rejeição, e transformar fracassos em sabedoria, experiências de dor em testemunho de vitória, desilusão em esperança, desistência em fé. Jesus é especialista em reciclar histórias.

Nas mãos dele, um passado depositário de experiências dolorosas torna-se o guardião de provas existenciais de sua presença e misericórdia, como Samuel testemunhou: "Até aqui o SENHOR nos ajudou" (1Samuel 7.12).

FINAL

O passado tem informações valiosas; o futuro guarda a força da esperança. Para onde devemos olhar?

Davi conhecia a direção perfeita: "Levanto os meus olhos para os montes e pergunto: De onde me vem o socorro? O meu socorro vem do SENHOR, que fez os céus e a terra" (Salmos 121.1,2).

Temos instrumentos e recursos para buscarmos a cura, a transformação, o aperfeiçoamento. Deus capacitou o ser humano para compreender e descobrir alguns caminhos que nos ajudam nesse processo. No entanto, sem Ele é impossível chegar à excelência.

Do alto vêm todas as respostas. Ele nos guia em todo o processo de lavar nossas redes e retirar o lixo do passado. Ele nos alimenta com suas promessas para o futuro. Dele vem tudo o que necessitamos. "Entregue o seu caminho ao Senhor; confie nele, e ele agirá" (Salmos 37.5).

Quando a realidade parecer humanamente impossível de ser modificada, lembre-se de que é de impossibilidades humanas que Deus precisa para realizar milagres. Quando a lembrança do passado trouxer apenas tristeza e a visão do futuro estiver turva, nebulosa e sem brilho, lembre-se do que Ele diz:

"Antes de formá-lo no ventre eu o escolhi" (**JEREMIAS 1.5**).

"Porque sou eu que conheço os planos que tenho para vocês', diz o SENHOR, 'planos de fazê-los prosperar e não de causar dano, planos de dar a vocês esperança e um futuro." (**JEREMIAS 29.11**).

Que seja assim na sua vida.

REFERÊNCIAS
BIBLIOGRÁFICAS

BOFF, Leonardo. *A águia e a galinha: uma metáfora da condição humana.* 2. ed. Petrópolis, RJ: Vozes, 1997.

BONDER, Nilton. *A cabala da inveja.* Rio de Janeiro: Rocco, 2010.

CHOPRA, D.; FORD, D.; WILLIAMSON, M.; *O Efeito Sombra.* São Paulo: Textos Editores LTDA. (Leya), 2010

CURY, Augusto. *A fascinante construção do Eu.* São Paulo: Planeta, 2011.

DAHLKE, Rudiger; DETHLEFSEN, Thorwald. *A doença como caminho.* São Paulo: Cultrix, 2003.

FRANKL, Viktor E. *A presença ignorada de Deus.* 2. ed. Petrópolis, RJ: Vozes, 1992.

HALL, C. S.; LINDZEY, G.; CAMPBELL, J. B. *Teorias da Personalidade.* 4. ed. Porto Alegre: Artmed, 2000.

KELLY, Mathew. *Os sete Níveis da Intimidade.* Rio de Janeiro: Sextante, 2007.

LINHARES, Jorge. *Quem é você? Águia ou galinha?* Belo Horizonte: Getsêmani, 2012.

LOWEN, Alexander. *O corpo em depressão.* Perdizes, SP: Grupo Editorial Summus, 1983.

286

REFERÊNCIAS BIBLIOGRÁFICAS

LUFT, Lya. *Perdas e ganhos.* Rio de Janeiro: Record, 2003.

PESSOA, Fernando. DOMINGUES, Agostinho (Org.). *Pessoa – Persona.* Amares, Portugal: Câmara Municipal, 1988.

SIEGEL, Bernie S. *Amor, medicina e milagres.* Tradução de João Alves dos Santos. Rio de Janeiro: Best Seller, 1989.

STOTT, John. *A cruz de Cristo.* Tradução de João Batista. São Paulo: Vida, 2006.

TOLEDO, Bianca. *Milagres invisíveis.* Rio de Janeiro: Reino Editorial, 2014.

WATZLAWICK, Paul (org.) *Editorial Psy II* – Tradução de Jonas Pereira dos Santos, 1994.

ZIMERMAN, David E. *Manual de técnica psicanalítica*: uma revisão. Porto Alegre: Artmed, 2008.

Este livro foi impresso pela Lisgráfica, em 2024, para a Thomas Nelson Brasil. O papel do miolo é pólen natural 70g/m², e o da capa é cartão 250g/m².